我們的師長

北大中文百年紀念

王风 邵永海 杨海峥 编

克和园

北京大学出版社
PEKING UNIVERSITY PRESS

图书在版编目（CIP）数据

我们的师长／王风，邵永海，杨海峥编．—北京：北京大学出版社，2010.10
（北大中文百年纪念）
ISBN 978-7-301-17864-5

Ⅰ. 我… Ⅱ. ①王… ②邵… ③杨… Ⅲ. 北京大学－老师－生平事迹－现代
Ⅳ. ① K825.46

中国版本图书馆 CIP 数据核字（2010）第 192179 号

书　　　　名：	我们的师长
著作责任者：	王　风　邵永海　杨海峥 编
责 任 编 辑：	艾　英
标 准 书 号：	ISBN 978-7-301-17864-5/G·2966
出 版 发 行：	北京大学出版社
地　　　　址：	北京市海淀区中关村成府路205号　100871
网　　　　址：	http：//www.pup.cn　电子信箱：pkuwsz@yahoo.com.cn
电　　　　话：	邮购部 62752015　发行部 62750672　出版部 62754962
	编辑部 62752022
装 帧 设 计：	北京奇文云海文化传播有限公司
印 　刷 　者：	三河市北燕印装有限公司
经 　销 　者：	新华书店
	730mm×1020mm　16开本　19.5印张　300千字
	2010年10月第1版　2015年4月第2次印刷
定　　　　价：	36.00元

未经许可，不得以任何方式复制或抄袭本书之部分或全部内容。
版权所有，侵权必究

那些日渐清晰的足迹（代序）

陈平原

随着时光流逝，前辈们渐行渐远，其足迹本该日渐模糊才是；可实际上并非如此。因为有心人的不断追忆与阐释，加上学术史眼光的烛照，那些上下求索、坚定前行的身影与足迹，不但没有泯灭，反而变得日渐清晰。

为什么？道理很简单，距离太近，难辨清浊与高低；大风扬尘，剩下来的，方才是"真金子"。今日活跃在舞台中心的，二十年后、五十年后、一百年后，是否还能常被学界记忆，很难说。作为读者，或许眼前浮云太厚，遮蔽了你我的视线；或许观察角度不对，限制了你我的眼光。借用鲁迅的话，"伟大也要有人懂"。就像今天学界纷纷传诵王国维、陈寅恪，二十年前可不是这样。在这个意义上，时间是最好的裁判，不管多厚的油彩，总会有剥落的时候，那时，什么是"生命之真"，何者为学术史上的"关键时刻"，方才一目了然。

当然，这里有个前提，那就是，对于那些曾经作出若干贡献的先行者，后人须保有足够的敬意与同情。十五年前，我写《与学者结缘》，提及"并非每个文人都经得起'阅读'，学者自然也不例外。在觅到一本绝妙好书的同时，遭遇值得再三品味的学者，实在是一种幸运"。所谓"结缘"，除了讨论学理是非，更希望兼及人格魅力。在我看来，与第一流学者——尤其是有思想家气质的学者"结缘"，是一种提高自己趣味与境界的"捷径"。举例来说，从事现代文学或现代思想研究的，多愿意与鲁迅"结缘"，就因其有助于心灵的净化与精神的提升。

对于学生来说，与第一流学者的"结缘"是在课堂。他们直接面对且日后追怀不已的，并非那些枯燥无味的"课程表"，而是曾生气勃勃地活跃在讲台上的教授们——20世纪中国的"大历史"、此时此地的"小环境",讲授者个人的学识与才情,与作为听众的学生们共同酿造了诸多充满灵气、变化莫测、让后世读者追怀不已的"文学课堂"。

如此说来,后人论及某某教授,只谈"学问"大小,而不关心其"教学"好坏,这其实是偏颇的。没有录音录像设备,所谓北大课堂上黄侃如何狂放,黄节怎么深沉,还有鲁迅的借题发挥等,所有这些,都只能借助当事人或旁观者的"言说"。即便穷尽所有存世史料,也无法完整地"重建现场";但搜集、稽考并解读这些零星史料,还是有助于我们"进入历史"。

时人谈论大学,喜欢引梅贻琦半个多世纪前的名言:"所谓大学者,非谓有大楼之谓也,有大师之谓也。"何为大师,除了学问渊深,还有人格魅力。记得鲁迅《关于太炎先生二三事》中有这么一句话:"先生的音容笑貌,还在目前,而所讲的《说文解字》,却一句也不记得了。"其实,对于很多老学生来说,走出校门,让你获益无穷、一辈子无法忘怀的,不是具体的专业知识,而是教授们的言谈举止,即所谓"先生的音容笑貌"是也。在我看来,那些课堂内外的朗朗笑声,那些师生间真诚的精神对话,才是最最要紧的。

除了井然有序、正襟危坐的"学术史",那些隽永的学人"侧影"与学界"闲话",同样值得珍惜。前者见其学养,后者显出精神,长短厚薄间,互相呼应,方能显示百年老系的"英雄本色"。老北大的中国文学门(系),有灿若繁星的名教授,若姚永朴、黄节、鲁迅、刘师培、吴梅、周作人、黄侃、钱玄同、沈兼士、刘文典、杨振声、胡适、刘半农、废名、孙楷第、罗常培、俞平伯、罗庸、唐兰、沈从文等(按生年排列,下同),这回就不说了,因其业绩广为人知;需要表彰的,是1952年院系调整后,长期执教于北大中文系的诸多先生。因为,正是他们的努力,奠定了今日北大中文系的根基。

有鉴于此,我们将推出"北大中文文库",选择二十位已去世的北大中文系名教授(游国恩、杨晦、王力、魏建功、袁家骅、岑麒祥、浦江清、吴组缃、林庚、高名凯、季镇淮、王瑶、周祖谟、阴法鲁、朱德熙、林焘、陈贻焮、徐通锵、金开诚、褚斌杰），为其编纂适合于大学生／研究生阅读的"文选"，让其与年轻一辈展开持久且深入的"对话"。此外，还将刊行《我们的师长》、《我们的学友》、《我们的五院》、《我们的青春》、《我们的园地》、《我们的诗文》等散文随笔集，献给北大中文系百年庆典。也就是说，除了著述，还有课堂；除了教授，还有学生；除了学问，还有心情；除了大师之登高一呼，还有同事之配合默契；除了风和日丽时之引吭高歌，还有风雨如晦时之相濡以沫——这才是值得我们永远追怀的"大学生活"。

没错，学问乃天下之公器，可有了"师承"，有了"同窗之谊"，阅读传世佳作，以及这些书籍背后透露出来的或灿烂或惨淡的人生，则另有一番滋味在心头。正因此，长久凝视着百年间那些歪歪斜斜、时深时浅，但却永远向前的前辈们的足迹，有一种说不出的感动。

作为弟子、作为后学、作为读者，有机会与曾在北大中文系传道授业解惑的诸多先贤们"结缘"，实在幸福。

2010年3月5日于京西圆明园花园

目 录

那些日渐清晰的足迹（代序）……………………… 陈平原　1

"一生到老志不屈"
　　——怀念恩师杨晦先生 ……………………… 陆颖华　1
怀念游国恩先生 ………………………………………… 吴小如　10
忆了一（王力先生）…………………………………… 夏蔚霞　17
忆川岛（章廷谦先生）………………………… 孙斐君　章淹　29
我的老师魏建功先生 …………………………………… 安平秋　40
寒门贵子，语言巨匠
　　——回忆袁家骅先生的谆谆教导 …………… 王恩保　45
岑师教导，重如泰山（岑麒祥先生）………………… 叶蜚声　50
秋雨梧桐成绝唱，春风桃李有余哀
　　——回忆浦江清先生 ………………………… 白化文　55
先生是一本书
　　——吴组缃教授追思 ………………………… 刘勇强　59
燕南园62号（林庚先生）……………………………… 袁行霈　64
他把身心全都献给了事业（高名凯先生）…………… 石安石　67
以学为乐　以史为志
　　——回忆季镇淮先生 ………………………… 夏晓虹　72
王瑶先生杂忆 …………………………………………… 赵园　81

四十年教诲恩深
　　——悼念周祖谟师 ································· 鲁国尧　88
朗如日月，清如水镜　文质彬彬，然后君子
　　——和阴法鲁先生在一起的日子 ················· 严绍璗　92
幽兰猗猗，扬扬其香
　　——怀念彭兰先生 ································· 张　鸣　100
五院内外一"芸叶"
　　——怀念冯钟芸先生 ······························ 孙玉石　105
回忆朱德熙先生的教诲 ····················· 袁毓林　张　敏　113
林焘先生在教书育人方面的业绩
　　——五十年的追思和缅怀兼及燕大燕园的回忆 ··· 王理嘉　119
与人为善
　　——怀念冯世澄先生 ······························ 刘一之　130
吕德申先生与文学概论 ································· 刘　烜　132
难忘师恩永记师训
　　——怀念恩师陈贻焮先生 ························· 葛晓音　142
永远准备帮助你的好老师
　　——怀念叶蜚声先生 ······························ 李佐丰　152
"啊！延安……"
　　——忆程贤策 ······································ 乐黛云　155
又是丁香花开时节
　　——深切怀念朱家玉老师 ························· 欧阳周　161
怀念徐老师（徐通锵先生） ···························· 陈保亚　166
记忆的点滴
　　——忆张钟先生 ···································· 计璧瑞　179

语学楷模　道德典范

　　——怀念石安石先生 ································· 凌德祥　185

回忆父亲和我在鲤鱼洲的日子（张雪森先生）··········· 张思明　187

遥知水远天长外

　　——追忆金开诚先生 ································· 葛兆光　192

如亲化雨，如坐春风

　　——贺褚先生70华诞（褚斌杰先生）················ 彭庆生　199

我印象中的汪景寿老师 ································· 黄　卉　206

我的屈老师（屈育德先生）····························· 陈连山　213

才如江海命如丝

　　——回忆赵齐平先生 ································· 韩敬群　219

贴着墙根走的教授

　　——回忆倪其心老师 ································· 冯永锋　224

我们的记忆（周强先生）······························ 梅敬忠等　235

远去的灵魂（佘树森先生）····························· 曹文轩　251

宅心仁厚　守正创新

　　——我对孟二冬老师高洁品格、
　　　治学精神和生活态度的认识 ······················· 杜晓勤　256

一个甲子的怀念

　　——忆北大的师长们 ································· 潘兆明　264

五院人物 ··· 温儒敏　287

行过未名湖边 ··· 陈平原　297

编后记 ·· 302

"一生到老志不屈"
——怀念恩师杨晦先生

陆颖华

今年——2009年，是杨晦先生诞辰一百一十周年。

杨晦先生是我的恩师，也是我的上级领导。我是1952年北京大学迁入燕园后招收的第一批研究生，是系主任杨晦先生和我做的第一次谈话；1954年，中文系成立了文艺理论教研室，杨晦先生兼任主任，我是助教，曾担任过教研室秘书；1957年，我曾代理过中文系系秘书的工作，经常要向杨晦先生请示汇报。

五十多年过去了，可回忆起这些往事，还是感到那么清晰，历历在目。

一

算起来，在中文系的同事中，知道我曾在北大做过研究生的，为数寥寥。因为我的研究生生涯，前后连三个月都不到。

当时，招收研究生的制度和现今完全不一样，不是招考，而是统一分配。我1952年毕业于南京大学中文系。这一年，参加统一分配的应届毕业生有三十几位同学，分配目标绝大多数是中学老师，东北、华北、华东、西北都有。只有两个名额是高校的，其中一个是到北大。北大中文系计划在南大招收一名研究生，并希望南大推荐两名，由北大挑选。我是一个幸运儿，最后，北大挑中了我。这年九月，我在同学们羡慕眼光的欢送下，乘坐一趟专门运送应届大学毕业生的火车专列，来到了北京。

我是在沙滩老北大报的到。不久就搬进了燕园的均斋（现在的红三楼）。和我同住的叫朱家玉，是北大的应届毕业生，留校做研究生。闲谈中，她给我介绍了一些中文系的情况，当然也讲到了杨晦先生。朱家玉告

杨晦先生60年代初指导青年教师和学生

诉了我一个"秘密",她说,杨晦先生最崇拜鲁迅先生,杨晦先生的发型就是模仿鲁迅先生的。

  杨晦先生,是我们年轻一代的楷模。1917年,他进入北大,在伟大的五四运动中,他是有数几位翻墙进院、火烧赵家楼、痛打卖国贼的革命闯将中的一位;1920年毕业后,他一方面从事教学工作,同时进行文学创作、翻译、评论,活跃于文坛。1925年秋冬,他和几位朋友在北京组织了沉钟社,出版刊物《沉钟》,受到鲁迅先生的赞许和鼓励。今天,我能来到他的身边,真是我的幸运。

  大约是10月里的一天,杨晦先生找我做了一次谈话。杨晦先生个子不高,慈祥的面容,透着威严。

  谈话开始,他就明确地为我定下了今后的研究方向:专攻外国文学。他设想,以后中文系的外国文学课程,不请外系的老师来讲授,要培养自己的老师。他给我布置了第一个任务,把我们资料室的外国文学作品整理一遍，按国别和作家的时代来排列。

我接受这个任务非常高兴，我自小喜欢文学。抗战时期，我在重庆沙坪坝上初中，没课的时候，常常在书店里站着看书，一看就是老半天。我在那儿看了我国著名作家鲁迅、曹禺、郭沫若、巴金、老舍、徐志摩的许多作品。到高中，在国文老师的鼓励下，我又开始看外国小说。我还记得，我看的第一部外国小说就是托尔斯泰的《战争与和平》。后来，每个暑假，我总要读几部翻译作品。中学毕业之后，我选择了中文系。没想到现在到了北大，我竟要一辈子和外国文学名著打交道了。天哪，我怎么这么幸运！

怀着无比兴奋的心情，我只用了两天的时间，就把资料室所藏的外国文学作品按照杨晦先生的要求整理好了。当我向杨晦先生展示我的工作成果时，我看到了他的赞许目光。

现在回想起来，杨晦先生这一设想是有长远眼光的。我体会，他是认为，中文系学生学习外国文学应该有自己的特点，应该联系中国文学来学外国文学，通过学习外国文学，来扩展审视中国文学的眼界，加深对中国文学的思考。杨晦先生不但这样设想，而且还亲自实践，他写过不少篇研究外国文学作品的心得，英国的莎士比亚、法国的罗曼·罗兰、苏联的高尔基，他都有论述。现在，他对我寄予期望，可我——

就在这次谈话后不久，学校的一纸调令，把我调出了中文系。当时，为了加强教师的马列主义理论学习，专门成立了一个学习委员会，我被调到了校学习委员会的办公室工作。

命运之神真是会捉弄人，刚把我送到杨晦先生的身边，但又立刻让我从他的身边走开。

二

但是，我和杨晦先生还是有缘，在离开一年多之后，我又回到了中文系。一是因为当时北大教师政治理论学习的方式改为夜大学，由马列主义教研室系统授课，工作人员就不要那么多了；二是苏联专家毕达可夫教授来中文系讲授"文艺学引论"，中文系为此成立了文艺理论教研室，杨晦先生兼任主任。当我得知这些情况以后，向杨晦先生提出了回系的要求，他同意了，这使我又有了一次和杨晦先生近距离接触的幸运。

毕达可夫来北大授课，不是一般的讲学，它将有助于我国高校文科马列主义文艺理论课程的建立和提高。

当时听苏联专家课的学员有两个班。一是进修班，学员有三十多位，来自全国各地许多高校，都是有教学经验的骨干教师，有的还是系主任、副校长。还有一个研究生班，这是杨晦先生为了北大贮备人才而组建的，学员都是从中文系和外语系的应届毕业生中抽调出来的。

我回中文系的时候，杨晦先生对我说，你现在是助教了，但必须和研究生一样，听三位苏联专家的课（当时除了毕达可夫，还有一位苏联专家在哲学系讲授"辩证唯物主义和历史唯物主义"，一位在俄语系讲授"俄罗斯文学史"）。不止是听课，结业时还要参加考试。由于我是助教，除了学习，我还要担负一个班的大一作文教学工作。通过这一年多的实践，我深深体会到杨晦先生的"严"，这"严"源于他对我们年轻一代希望的殷切，源于他几十年教学生涯的深切体会，基础要打得"实"、要打得"宽"。

任务是艰巨的，我还有一点和别人不同的是，我刚有了一个奶孩子。但是，我坚持下来了。我清楚地记得，研究生班考试那天，杨晦先生也参加了，就坐在毕达可夫的旁边。考试是按照苏联的模式进行的，学员单独进场，抽一个试题，有一个短暂的时间思考，然后用口头回答。题目总是比较宽泛的，既要测试你的基础知识，又要看你是否能够准确灵活地运用。毕达可夫通过翻译听了我的回答，朝我点了点头，在记分册上写了一个"5"（优）。我对他微微一笑，表示感谢。我也看见杨晦先生赞许的目光。另外两门苏联专家的课，我也都得了5分。

这一年多杨晦先生的辛劳，成果是丰硕的。根据毕达可夫的讲稿，我们编出了《文学概论》的讲义，开出了一门新课；我们培养了一批新人，其中有几位留在了中文系，其他分到各个大学作为文艺理论教学的新生力量；通过举办进修班，我们和全国许多高校建立了很好的合作关系，北大百年校庆的时候，一些当年的学员又一次来到燕园，一起回忆五十年前的美好岁月。

关于文艺理论的教学，杨晦先生有一套想法。他认为，研究文艺理论要吸取他国之长，但不要照搬，我们必须结合中国自己的实践经验，从中国古代到现代文学艺术的历史发展中（包括人民的口头文学，杨晦先生为另一位研究生朱家玉安排的研究方向就是民间文艺和人民口头创作）总结出具有民族特色的文艺理论。几十年来，他一直为此而努力。

三

1957年4月，我第二个孩子刚刚出生。中文系系秘书彭兰同志突然中风，不能上班。系里跟我商量，是否可以暂时代理一下她的工作，我同意了，没等孩子满月，我就上班了。

当时，系秘书除了处理日常的事务工作，最让人烦心的是学生转专业的事。那时中文系的新闻专业还没有合并到中国人民大学，一些文学语言专业的同学要求转到新闻专业去。

杨晦先生担任中文系主任期间，每届学生，从入学之日起，他就反复强调：大学中文系不培养作家。这是杨晦先生几十年的切身体会，他到北大以前，在多所学校任教，从事过研究工作，也创作过不少作品。在他还是一位"不知名的文人"时，诗人朱湘就曾撰文称赞他的作品，说他的作品题材丰富、文字新鲜而活跳、刻画人物生动，"真是描写民间的文章"。但是，杨晦先生深知，这种才能来源于生活，而不是大学老师教出来的。

可是，考大学选择中文系的青年学子，不敢说全部，起码有大部分是对写作有兴趣的（我自己不也是这样的吗）。当听说中文系不是培养作家的，很自然就把目光转到"无冕之王——记者"上。

我是一个小小的秘书，无权决定学生专业的选择问题，只能一趟趟地到杨晦先生家请示。

杨晦先生对我的请示不是简单的回答：可以或者不可以。他对学生的这种动向非常重视。当时又正是一个多事之秋——1957年春天。他专门召开了一次座谈会，听取同学的想法和意见。座谈会一开始，杨晦先生就让同学自由发言。原来这场小小的骚动，是从当时系里一项新的举措引起的。

那时中文系设置了两个专业——语言文学专业和新闻专业,语言和文学还没有分开。但由于社会的需要,系里决定先把语言文学专业分为文学和语言两个专门化,除了共同课之外,各专门化又有不同的选修课。要求二年级文学语言专业的同学填报志愿选择专门化。当时一些同学对语言专门化缺乏了解,没有兴趣,因此动了转专业的念头。

杨晦先生仔细听了同学们的发言以后,详细解释了分专门化的必要。他说,现在的社会分工愈来愈细,北大为了向科研单位和高等学校输送合格人才,不分专门化是不行的。关于多开选修课,杨晦先生说,文学和语言是相通的,中文系要培养专门化的人才,但专才必须和通才相结合。

在座谈会上,杨晦先生非常耐心地、详详细细地讲述了系里这些规定的必要性,真是语重心长。这样,这场风波就算过去了。

多年以来,杨晦先生就像过去鲁迅先生呵护他们这些文艺青年一样,对自己的学生,对我们这些青年教师,寄予殷切的希望,不厌其烦地把他的亲身体会一遍又一遍地讲给大家听。年轻人常常比较幼稚,对这些自己还缺乏亲身体会的话不够理解。但真理终究是真理。杨晦先生的讲话,开始有些人可能是半信半疑。可是等他们听了一个时期语言学教授们精彩的讲课以后,用他们自己的话来说,就像是"嚼口香糖,越嚼越有味"。等他们工作几十年以后,他们更是体会到,杨晦先生当年的话是多么正确,实践证明,不论在什么工作岗位,谁的基础好,谁的知识面广,谁的成绩就好。

四

1957年的"反右斗争",中文系是重灾区,一批学生和青年教师被划为右派。"大跃进"的三年,我连续参加开门办学、大炼钢铁、下放农村,以后又患病曾在小汤山疗养三个月,几乎完全离开了学校。60年代,我开始走上讲坛,讲授"文学概论"。这时候杨晦先生虽还在文艺理论教研室工作任职,但他已把研究重点转向中国文艺思想史,还带有研究生,所以相当长一段时期,我和杨晦先生没有什么接触。

没想到十年动乱时期,正当"文化大革命"开展如火如荼的时候,我又去"拜访"了一次杨晦先生。这大约是1967年,抄家、大字报、两派斗争还很激烈的时候。我也参加了一个"战斗队",每天必做的工作就是去学生宿舍看大字报。一天,我正在宿舍的走廊里看大字报,离我不远有三四个学生在说话。突然,一个名字"杨晦"传到我耳朵里,我不由地看了他们一眼,我都不认识,估计不是中文系的学生。我装着若无其事继续看大字报,这才听清楚,他们打算去抄杨晦先生的家。我当时心内一惊,想,必须去告诉杨晦先生,让他好有所准备。我悄悄地下了楼,骑上自行车,直往燕东园奔去。

我的心情很不平静。这是一条我多么熟悉的路。我不由得想起:

1956年新年,我和赖应棠、石汝祥几位年轻教师去给杨晦先生拜年。当时供应已经比较困难,杨师母正在小汤山疗养院养病,她托人在附近农村买了几斤猪肉带回来,让保姆包饺子请我们吃。师生围坐一桌,边吃边聊,是多么融洽。可惜这是唯一的一次。

还有一件事,那是1956年夏天,我怀了老二。由于工作繁忙、经济也不富裕,我想把孩子拿掉。请示杨晦先生,他同意了。但是杨师母不赞成,她说,我还年轻,把孩子打掉可能对我的身体不利。杨晦先生觉得有道理,改变了主意。以后每当我回忆这段往事,就感到特别温暖。我常对老二说,你的命是杨晦先生和杨师母保下来的。

而现在,杨晦先生要遭到这样的不幸,我真是感到不安。当时抄家成风,红卫兵那种野蛮粗暴的作风,他们会怎样对待这样一位老者,我简直不寒而栗。我加紧了蹬车的速度。

来到杨晦先生家,走进客厅,静悄悄的,没有人。我熟门熟路,就直接上了二楼杨晦先生的书房。杨晦先生正坐在书桌前,手里拿着放大镜,专注地看着一本外文书。他听到有人进来,转过脸,看见是我,感到有些意外。

我急急忙忙地对他说:"刚才我听到几个红卫兵在说,准备来抄您的家。杨先生——您是不是做一些准备——"杨晦先生听了站起身来,我随着他的目光,环视四周,书房里靠墙挤满了书橱,里面塞满了书,靠窗是一张大书桌,别无他物。杨晦先生一脸的无奈。我知道,他的客厅和其他房间陈设也都非常简单。杨晦先生一生俭朴清贫,有什么可抄的?可当时是无理可讲的。

我怕被红卫兵撞见,匆匆忙忙离开了。回到学校里,我一直忐忑不安。还好,后来没有听说杨晦先生家被抄的消息。

五

这次见面在我印象深刻的几次回忆里是最后一次。

此后,在1969年深秋,我们北大还有清华的教工,几乎都连锅端地发配到江西南昌鄱阳湖边的鲤鱼洲,这是用大堤围起来的一大片看不见边的湖边荒地,我们的任务就是开垦这片荒地并种上水稻。我们的工作证都被收走了。何时能回北京?何时能回北大?一片茫然。

经过了两年多的磨练,1971年秋天,我们又回到了学校。从这以后一直到1977年,我都和工农兵学员辗转在几个工厂开门办学。1977年高校恢复招生,我又投入了紧张的教学工作。虽然同在燕园,但是我不记得什么时候再见过杨晦先生。

1982年,我接受教育部和北大的派遣,到民主德国柏林的洪堡大学任教,任期一年。就在这期间,1983年5月14日,杨晦先生去世。我知道这一噩耗,无比悲痛。尤其是我远在万里之外的异国他乡,不能赶回来见他老人家最后一面,真是感到无比愧疚和遗憾(杨师母姚冬先生离世时我也未能前去吊唁)。

从民主德国回来以后,我读到了为纪念杨晦先生逝世出版的《杨晦选集》和《杨晦文学论集》。其中还有杨晦先生的老朋友冯至和臧克家先生的回忆文章。它们使我对杨晦先生的一生及其伟大人格有了进一步的了解。

冯至先生的回忆有一段是写他在北大担任西语系主任时候的事情。"1964年暑假,北京大学党委为了贯彻当时对知识分子和教育文化估计错误的'左'的路线,曾召集党员干部在十三陵北大分校集中学习,许多人在会上检查本单位、本人的所谓右倾思想。杨晦却不随声附和,他根据1961年通过的《高教六十条》的精神提出异议。一时议论纷纭,与会者感到惊奇,他的发言被摘录在'简报'上,成为批判对象的材料。"当我读到这一段的时候,感到无比震撼。从1957年开始,我们的教学秩序受到错误思潮的干扰,我是深有体会、深受其害的。可是在经历了"反右斗争"之后,对这种现象谁敢说什么呢?我没想到,杨晦先生居然敢站出来仗义执言。

在那个岁月里,仗义执言的后果会是怎样呢?我们都清楚。但我也存侥幸心理,杨晦先生这样一位跟随党多年的老教育工作者,当局或者会网开一面吧?但,现实是无情的,一篇回忆里说,1965年,校长公开宣布,杨晦是"敌我矛盾"。到底杨晦先生有什么罪状呢?却没有公开。我读到这里,简直不敢相信自己的眼睛。

面对重重压力,杨晦先生没有低头。在生命的最后岁月里,他的坚强性格没有因为体弱多病而衰退。为了能阅读马克思原文著作,他还买了德语字典,自修德语。他还继续"中国文艺思想史"的研究,常常读书到深夜。

在两本杨晦先生的作品集里,都选入了《鲁迅百周年纪念随想》一文。文章回忆,四十五年前鲁迅先生逝世的时候,杨晦先生和一个朋友抬着花圈走在那被悲痛完全笼罩的行列之中,反反复复吟唱着悼念鲁迅先生的哀歌,其中有一句是:"一生到老志不屈"。文章说:"时隔多年,那哀歌的曲调我早已忘却了,唯有这一句歌词却深刻在我的记忆里。因为在我看来,'一生到老志不屈'这七个字,准确地概括了鲁迅毕生不屈不挠地探求真理的伟大精神。"

杨晦先生在文章里还写了这样意味深长的一段话:"现在,鲁迅生活过的中国已经发生了很大的改变,开始走上了社会主义的正确道路。但这条道路上并没有前人的足迹可循,彻底卸掉历史的负担更远不是一件简单的事情。因此我想,我们如要坚持走社会主义道路,以便能更加无愧地自立于世界民族之林,那么,发扬鲁迅'一生到老志不屈'的精神,并使它扩大到全民族当中去,还是很有现实意义的。"

这段话写于1981年8月,距离杨晦先生去世不到两年。这是他给我们后代人留下的最后遗言。

怀念游国恩先生

吴小如

1947年秋天,我考入北大中文系三年级做插班生,从这时开始,我就选听游老的课。但正式同游老接触,经常到游老家里问业,则是1948年的事。从那时算起,到1978年夏天游老病逝,前后整整三十年。游老从大学一毕业就开始教书,现在有些70岁以上的老人都曾经是他的学生。作为游老的门人,我的"资历"还是比较浅的。但这三十年中,除了在外地工作以及参加"四清"、去干校外,从追随游老的绝对时间上讲,确又不能说短。游老离开我们瞬历两年,每当我一想到他老人家慈祥的面容和谆谆的教诲,以及他那以仁者蔼如之言与弟子们促膝谈心的虚怀若谷的谦挹态度,就不禁泫然欲涕。现在谨以这篇小文作为缅怀老师的一点心意,实不足以彰游老的清操亮节于万一。

一

人们的印象总以为游老是一位不问政治,只搞学问的学者,其实并不尽然。就在全国解放前夕,游老对国事和时局不仅殷切关注,而且旗帜鲜明,是非感十分强烈。47年开学后,游老从故乡临川回到北京,因买不到船票而迟到了个把月。第一堂上课,游老首先就上课时间推迟一事向同学们表示歉意,随即谈锋一转,说到船票因内战而难买,并结合自己北上途中的见闻,面对上百个学生向挑起内战的罪魁祸首国民党反动派公开表示了强烈愤慨。这就反映出游老过人的胆识。

人们决不会忘记,刚刚解放不久,华北革大在北京西苑开学招生,抽调一批批干部、工作人员、教授、教员以及文学艺术工作者等各方面人士去学习马列主义,进行思想改造。在北大中文系,游老是最先报名参加该校的学员之一。这确使当时不少与游老有过从的人感到惊讶。可见那时游老虽已年逾半百,其热爱中国共产党、热爱新中国的一片赤诚,和他自我改造,勇于投身革命熔炉的决心,却是真正见诸行动、表里如一的。

院系调整后,我由我的两位老师(游国恩和俞平伯)做介绍人参加了九三学社。不久,游老被选为北大支社的领导人,我一度担任支社秘书工作。为了发展组织和抓紧社内同志的思想改造,游老曾煞费苦心。有事弟子服其劳,作为一个年轻人和学生,我承担跑腿工作原是理所当然。但游老有时竟忘了疲倦,忘了时间,经常为支社工作或者分派我做什么工作,或者同我商量什么事,唯恐耽误了时间,总是一趟趟到我家来找我,丝毫不摆老师或领导人的架子。我劝游老不要这样辛苦,并表示我应更经常、更主动地去看游老。游老却笑着说:"锻炼身体,多走走不要紧。"直到我告知游老,我已买了一辆自行车,不用步行跑路了,而且在我住处附近已装上传呼电话,游老这才不再事必躬亲,一趟趟跑来找我了。

从1952年院系调整到"文化大革命"开始,每逢党一次次发出动员

游国恩先生夫妇摄于60年代中期

令，一次次开展群众运动，游老总是积极响应，从不后人。甚至在1958、1959年，在"双反"和"拔白旗"的运动中作为被批判的对象，游老不仅对党和群众毫无抵触情绪，而且遇事泰然自若，从不怨天尤人。在同我个人谈话时，要多的是严于解剖自己，鼓励我不要蹈他只钻业务的覆辙；甚至从关心我的命运出发，在他受批判时让我少同他接近，免受牵累。现在我反躬自问：我对自己的思想改造抓得不紧，业务上也常有自满情绪，实在有负游老这些年来对我的期望。追怀往事，真不禁使我愧悔交并。

"文化大革命"的十年风雨，游老经住了考验。林彪、"四人帮"横行的时期，迟群之流在北大胡作非为，游老保持了他坚贞不受屈辱的晚节。1976年1月，周总理逝世的噩耗传来，游老悲恸欲绝，立即写了挽诗，并亲自送交中文系总支。听阴法鲁同志说，游老在毛主席逝世时，也十分悲痛，同样写了挽诗，并对党和国家的命运十分关心。这充分说明游老热爱党、热爱领袖是发自肺腑，没有丝毫矫饰的。"四人帮"被粉碎以后，游老不顾自己年老体衰，以久病之身从事于被迫搁置多年的《楚辞长编》的整理工作。就在住院疗养期间也没有中断。甚至在他老人家逝世的前一天，还在伏案检书，挥笔撰述。这不仅由于游老对做学问一贯热爱，主要还由于他老人家具有一颗真正的爱国心，希望在自己垂暮之年能为四化多作贡献，才这样奋不顾身地忘我劳动。我以为，这是游老身上最值得我们学习的好品质、好作风。

二

这里顺带谈谈游老平时严于律己和日常待人接物的态度。游老过去是吸烟的，后来因身体不好，决心戒烟，并付诸行动。开始我问游老："先生（这是对游老一贯的称呼）真的不吸烟了？"游老说："不敢说，比以前吸得少一些，有时偶尔吸一支。"过了很久，我一直没有再看到游老吸烟，就又问了一次。游老说："算是不吸了，但没有把握。"几年过去了，十几年过去了，一直到游老病逝以前，我当然没有再问，可是游老却在不声不响中把烟戒掉了。但游老从不勉强别人戒烟，有时还用好烟待客。游老的学生们不仅可以在游老面前自由吸烟，就是高谈阔论，甚至有时说话离了题出了圈,游老也从不板起面孔训人;有时逼不得已,也只在适当时机提醒一下,发人深省,让出言不慎者自己警觉。这真是蔼然仁者之风,而这一切,我是有亲身经历和体会的。

游老无论从道义上或经济上都热心援助别人,也是人所共知的。前些年,竟有一个骗子冒充某位老先生的儿子,骗去游老当时手头仅有的几十块钱。游老发觉后,当即向校系领导报告,引起大家警惕;对他自己的损失,却只一笑置之。另一方面,游老对于别人的赠与却是一介不苟取的。记得三年困难伊始,我在游老家闲坐时听到游师母对游老说买肉困难。过了不久,恰逢节日。我母亲在城里排大队,只买到一对猪腰子带回来过节。我登时想到游师母前几天说的话,便把这戋戋之物给游老送去了。游老当时不在家,师母把东西留下。过了节我去看游老,他老人家却郑重其事地对我说:"那天我回家,听说有人送来吃的东西,我埋怨你师母不该随便收下,不打算派人送回去。后来听说是你送来的,我想,你送的东西我还是可以吃的,这才没有送还给你,现在只有多谢你了。"我听了半晌说不出话来,深深为游老这种严于律己的态度和对我的深情厚谊所感动。70年代初,游老已经患病,一位香港某大学的老教授是游老的老同学,曾来北大探望游老,表示如果需要什么药物,他可以买了寄来,并请游老不要客气。游老有一次问我,某种药品国内有没有卖的?我答:"没听说有。"游老随即提起此事。我就说:"那不妨托他买点嘛!"游老摇摇头没说话。当时马汉麟同志在座,也没开口。事后汉麟对我说:"你还不知游老的脾气,他是决不轻易向人张口的,更不要说是国外的朋友了。"

1971年,我从江西干校回到北京,当时在系里掌权的一位工宣队师傅找我个别谈话,说:"有人检举,游国恩多分了集体科研的稿费。检举的人说是听你讲的,你曾为这事心里不满,因为他多分了,你就少拿了。"我登时火冒三丈,但最初还是按捺着性子解释,说根本没有这事。那个师傅就一再"做"我的"工作",逼我承认确有此事。我实在忍不住了,才说:"我了解游先生,他决不是那样人,你不要以为知识分子就认得钱!"我又说:"是谁检举的,把他请来当面跟他谈。除非这个人有精神病,否则他不可能说这样的话!"这场不愉快的谈话就这样结束了。事实上,游老所主持的几个集体科研项目，书籍出版后他只拿了极少的稿费，大部分都分给了合作者。1961年，我们几个人因为游老坚决不接受一笔稿费，还托过中文系总支的统战委员去向游老"游说"，他才勉强收下的。可是在林彪、"四人帮"当道的那几年，竟会编造出这样的鬼话来诬蔑游老，真是血口喷人。对比起游老为人的光明磊落，更使我增加了对他的敬佩和怀念。

三

下面谈谈我个人对游老治学问和带徒弟这两方面的粗浅体会。

游老的学问渊博，功力湛深，体大而思精；但从不轻易著述，晚年尤为矜慎。在游老的门人中间，我自问够不上升堂入室的水平，充其量不过是望夫子之门墙而未入其宫的一个普通学生。因此要我来为游老的学术成就做一番总结工作，是远远不够资格的。但我在47、48年，曾连续听过他四门课：中国文学史、楚辞、古文选读及习作和唐宋文学史。从55年末到59年初，我在游老亲自主持下进行了《先秦文学史参考资料》和《两汉文学史参考资料》两书的注释工作。每当遇有疑难问题便随时请教，以及平时追陪末座时聆听他的教诲，因此对游老治学问和带徒弟的方法和道路还算有个大致的了解。当游老逝世不久，有一位与游老年辈相若的长者听到这不幸消息时，曾对我感慨万端地说："要想再出一个像游先生这样的人才，不知得再过多少年了！"

游老治学的方法和途径，照我个人的体会是：首先尽量述而不作，其次以述为作，最后水到渠成，创为新解；而这些新解却是在祖述前人的深厚基础上开花结果的。因此，本固根深，枝荣叶茂，既不会风一吹就倒，更不是昙花一现，昨是今非。所谓述而不作，就是指研究一个问题、一个作家、一篇作品或一部著作，首先掌握尽可能找到的一切材料，不厌其多，力求其全。这是第一步。但材料到手，并非万事大吉，还要加以抉择鉴别，力求去伪存真，汰粗留精，删繁就简，惬心贵当，对前人的成果进行衡量取舍。这就是以述为作。如果步前贤之踵武而犹不能达到解决问题的目的，就要根据自己的学识与经验，加以分析研究，最后得出自己的结论，这就成为个人的创见新解。游老毕生孜孜不倦地致力而终于未竟其业的《楚辞长编》,是最能体现这个精神的。游老常说:"要搞寿世之作,不要写酬世之文。"游老一生治学谨严不苟,巨细不遗,同他提出的这个口号也是密切相关的。

游老之力求全面掌握材料,其范围是很广的。做学问的路子也是很宽的。用旧的话说是义理、考据、辞章三者不可偏废。他要求学生不仅要有专门知识,而首先要成为通才。不仅在文学领域内能触类旁通,还须在文字、声韵、训诂各个方面都能有发言权。在他晚年,更极力主张青年人必须深入学好文艺理论。有人认为游老只讲考据,只占有材料而缺乏理论和观点,这实在没有说到点子上。只是由于游老晚年十分谨慎,常感到学然后知不足,不肯轻易著述,致未能尽展其长,这实在是祖国学术界一大损失。当然游老对经史百家和历代诗文十分熟悉,有些专著更是"得手应心",了如指掌。我能受业于游老这样一位渊博的老师,已感到十分光荣和幸运了。

游老在60年代初,曾受中宣部和高教部委托,与王季思、萧涤非、季镇淮诸先生和费振刚等同志,一起主编了一部《中国文学史》。游老对这部集体著作确付出了极大精力。从拟定提纲到审阅定稿,每一环节和步骤,游老都亲与其事,亲自翻书和动笔。其态度之严肃、用力之勤勉、关注之殷切,凡是当年参与编写此书的同志,无不记忆犹新。这充分说明游老热爱集体工作,忠诚党的教育事业,因而才这样忘我无私地进行不懈的劳动。

我在游老主持下,编注了先秦、两汉两本分量较重的文学史参考资料,这实际上是游老在把着手教徒弟。这两本书问世已二十多年,虽然还有不少错误(责任在我本人),但在国内外颇获好评。这完全应该归功于游老对我的具体指导。我通过这一工作,深感游老带徒弟的办法是很科学的。归纳为一句话,即严格要求与放手使用相结合。工作开始时,从选目、体例以及注释中应注意的事项,游老无一不交代得有条不紊。一部分初稿写成,游老仔细批改,连一个标点也不放过。等到我摸熟门径,并表示有信心和决心完成任务时,游老就郑重宣布:"以后由你自己放手去做吧,该怎么做就怎么做,不必事事请示,我也不再篇篇审阅了。"这就最大限度地调动了我的积极性,从而发挥了主观能动性,使我也敢于动脑筋了。当然,遇有"疑难大症",还得依靠游老解决;而有些篇章,事后经游老过目,仍作了若干修改。总之,游老对我是既抓得紧又放得开。既关心又信任,使我这负责具体工作的人既培养了独立工作的能力,又体会到学问的甘苦,既敢于承担重任,又时时不忘游老所指引的方向。

这里还想谈两件事。一是有一次我委托游老的另一位学生去查阅并标点一篇材料。这位同志由于没有看懂原文,竟擅自把书上的一个字改动了。游老当即找到我和这位同志,当面郑重告诫我们,要随时谦虚谨慎,不能强不知以为知。另一件是当我注释到《楚辞》部分时,游老发现我在注文中大量引用了他本人已发表过的文章,便立即决定一条原则:"这两本书一定不许引用我的东西。"游老说,我们不能"老王卖瓜"、"戏台里喝彩",一定要谦虚。这两件事给我留下深刻印象。

1975年的初秋,我遇到一个难题,便去请教游老。不想游老正在发烧卧床。我问过病情,便准备告辞,不想用业务上的琐事来打扰他老人家了。谁想游老已看出我的心事,就直截了当地问我是不是找他来问问题。我只好实说了。游老身在病榻,手指书架,告诉我翻开哪几本书,找哪几段材料,我照着游老所指点的去做了,难题迎刃而解。我心里又激动又难过,深为游老这种诲人不倦的精神所感动。而游老却说:"不要为我担心,你来问问题对我并不是负担,你看我只用手指比划几下,你的问题不就解决了。"游老不但帮我解决了业务上的难题,还给了我很大的鼓舞和鞭策。他忘记了自己的病痛,只想到替学生排除困难,这是多么可贵的崇高的美德啊!然而万没有想到,这竟是我最后一次得到老师亲炙的机会。后来游老因治疗肺结核入院疗养,而出院不久就与世长辞。我只在1977年春节期间去游老家给他拜年,同他老人家谈了一会儿天,后来就再也没见到他了。

作为一代师表,游老的人品学问,决非我这肤浅谫陋的学生所能妄加月旦,更不是这篇杂乱无章的小文所能包举无遗的。我不过略陈鄙见,一抒我对老师的仰慕之忱而已。

1980年为游老逝世二周年作

忆了一

夏蔚霞

商务印书馆李思敬先生告诉我要出一本论文集纪念王力（了一）90岁周岁诞辰，我很感动，想必了一在九泉之下也会感到欣慰的。了一一生最爱做学问，他说"翰墨生涯存至乐"，所以，写学术论文纪念他是最好的。遗憾的是我对语言学一窍不通，在和他共同生活的五十二年里，没有向他学到一点一滴。在这里，只能写下我的一些生活回忆，寄托自己对了一深切的思念。

一、千里姻缘

1933年，我在苏州景海女子师范任图书管理员时，经人介绍开始与了一通信。他的信字迹秀丽、语言幽默，我很爱读。从信中我得知他的身世。了一1900年生于广西博白岐山坡村，从小酷爱读书，高小毕业后因家境贫寒失学十年，24岁时靠师友资助去上海求学，26岁考入清华国学研究院，27岁赴巴黎大学，32岁获博士学位回国，任清华大学专任讲师。

1934年春，了一到苏州和我会面。他，外貌并不漂亮，还架着一副近视眼镜，但谈话诚恳、举止自然大方，没有半点骄傲和浮夸。渐渐地，我觉得他有学者风度，并像兄长一样亲切。后来他又一五一十地告诉我，他15岁时曾由父母包办成婚，现已离异，但有两儿一女需要他抚养，家中还有父母并欠有债务等。这一番话非但没有使我动摇，反而使我对他更信任了，我们的友谊很快发展成为爱情。尽管我记得我母亲生前对我说过，不要嫁给"坐冷板凳的"，因为我父亲是个穷秀才，母亲跟他受了一辈子苦，但我仍决定嫁给了一。

1935年我们在苏州结婚了。

二、翰墨生涯

婚后我们住在清华大学新南院43号，了一专心工作，把家中的经济大权交了给我。每月我替了一领工资后立即去邮局一笔一笔汇出，除他父母子女的生活费（我的父母已去世）外，主要是偿还债务，所剩无几，有时甚至入不敷出，生活难以维持。我问了一："你在法国时有不少译著，应够你开支的，为什么还负这许多债？"没想到他回答说："我也不知道。人家来信讨债，我就还。"后来才知道原来是他父亲在南洋开小中药铺生意不好，以了一在外留学需钱为名借债度日，天长日久，债重如山。沉重的债务负担使我夜不能眠，了一就给我讲古今中外的故事，让我忘掉烦恼，进入梦乡。了一告诉我，他刚从法国归来时为了还债，不得不继续搞翻译。两年后，他未能按期升为教授，就问系主任朱自清先生为什么，朱先生只笑了笑。他明白，原因是自己"不务正业"。于是他写成《中国文法学初探》一文，一年后升为教授。此事给他教训很深，要开源，但不能再搞翻译了。1936年他又被聘为燕京大学中文系兼任教授，《中国音韵学》也是那时写的。我的国语说得不好，他特地为我写了一本《江浙人学习国语法》。我学了这本书进步很快，了一很高兴。我想也许我是他推广普通话的第一个实践者吧。

"七七事变"后，我们与潘光旦先生、沈履先生等一起轻装南下，到长沙清华临时分校。在长沙，我们和李辑祥一家、陈福田夫妇、蔡方荫先生、赵友民夫妇、顾毓琇先生等合住一个小院，合请了一个厨子做饭。蔡方荫先生是土木专家，由他设计在天井里挖一个防空壕，警报一响大家就钻进去，省得远躲。那时，了一教课回来几乎无书可读，便在街上买些小说，如《红楼梦》、《儿女英雄传》等回来看。我以为他看小说是消遣消遣，很久以后我才知道，原来他是在研究《红楼梦》，他从中发现了许多从未注意过的语法现象，并且开始写一部语法著作，这就是1938年秋在西南联大写成的中国文法研究课的讲义。后经闻一多先生建议，分成深浅两部出版，即《中国现代语法》和《中国语法理论》这两部颇有创见、影响深远的著作。

1940年,我怀了第一个孩子。为避敌机空袭,我们搬到昆明远郊龙泉镇的龙头村,租农民养猪的房子,简单修补刷白以后居住。房子既小又陋,楼梯摇摇晃晃,土墙上有条大裂缝,我们日夜担心房子会塌下来。了一每周步行二十多里到西南联大去上课,回家时捎些生活必需品回来。没有煤油,了一每天在菜油灯下备课、写稿。《中国现代语法》等书就是这样写成的。了一走远路费鞋,我就在油灯下为他一针一线地纳底子做布鞋。记得我还曾做过一双送给朱自清先生。

了一在上海商务印书馆出版的几本书,每隔一段时间寄来一次稿费,由我到市里邮局去取。有一次领到的稿费竟连回家的路费都不够!一天,了一正在写作,我在一旁问:"这篇稿子多少字?"他听了非常生气,说:"你眼睛里只有钱!"我知道伤了他的自尊心,从此我再也不和他提起字数的事。孩子出世以后,生活更拮据了。他每星期写一篇小品文在报刊上发表,换取几文钱贴补家用。或许不单为了卖钱,而是想换换口味,跑到粥少僧多的文学界去争取一杯羹吧!他的小品文很有滋味,笔调细致,生动有趣,讽刺巧妙,切中时弊。茶余饭后读读他的小品,不仅是一种享受,而且能增长知识。所以他的小品很受欢迎。了一说过,他年青时曾想当文学家,后来觉得自己没有写小说的灵感和天赋,还是老老实实地研究语言学为好。

解放后,了一学习了马克思列宁主义。他说,辩证唯物主义和历史唯物主义的思想方法论对他的研究工作很有帮助。50年代,他在系统研究语音、语法、词汇三方面的发展史的基础上,写成了《汉语史稿》。

60年代初,国家处于经济困难时期。许多人因营养缺乏得了浮肿病,我也传染上了猩红热。了一把国家照顾高级知识分子的一点点副食补助全部省了给我和孩子,自己在半饥饿状态下每天仍坚持工作十个小时以上,早上八时准时工作,晚上十一时停笔,孜孜不倦地撰写《中国语言学史》、《诗词格律》,并主编了《古代汉语》教材。

在"文化大革命"的日子里,了一被打成"反动学术权威",书被查封,稿被抄走,工作权利被剥夺,他极端苦闷。挨斗、劳动回来,他常常问我:"我怎样才能改造得好,才能为人民服务呢?"我同情他,安慰他:

"不要难过,问题总有一天能搞清楚的。"后来日子逐渐好过一些,书架也"解冻"了,了一就偷偷地写起稿来。后来出版的《诗经韵读》、《楚辞韵读》和《同源字典》就是这样开始写的。其实,他还关在"劳改所"时,就已构思、打腹稿了。1978年("文革"结束后第三年)《同源字典》写成,了一非常高兴,特赋七律诗一首:"望八衰翁老蠹鱼,砚田辛苦事耕锄。畚箕王屋曾平险,风雨兰陵自著书。说解撰成思叔重,凡将写出念相如。漫嘲敝帚千金享,四载功成乐有余。"

了一,你知道吗?在你离开我们的第三天——1986年北京大学校庆日,《同源字典》荣获校科学研究一等奖;1988年,你主编的《古代汉语》荣获全国高等学校教材评比特等奖。你该笑慰了!

三、教学生涯

了一在清华国学院读书时,很爱听赵元任先生的中国音韵学课,从此走上了研究语言学的道路。《中国古文法》是了一的研究生论文,导师是梁启超、赵元任两位先生。梁先生在论文封面上写的总批是:"精思妙悟,为斯学辟一新途径。"文中还有"卓越千古,推倒一时"的评语。与此相反,赵先生是专挑毛病,最严厉的批评是"言有易,言无难"。这六个字后来成了了一的座右铭。了一切身体会到了教师对学生的影响是深远的,甚至一生受用不尽。因此他教书特别认真,在语言学教学的园地里辛勤耕耘了一生,现在已硕果累累、桃李满天下了。

记得30年代了一在清华教书时,每周课时并不很多,但他一天到晚伏案备课,每次讲课回家,嗓子总是哑的,我很心疼。一次,我特意走过他的教室,听见他在高声讲课,我想一定有满满一教室的学生。我踮起脚向窗内看,不觉大为吃惊!总共才只有三个人!他却绘声绘色地边讲边写黑板。回家后我劝他:"才三个学生,何必那么认真!"他这样回答:"教师讲课有精神,学生才会聚精会神地听课记笔记。"

1937年"芦沟桥事变"后,北京西苑机场被炸,清华告急,学校让教职员疏散,我们搬到城里朱光潜教授家。当时了一在燕京大学讲授暑期课,燕京大学还没停课,了一不顾路上随时可能出现危险,坚持坐人力车去上课，尽职尽责，直到课程结束。

了一的学生，现中山大学教授吴宏聪，曾向我讲起在西南联大时的一桩小事。他说："一次，我上课迟到了，轻轻地走进教室坐下。'站起来！'王先生命令我，'为什么迟到？'我低着头，说：'上课的教室换了，一时没找到。''下次早些来！'我真没想到先生对我会这么严厉，因为平时先生对我很好，还常约我给他主办的刊物写文章，并夸我文章写得好。"

抗战胜利后，了一应聘任中山大学文学院院长。他满腔热情地创办语言学系和文学研究所，每天办公非常忙碌，甚至每天上班前还要先去看看院内的厕所打扫干净没有。当时时局很乱，进步学生常常被捕，了一四处奔走营救，救出的学生有的暂住我们家。后来了一因此受到牵连，还因抵制某人挥霍公款谋私利而遭到威胁恐吓。为了避免发生事端，我们被迫到香港去躲避一段日子。后来，了一到岭南大学，这时有些教授对解放有顾虑，举家迁往美国、香港，了一对我说："我们哪儿也不去，留在广州等解放。"

1949年秋，我们以万分高兴的心情迎来了广州解放。解放后没几天，广州市军管会领导之一的朱光同志就会见了了一。原来朱光是20年代了一的学生朱光琛。师生重逢乐融融，了一连夜赋诗"赠朱光"，抒发师生情谊和希望祖国昌盛的情感。

1954年暑假，了一在北京开会期间来信和我商量调往北京大学一事。这件事非常突然，我没有任何思想准备。当时我怀着七个月的身孕，身体又不好，大孩子要考高中，老二考初中，七口之家须在一个月以内搬到北京，困难之大可想而知。凭我多年经验知道，了一的所谓"商量"只是形式上表示对我尊重，其实他自己早已下定决心。忙乱劳累了一个月以后，准备就绪，了一从北京回来接我们了。临行的那天下午，了一从城里参加广州市委为他饯行的宴会回来，两眼直愣愣的，几十个来送行的人，他一个也没看见。我明白他醉了。我又急又气，本来与亲友离别已使我难过，这时忍不住哭了！直到北上的火车进入湖南省，他才醒来，后悔喝多了。我埋怨他，心里又原谅他：人生能有几回醉！广州的深情厚意，北京的热望重托，使他太兴奋了，怎能不醉！到京的第三天，我们的行李还没打开，全家还暂住在招待所，他却已踏上北京大学的讲台，开讲"汉语史"新课了。

平时除讲课、写稿外，了一还要答复不少信件，会见客人。凡登门来访的，他有求必应；来信来函，他都亲自过目。北京有一个工人，业余爱好语言学，常常到家里来求教，了一总是循循善诱地向他讲解，连续几年从不厌烦。他不止一次用赞扬的口吻说："这个人并不聪明，但很用功，我愿意教他。"这种事有过许多。

四、天伦之乐

了一性格内向，但却很重感情。1938年，了一的妹妹因病在家乡去世。为安慰他的父母，了一把他们和一个被丈夫遗弃的姑母从家乡接到桂林（当时了一在广西大学教书），我们家成为一个和睦热闹的大家庭。后来，战火越烧越近，只好把他们送到上林他弟弟家。抗战胜利后，正当我们准备离昆明回清华时，了一得知祖母病危，决定回家，我也愿同他一起回去探望父母，拜见祖母。于是，我们带着三个小孩从昆明出发，路经河内、镇南关（凭祥）回广西。河内至镇南关的交通不便，我们和同行的十几人只好搭乘一辆运米的卡车。我们坐在米包上，我抱着3个月的女儿，了一一手抱着5岁的儿子，一手抱着3岁的女儿。汽车在高山峡谷中绕行，颠簸得厉害，很是危险。一次，遇到只架着双木桥的一条河，司机不敢开车过去，我们十分焦急，忽然乘客中有人自告奋勇开车试试。老天爷保佑，我们总算平安过去了。回到了家乡，老人病愈了，四代人欢聚一堂，尽情享受这天伦之乐！

了一的工作太忙，一切家务事和教育孩子的责任全部落在我的肩上。孩子多，家务事也多，尤其是解放后我参加了工作，又担任学校妇女会主席，回家感到劳累和心烦，因此常常打孩子。了一总是批评我，叫我要耐心教育孩子。我不服气，说："你试试管他们三天，你能不打我就佩服。"正巧有一次我去参加广州市妇代会，三天没在家，回家见鸡毛掸在桌子上，他正在生气，我问他怎么了，他说打孩子了，果然应了我的话。

我们家的几个孩子在校都是好学生，常有人问我们是怎么教育孩子的。孩子们说得对:"身教重于言教,父亲对我们的影响是潜移默化的。"了一在家默默无闻地工作,这是无声的教育。偶然了一也会教训孩子几句。例如有一次吃午饭时,11岁的女儿得意地叙说她昨晚如何没买票溜进操场看电影。了一听了,板起脸严厉地说:"五分钱就出卖了自己的灵魂!"从此女儿决心永远不贪小便宜了。还有一次,了一突然揪起儿子就打,原来因为孩子说了一个脏字,吓得孩子不敢再骂粗话了。几十年里,他只打过两三次儿子,从来没有打过女儿。

了一在"坐冷板凳"之余,兴趣爱好很多,下棋、桥牌、骨牌、京戏、电影、歌舞、话剧、音乐……样样喜欢,最喜欢的是游览名胜。记得五十年前,我们曾骑着毛驴去逛八大处,每个月我们必乘校车进城听一次京戏;四十年前,我们曾在越南海防市汹涌澎湃的海边散步;三十多年前,广州中山纪念堂的音乐会曾使我们陶醉;二十多年前,我们一家七口曾分划两条小船,悠然自在地在昆明湖上荡漾;几年前了一82岁时,还由全家十几人簇拥着登上万寿山,84岁时还冒雨登上了黄山!

五、受尽折磨

了一一向忠诚老实。1952年他就向组织讲清了1948年至1951年曾受聘为岭南大学顾问委员会委员一事,没想到这件事竟成为他历史上的"污点",跳进黄河也洗不清!所谓"顾问委员会",是岭南大学校长陈序经建议校董会成立的,由五人组成,除校长陈序经外,还有富伦(美国人、理学院院长)、冯秉铨(教务长)、伍锐麟(总务长)和了一(文学院院长)。岭南大学是美国基督教会创办的,实权在美国人手里。据了一说,开会讨论的都是校长交议的较重大的行政事项,如聘任、人事变动、学费金额、住宅分配等,该会只对校长负责,对外不负责。除了一外,其余三个中国人都是留美的,因此开会都用英语。了一英语会话水平不高,在顾问委员会中不起什么作用。

1966年"文化大革命"爆发了!了一又一次如实地"交待"了他的"问题",特别是对曾代替岭南大学校长参加一次所谓"梅花村会议"一事做了详细"交待"。这个会是在解放前夕代校长去出席的,了一到会以后才知会议内容是反动的，且有一个从外貌看像报纸上蒋介石相片的人参加，但没讲话。几十年前的事了，了一尽量回忆。但追查的问题越来越多，越来越细，有些细节了一实在回忆不起来，苦闷极了！他在一篇日记中写道："的确，我讲不清楚。顾问委员会讨论，向麦克米伦汇报八点，我一点也说不上来！只怪我太不留心记忆了！当时听不懂就算了，现在说一切想不起，很难取信于人！怎么办？我没有办法！想不起就是想不起，不能说谎！"

1966年8月27日下午，突然间，清华大学和北京大学的"红卫兵"由我们的两个女儿（一个在清华、一个在北大）带领来抄家，从此她们宣布和我们断绝关系，并且把两个弟弟也带了去。了一在日记中说："二小时之间变化如此之大，殊为痛苦不堪！"从此，家中只剩下了一、我和我的一个老姐姐，我们心中的悲伤无法形容！对女儿的"造反"，了一没有怨言，只怪自己受旧思想影响太深，只怪自己没有"改造"好。

"不理解也要理解"，了一更努力地学习毛主席著作，他的"红宝书"里满是圈圈点点，有的还有眉批。他像研究自己的语言学那样研究着，希望能从中找到答案，争取早日"脱胎换骨"、为人民服务。

但是日子却越过越苦了。我每天出去开会学习，他每天去劳动、挨斗。他咬着牙干他力所不能及的重体力劳动，如搬煤、抬石头等，回到家来从不叫苦叫累。有时受到路边不懂事的孩子打骂，回家也从不诉说，怕我难过。一次，他和李赋宁教授一起抬石头，李先生把轻的一头让了一抬，他自己抬重的。有个孩子戏弄他们，叫他们来回抬，李先生气愤地赶走了这个孩子。这件事他回来告诉了我，他对李先生非常感激。

我家被抄了十几次，所有存款和值钱的东西都被抄走，书籍全部被查封，稿子也抄走了！我的老姐姐腿拐，眼睛又看不见，抄家时只听见楼上楼下乱响，被吓出病来，三天就去世了！我把眼泪咽在肚子里，不敢向了一表露，以后我们更寂寞了。

有一天，我们的大儿子缉志来了，我们很惊奇，问他："你不是脱离关系了吗？怎么回来了？"他说："我回来看看你们，我只是赞成他们（指弟妹们），没有参加他们的行动。"此后他常回来，我们得到莫大的安慰。

后来，了一集中住到"劳改所"去了，每星期日请半天假回家洗澡。我给他煮一碗面条和一个鸡蛋，以补充一点营养，但不敢多给他吃，怕回去吃不下晚饭挨斗或挨打。了一受苦受累甚至挨打受骂都能忍受，最受不了的是莫名其妙的侮辱。有一次拔草，"红卫兵"指着一种草问他："这是什么？"他说："不认识。"这个"红卫兵"嘲讽地说："一级教授连这都不认识！这叫半夏，是中药！什么一级教授！"回到家里他伤心地对我说："我一级教授又不是自封的，我没学过中医，没学过药物，怎能认识中药呢？"事有凑巧，一年后我的小儿子病了（这时他的姐姐们已离京工作，不能管他了），医生开的中药中有一味叫"半夏"，买不到，了一兴冲冲地说："我知道哪儿有。"很快就去拔来了。我一看，这种草到处都有，怎么可能是半夏！他却说："怎么不是！因为我不认识它，挨过红卫兵的批，我永远认识它了！"我仍然不信，就去请教校医院院长和中药店，他们都说不是！了一感到自己受到嘲弄，心中非常痛苦。

1967年6月18日是了一最难忘的一天。他在中文系挨斗，弯腰九十度，背上还压着两块砖头，达两个小时，出门时后背挨了一拳，头上挨了一鞭，迈了几步就跌倒在地。"红卫兵"变本加厉，用皮子包着的铁链抽打他！他的眼镜掉在地上，爬在地上乱摸，亏得后面有人（粉碎"四人帮"后才得知是朱德熙先生）替他捡起来。他边爬边喊："你们别打了，我一定爬起来走回去！"回"劳改所"后，他吃了我给他随身带的白药。星期日请假回来，我看见他手臂上红一条、紫一条的血印，心疼得眼泪不断地流，但又不敢让他看见，以免他再难过。

后来我也受到牵连，被隔离审查了两个月。当我被"解放"回家时，开门的是了一。我一愣，万万没想到他在家。我问："咦！怎么你在家？"他说："托毛主席的福，我早就回家了！"两人悲喜交集、默默相对，不知说什么好。这以后我们仍然日日夜夜默默无语，度日如年。

1968年学校大队人马去江西农场时，了一去平谷县劳动了半年。回家后他天天盼着工作，但不能，只好每天在中文系把报纸上歌颂毛主席的诗抄下来，别无他事。他觉得很苦闷。后来工宣队负责人告诉他，很快能

"解放"他了,他很高兴。从此我们的日子好过些了。了一开始背着外人偷偷写书,一听到有人上楼,就连忙把书稿藏起来,免得罪上加罪。有一次,他失望地对我说:"这些书稿看来没有希望出版了,只能当做遗稿收藏了。"

就在了一日夜盼望着"解放"时,突然收到一个同乡来信,责问了一为什么介绍他加入国民党而不告诉他。了一莫名其妙,回信说:"我自己不是国民党员,怎么可能是介绍人呢?"了一遵守"凡是收到信必须上交"这条组织纪律,向领导上交了此信。谁知从此又开始重新审查历史,一审又是几年,而且总是逼他交待,逼得非常厉害。有一天,他痛苦万分地对我说:"我已不能再顾孩子们背不背黑锅了!"我一听就明白了!我含着泪对他说:"还有我呢!我们好坏都要活。我有工资,我们可以苦苦地过日子,你不能瞎想。"他听了不作声。从此以后,我寸步不离他。他转三次车去工厂开门办学,我送他一直送到厂门口。过了一些日子,我见他的情绪有所好转,才渐渐放心。1973年春,他被"解放"了。

六、壮心不已

黑暗总有尽头。1976年"四人帮"被粉碎了!了一万万没想到他"文革"中写的书又可以出版了。他以从未有过的兴奋心情对我说:"我想把我所知道的全部写下来留给后人!"

1977年初,他的体重突然减了20斤,裤腰小了4寸,健康情况不好。他感叹道:"艰难黄卷业,寂寞白头人。惆怅桑榆晚,蹉跎惜此身。"他觉得时间不多了,更加珍惜光阴,分秒必争地著述,还招了5名研究生。

经多方治疗,1978年他恢复了健康。这年夏天,他登上了长城,对前途又充满了信心。参加五届政协一次会议回来,他写了一首诗抒怀言志:"四害横行受折磨,暮年伏枥意如何?心红不怕朱颜改,志壮何妨白发多!明月九天狂李白,铁弓七札老廉颇。相期报国争朝夕,高举红旗唱凯歌。"

1980年,在我们结婚45周年之际,了一书写了一首诗赠给我:"甜甜苦苦两人尝,四十五年情意长。七省奔波逃狁狁,一灯如豆伴凄凉。红羊溅汝鲛绡泪，白药医吾铁杖伤。今日桑榆晚景好，共祈百年老鸳鸯！"这首诗使我很高兴，不仅因为它表达了我们夫妻的深情厚爱，更因为从诗中我看到了了一的乐观心情。

同年8月26日是了一80大寿。首都语言学界8月20日在政协礼堂欢聚一堂，举行由叶圣陶、胡愈之、吕叔湘、叶籁士、周有光、倪海曙、季羡林、岑麒祥、周祖谟等先生发起的"庆祝王力先生学术活动50周年座谈会"。了一感到当之有愧，心情非常激动。他在答谢词中说："自愧庸材无寸功，不图垂老受尊荣，感恩泥首谢群公。"此后，他订了一个宏伟的写作计划，"还将余勇写千篇"！

左一为王力先生

12月底，他应香港大学和香港中国语文学会的邀请，赴香港讲学。我给他穿上压在箱底二十多年的西装（他多年不肯做新衣服，有一次，他把蓝色中山装前襟磨破的地方用蓝墨水涂了涂，去会见中央领导人），他神采奕奕，全然不像80岁高龄的老人！在香港讲课之余，他还到各处游玩，日程安排得满满的，但他似乎不觉疲劳。香港之行使他增加了对生活的兴趣，工作劲头更足了。

1981年10月，了一又应日中学院院长藤堂明保先生之邀赴日讲学。在日本访问期间，他看到国外对他的著作十分重视，对他十分尊敬，非常感动。他说，他没想到东京大学藏有他的《中国音韵学》1938年第一版，没想到他的《中国文法学初探》1940年出版，第二年就译成了日文。他认为我们对自己祖国的语言更须加倍努力研究，否则也会"出口转内销"的。为了祖国的荣誉，他日夜奋力工作。我理解他，尽量不去打搅他。每逢吃饭时间，总要三番五次地催促，他才肯放下笔。

年纪不饶人，了一的体力和精力都渐渐不如以前了。1985年初，他因十二指肠溃疡住了18天医院，这是他生平第一次住院。痊愈后，我尽量给他补充营养，劝他多休息。1985年8月的一天，他步行去北大临湖轩开会，忽然两腿发软摔倒在地。经医院检查说是脑动脉硬化，给他开些药物，要他多活动。这时他的最后一本著作《古汉语字典》只完成了不到三分之一。他已意识到自己不可能完成这120万字的巨著了，就把唐作藩、郭锡良、曹先擢、何九盈、蒋绍愚、张双棣几位请来商量，希望他们分写。他们各自尽管都有许多工作，仍答应了。了一感到欣慰。

了一很感谢山东教育出版社为他出了《王力文集》，在他85岁大寿时，他宣布捐献该文集的全部稿费，作为语言学奖金。

1985年10月，他出席在北京香山饭店召开的"汉语教学国际会议"，并作了简短发言。头天晚上，他失眠了，这是他生平第一次失眠。此后，他身体越来越弱，每逢看病，医生都说是脑血管硬化。我劝他不要写大部头书了，写些小文章或写写自传，他摇摇头。他的眼睛也越来越坏，子女们给他从国内外买了各种放大镜十来个，他都嫌放大倍数不够。无论如何疲乏，他仍每天坚持工作，左手拿着放大镜，右手握着毛笔，鼻子几乎贴在桌面上，写呀写，每天至少写三五百字！

1986年3月，他对我说："我眼睛实在看不清楚，身体实在疲乏，今后怎么办？"我只好安慰他："好好休息，身体好些再写。"

3月22日，全国政协开会，他执意参加。谁知第三天他就发烧住院了。医生先是说他上呼吸道感染，我以为他住院后可以彻底检查治疗，过些天就会好的。万万没想到，他得了急性单粒细胞白血病，一去不复返了！他走得那么快，那么突然！我悲痛万分！

每当我走过他昔日的书房，总想看一看他的背影，总觉得他仿佛仍伏在陪伴了他几十年的书桌上，依然一笔一划认真写着、写着。听到我走近，他依然回过头来笑眯眯亲切地问："有什么事吗？"……我擦擦眼睛，是幻觉吗？不！亲爱的了一，你永远活着，永远活在我心里，活在子孙后代的心里。

忆川岛

孙斐君 章淹

[1]

我和矛尘初次见面是1920年。那时我在北京女子高等师范读书。北京成立女学界联合会时，我和别班同学韦琼莹姐同为我校的代表，我还被选为女学界联合会主席。我们打算筹建一所免费幼女职业小学校，专收家贫无力入学的女孩子。一天晚上，我和琼莹姐请假离开学校，到西交民巷"三多里"找同学陶玄商议办学的事。到她家时，天已经黑了，我在楼下喊了几声，一会儿，出来一位男青年，手端一盏小煤油灯，站在楼梯的一角，灯光正射在楼梯口上，我们跑上楼后，我回头向他点头表示谢意，他也礼貌地回敬了我。第二天，在课堂里说起这件事，我问玄姐："他是你家的小听差吗？"玄姐大笑说："什么呀！那是我的表弟章廷谦，是北大哲学系的学生。"引得同学们大笑一场。我很不好意思，连说"不知道"。这次相遇给我留下了深深的记忆。后来，我们又曾在北大的音乐会上，在傅同先生家里听讲哲学时见过面，但都没有打过招呼，更没说过话。以后，还是由于北京学联的公务（矛尘在北京学联担任干事），我们经常在一起开会研究工作，才逐渐熟悉起来了。

当时正是五四运动以后不久，为反对日本帝国主义强占第一次世界大战前德国在山东的权益，北京学生联合会组织了赴各地的宣传队，矛尘南下江浙，我则北上齐齐哈尔。一个月后我们分别返回北京。我在学校里又继续进行筹办幼女职业小学的事。为募集经费，我们决定开个音乐歌舞

---

[1] 本节由赵谦整理，原载《文史资料选编》第36辑。

章廷谦先生早年像

会,需要有音乐专家来校演奏,我找到矛尘,矛尘在北大请了刘半农先生的弟弟刘天华先生帮助。刘天华先生很热情,代请了几位音乐方面的人士,刘先生还亲自登台演出,使得音乐会大获成功。

以后我和矛尘就常会面了。

我和矛尘结婚以后,有一次闲拉家常,矛尘说,孩子小时候的启蒙教育非常重要,必须从孩子幼小时起即叫孩子知道怎样做人。后来我逐渐了解了矛尘童年时的遭遇,才明白他是为何说这番话的。

矛尘的父亲是一位严厉而讲礼教的老人,他对孩子管教之严,在本家中是很出名的。矛尘7岁入镇中私塾上学,私塾先生也比较严厉,动辄即对学生严惩。矛尘小时很淘气,因此常常受到老师的斥罚。父亲不常在家,外出回来,母亲向他告状,父亲总要把他痛打一顿,然后关进小房里反省。小孩子不知什么是反省,在小屋里抹干眼泪就又活动起来。他看墙是白的,很可利用,就开始在上面画起山水、花鸟、小船、房屋来。有一次矛尘在北京银行里做事的三叔返里来到他家串门,问起阿檀(矛尘的小名)怎样,家里人说,犯了过错,挨打后关在小屋里呢。三叔不赞成这种教育方法,即去找矛尘的父亲劝说。父亲生气地说:"这样淘气的孩子少见,要不是祖母生气,我还要狠打!"待兄弟二人打开小屋门时,只见矛尘两手黑乎乎的站在那里,再一看墙上,可热闹了,画了满墙。三叔把他的"作品"逐一看了,心中暗暗欢喜。事后三叔对他哥哥说,孩子这样爱画,莫若培养他做个画家,咱们章氏家族出个名画家,岂不也是美举?三叔一番话,说得父亲的气消了许多。当然矛尘最终并没成为"名画家"。但是从那次起,父亲打他时,手似乎轻了许多。母亲的唠叨、斥责却有增无减。矛尘10岁时,人长高了,时常被本家人请去在喜庆场合担任司仪(礼生),他身穿小黑马褂,人小童音,每每惹人注意。这样,他的杂事多了,淘气的事就逐步减少了。将及14岁(1915年),有人去山西公干,父亲托人带他赴山西四叔处入中学读书,算是结束了童年难熬的岁月。

矛尘求学时期,生活相当艰苦。他离开家里去山西时,祖母把平日自己做手工艺品挣下的十几块钱给了他,让他垫补着应急。在山西时,他本来可以在四叔家食宿,可是四叔家的日子也不宽裕,加之四婶持家节俭,对他有点冷淡,所以四叔还是让他去住校。他平时很少回四叔家,只是逢年过节看望一下,坐一下便走。四叔有时来学校看他,给他点钱,作为生活费用。节、假日时,家里有钱的同学都回家了,只有几个没钱的同学留在学校里。他手里没钱,也无处可去,便乐得躺在宿舍里安静地看书。北方的冬天很冷,他仍穿着制服、一双棉鞋,鞋内着白布棉袜。穿得时间久了,布袜磨破露出脚跟,没东西补,他就用粗布把脚包裹起来,倒也没把脚冻坏。好在房内有暖炕,同学们挤在一起,总算度过了寒冷的冬季。尽管如此,他从不向人诉苦,也从不向家里索要钱物。临行时祖母给他的那十几元钱,不到实在过不去时,他决不动用。就连住在山西的姑母全家,也不知道他的实际情况,还以为他生活得满不错呢。

矛尘在山西读了四年书,1919年10月从山西大学转入北京大学哲学系本科。到北京以后,仍在京城工作的三叔,主动每月给他4元补贴他的生活,姑夫也允给4元,有这8元钱,他的生活好过多了。但他不论冬夏,不论远近,依然安步当车,步行来去,所以养成了走路快的习惯。后来三叔回乡了,少了4元的进项,更得节俭着用钱,但他此时已在写些小短文投到报刊发表,获得一些稿费,对生活也不无小补。

矛尘的记忆力很强,他在课堂上只用一个小本子记纪要,等晚上回到住地同安公寓后,便将白天所记的整理好。他在北大念书期间,除攻读哲学外,还常常抽空去听外语课,除必修的英文外,德文、法文他也学过。他可以熟练地用英语讲话,所以还没从北大毕业,他就在蔡元培校长室担任英文秘书了（同时还兼北大助教）。罗素来华讲学时，蔡元培先生派他去给罗素当翻译。

矛尘性格活泼幽默，为人宽厚，遇事喜欢沉思。但是他工作起来总是非常认真。不管遇到什么困难，他必定努力克服，直到完成，关于这一点，我是深深了解的。

矛尘同孙伏园、李小峰等人办《语丝》，多是在正课正职之外。他是《语丝》的编辑者，又是多产的撰稿者，还热心帮助做校对和出版发行工作。他和几位同事，甚至星期天穿着西装赶到北京真光电影院去叫卖《语丝》。他的这种精神深得鲁迅先生嘉许，称赞他年轻，精力充沛，富有干劲。

矛尘任北大校长室秘书时，每次校务委员会开会，都由他记录，并负责传达通知。逢年过节，他请所有的同事先走。他和郑天挺先生，有时也有李守常先生留下，大家分头把假期内应注意的事检查清楚，然后才叫办公室工友李贵锁门出校。他对手下人的工作要求很严。该做的事如果有人没有按时完成，下班时，他就把这个人留下，请别人先走，他自己也不离开办公室，陪着没有完成工作的人把事情做完，但对这个人决不怨责。校长办公室的人都知道他的工作态度认真，因此都不马虎从事。我们成家以后，共同生活的时间长了，了解矛尘的工作习惯以后，每到下班，也就不再盼他早回家了。

矛尘写文章总是在晚间，这已成了一种习惯，就是在中文系任课时，也是如此。晚上，他总是等我和孩子们入睡后，才到书房里动笔，有时竟到天亮时方轻步入室小睡，头着枕便酣然入睡。早上一到时间准醒，立刻起身，从容地把晨事做完，吃过早点后，没等我起来，他早已出门上班去了。

二[2]

1931年夏，父亲接受北京大学的聘约，再任北大校长室秘书兼国文系

---

[2] 本节节选自章淹《"兰叶春葳蕤，桂华秋皎洁"——父亲章廷谦和他的师生朋友们》。

讲师。7月，携家人离杭赴京，重返北大。从这时起，他就没有离开过北大。这时，蔡元培因中央研究院的工作不能北来，校长由蒋梦麟担任。蒋校长于1930年11月辞去教育部长职务后，受命重回北大，由过去的代理校长改任校长。与此同时，1927年前后，军阀肆虐时期由北京南下的一批北大学人，如后来著名的语言学家罗常培，历史学家郑天挺，人称李、杜的罗庸、郑奠，英语学家潘家洵（首次将易卜生的《娜拉》译为中文，引入中国），音韵学家魏建功先生等父亲的熟朋友们，也都陆续重返北大。母亲则先后到北平大学女子文理学院和北京的几所中学教课。1932年8月后，父亲也在北平大学女子文理学院兼课。

那时，大学的入学考试是各校分别进行的。每年暑假中，北大进行新生入学考试时，学校的兼授课老师们一般都参加阅卷，但父亲他们那辈教师，遇上某年有自己的子侄投考时，便自动不参加该年的阅卷等工作。那时，我还小，曾疑惑地问他们："卷子上的考生姓名不是都密封的吗？参加阅卷又有什么关系？"记得父亲和罗常培先生回答说：还是不参加的好，因为考卷是随机分发的，万一亲人的卷子分到你手中，从字迹等是可以认出来的。可见当时他们在对待这些问题上，态度是很严肃的。

1937年"七七事变"，同月，平津失陷。10月，北京大学迁长沙，父亲随校南迁，仍任校长室秘书职务。那年9月间，母亲生我家最小的弟弟章式，还在产期内，不能同行。战事一起，社会上乱糟糟的，学校与父亲的南迁均很仓促。父亲临行前，把我们家搬到一个较小的居处，以便节省费用，因为父亲走后，只能靠母亲教书的收入维持一家生活了。那时，北平在日寇的高压统治下，一方面是在学校中增加了日文以及要学生们当"顺民"的《中庸》等课程，另一方面对学生的思想、言论、行动控制甚严，但学生们敌忾同仇，毫不屈服，与母亲的师生关系很好。

1937年11月，南迁后的北大、清华、南开三个大学在长沙合组成"长沙临时大学"（简称"长沙临大"）。临大在长沙才三个月，因战火逼近，又迁昆明。5月，改名为"西南联合大学"（简称"西南联大"或"联大"），三校的校长合组为校常务委员会，父亲任校常委会秘书，兼北大校长秘书。因三校各还有些本校的事务，故清华也另有一位校长秘书沈刚如先生。当时联大教职员的聘用，至少有三种情况：一种是北大、清华、南开三校原来各自分别聘任的，到联大后仍由原校聘任而同在联大服务的；另一种是到昆明后，由联大聘请的，其中有的人过一二年后改由三校中的某一个学校聘任；还有一种是"部（教育部）聘"的，如原青岛大学校长杨振声，就是因山东沦陷，由部聘到联大，在中文系任教授的。

西南联大成立后，虽敌机仍不断来昆明轰炸，但毕竟处于西南边陲的崇山峻岭间，距战场相对较远，青年们尚能在校读书。于是，1938年夏，暑假一到，母亲便领着我们四个孩子，由天津出海，经香港、越南，转道滇越铁路，再乘火车，七月万里云南行，辗转到达昆明，与父亲团聚。那时，小弟才十个月，而潜妹，由于战争的阻隔，只好仍留绍兴祖母处。

将离北平前，我们尽量保密，不让别人知道是要到敌后去，以免遭到日本人的迫害或破坏。尽管如此，还是有"至近"朋友又传给了他们的"至近"亲友，有些青年学生要跟着母亲一起走，其中有两位是朋友的子、侄。最后，母亲也同意了。于是，我们这一行，母亲还带了二十几个学生，一起走出平津。

1945年8月，全国人民渴望已久的抗战胜利终于来到，人人喜不自胜。联大于翌年（1946年）5月4日，完成历史使命，举行了一个简单而严肃的纪念仪式，宣告解散。北大、清华、南开三校及其教职员工分别复员迁回原校。在校学生则依各人志愿，任选其中的一个大学继续攻读。曾在联大就读过的学生，均作为联大、北大、清华、南开四校的校友。那年暑假特别长，自5月4日起至10月，有五个月，学生可以自选离校的时间、旅行方式与途径。学校发给每个学生一点复员的交通与生活补助费，校方代为联系了一种"难民车"，即三十人一辆无蓬无座位的大卡车，经滇、桂、黔、湘的山区公路再转内河与海路，返回平、津。水路也有校方代为联系的轮船和设在长沙、汉口与上海的中转接待站，行程一般至少约须二十几日。大多数学生采用这种方式北上，因为这种方式最省钱，学校发给的复员费差不多可以够用。

1946年5月4日，联大宣布解散后，除少数参加出国留学考试的师生外，许多长期远离家庭的学生大多迫不及待地尽早离校先回家了，然后到快开学时返校。由于父亲有学校在云南的收尾工作，我们家直到八、九月才分两批动身，我们三个大一点的孩子乘难民车，父母与小弟更迟些，乘飞机离昆。到上海后，全家回绍兴探亲并接出了潜妹。而父亲又有学校的善后任务留沪。因为已近学校的开学期，我们四个大些的孩子便先回北平，住进纳福胡同空空如也的新家里，父亲把我们的吃饭问题托给了杨振声先生，每到该开饭时，我们便到马神庙的北大二院，去杨先生那里吃饭。

父亲在联大时，一直想辞去校常委会秘书的工作而去教书，但未得到校方同意。因为那时正是抗战期间，考虑到学校也有困难，父亲就未坚持己见，继续这一工作，直到联大解散以后。抗战结束后，北大蒋梦麟校长将去南京任行政院秘书长，邀父亲去行政院工作，父亲坚决不肯。随北大返回北平后，不再任秘书职务，而到北大中文系任教，由副教授到教授。先后讲授了大学国文、文选、散文习作、史籍解题、中国文学史、中国现代文学史等课程。从50年代起，他在任教学工作的同时，还担任北大校务委员会委员多年，对学校的发展建设十分关注。

解放前夕，1948年8月12日，朱自清（佩弦）先生逝世，已多年未发表文章的父亲感慨多端，于同月30日写了一篇《不应当死的又死了一个——悼佩弦》，纪念老友，载《文学杂志》三卷五期《朱自清纪念号》。

新中国建立后，父亲热情焕发，教课之余重又握笔写作。自该年5月起，先后发表了一些文学回忆录、评论以及回忆李大钊先烈和鲁迅先生的文章，包括《五四杂忆》、《新文化、古典文学、外国文学》、《说说〈语丝〉》、《漫谈〈人民文学〉上的几篇散文》、《重印〈游仙窟〉记》、《〈雪浪花〉序》等。1958年7月，印行《和鲁迅相处的日子》一书，由人民文学出版社出版，收文章11篇；1981年第三次印行时增加了《北大一九二二年的讲义风潮与杨度》等3篇；1979年9月，四川人民出版社再版增订本，共收文章21篇；1984年2月印行《川岛选集》，除收录了绝版已久的《月夜》（1924年8月《新潮社》初版）外，又收录了散文、杂感、回忆录等文章19篇，由王瑶撰序、启功题签、袁良骏选编，人民文学出版社出版。

1949年10月，父亲参加中国民主促进会。1956年8月，任中国民主促进会中央委员兼宣传部长。1957年3月，兼任中国民主促进会北京大学支部主任委员。

1966年，"文化大革命"在全国轰轰烈烈地展开，打倒走资本主义道路的当权派、清理阶级队伍、打倒反动学术权威、破四旧、大串联、大批判和红卫兵运动……都是惊人的声势浩大，史无前例。而这些在北京和北京高等院校中的行动，尽皆是大串联中全国各地学习的榜样。在北大，当第一张"马列主义"的大字报出台时，更彰显了它在运动中的引领作用。北大聚集着众多各式各样的知识分子。开初，在"横扫一切"的阶段，像父亲这种年高的老知识分子，当然不能例外，是要被清理一下的。当时，我们觉得对知识分子进行思想教育是有益的，反正跟着运动走就是，没有什么认识。随着运动的开展，北京的许多行动很快在全国传开，正像"城中好高髻，四方高一尺；城中好广袖，四方广幅帛"似的，有些外地的行动，如"派仗"、"武斗"等，甚至比北京还更胜一筹。到这时，又由于"抓革命，促生产"的号召，北京的运动好像一时还没有什么新的浪潮。而在北大，像父亲这种老教师，既非当权派，亦非权威，也没有在国民党政府中当过什么高官，只是于1941年春时，国民党政府要求各大学科以上的员工都要加入国民党，曾集体参加，但旋即自动脱离。这是在解放后，从一开始的历次运动中，早已说清楚的了。所以，像父亲这样的教授，在北大相对较多，并不需要都进"牛棚"，还是可以随着大伙一起参加运动，斗私批修。

万万料想不到，一天傍晚，父亲一个人疲惫地走回家来，神情似与往常有些不同。问他，才知道：刚刚在学校大操场开了一个声势浩大的"宽严宣判大会"（在大操场开会，说明规模很大，即用作开大批斗会的大饭堂都不够用了。城里的曹靖华等老先生也得赶来参加）。共揪上台去两个人：一个是问题虽重，但已交代，可以从宽，将敌我矛盾转化为人民内部矛盾处理；另一个是父亲，问题虽轻，但拒不交代，作为全校从严的典型，定为"现行反革命分子"。"文革"中，把人定为"反革命分子"，是处分中最重的一级，而所谓"现行反革命分子"，是有现实行为的，更得严打。这使得我们一家人十分震惊而莫名其妙；了解父亲的熟朋友们也给搞懵了；母亲更是重病，一直不愈。后来，我遇到北大西语系一位教授，是我的老同学，她说：宣判那天，她也在台下参加大会，没想到被揪上台去"从严"的是章伯伯，差点晕倒，会后都不知道自己是怎么走回家的。而我们却不知父亲突然被作为严惩的典型又是如何走回家的呢？

接着，便是一系列非同寻常的严惩：原来的房子和工资都被罚没，而且威胁与利诱无所不用其极，一面严打，一面诱供，说：一旦承认，还可以从宽，作为好的典型，可以优待。不久，听说这次宽严宣判大会的"效果"很好，全国推广，有些存有"疑点"尚未认账的人们，受到教育，纷纷承认了自己的"问题"。

然而，父亲究竟是什么问题拒不交代呢？后来，我们逐渐弄清楚了。原来是有位"依附"江青（见梁漱溟信）、人称"代代红"（指不同"政治朝代"）的老先生，也是略早父亲几年毕业的一位教授，"揭发"父亲在昆明西南联大时，曾是联大文学院国民党支部的一个委员。而父亲则说绝无此事，他记得清清楚楚，他从没有担任过任何国民党支部的职务，就是用阶级敌人的大帽子来压，也不能承认。亲友们惊诧他所戴"帽子"的沉重，担心他年高，扛不起那些"重罪"的压力。也有人好心地问他："不就是那么个小问题嘛，又不上纲上线，交待了又怎样？不就可以摘掉反革命的帽子吗？也免得累及子孙。"父亲说："管他帽子不帽子，不能只图眼前好过，总得竖起脊梁来。"他相信：假的终归是站不住的，真正的历史要以事实来写。不管威胁利诱，他从未表示过任何动摇与屈从，就这样顶着不认，他所受迫害的时间也因而特别长。

依我看，令他最窝心的恐怕是说他有问题而不敢承认。其实，按他的脾气，若真有问题存在，不论大小，我想他都会认的。1976年，我去杭州出差，遇到他的老朋友时，人们也是这样说。杭州的老朋友们，突闻有关他这个"典型"的消息时，也倍感意外。经过几年的折磨与强迫劳动，我们看到他原先非常健康的身体已大不如前，为他担心，心情很沉重。而他，在公众面前是"反革命分子"，回到家来仍旧坦然处之。也许是为了给病中的母亲减少些压力，还是一贯的那么机智与幽默，有时，倒反而是他的诙谐，引得我们发出笑声。如今回想起来，甚感凄然。

经过多方调查，有人已经明白父亲此案的真相，但在当时，这是绝不能透露出来，尤其是不能让被处分者及其家属知道的。而我们当然还只能在茫茫黑夜里，不知如何才能见到曙光。然而，人们毕竟还是愿意还事实以本来的面目。一天，有人在与父亲狭路相逢时，提醒他说："你可以申请复查。"初听之下，我们将信将疑，不知是否又会由此招来新的批斗与迫害，更加影响他的健康。但他说他知道提这建议的是一位正直的共产党员，即便有风险，他也要申请复查。于是，他同意由我去北大清理阶级队伍办公室——当时称做"三反一打"办公室——代为作口头申请。为此，我真数不清到那个办公室去了多少次，他们总是推脱和藉故不见，我当然也坚持不懈。最后，终于见到负责人，他告诉我：现在上面虽让复查一些案件，但你父亲此案没有复查的必要，是名人揭发的，还有旁证……实际上，所谓"旁证"，不论何人一看便知同出一辙，这种旁证是不能成立的。原来是北师大一位教授（曾在北大）的"旁证"说：他听×××（指那位揭发人）说：父亲是联大文学院……可是，没有任何站得住脚的物证与事实根据。我告诉他说："我也是一个旁证，而且是独立的旁证。当时，我在联大读书，清楚地知道父亲在联大时不属于文学院的教职员，不可能去担任文学院的什么职务。况且，那时联大文学院人才众多，比父亲资格老的还有不少，没有可能和必要，需从文学院之外拉一个人去当什么支部委员，而且联大也从无这种惯例。关于这一点，联大的许许多多师生都能证明。"几经争执，最后，当然还是由于有党的政策和群众的力量，才勉强同意了我们的申请，派人复查。

经过详细的复查，事情终究彻底弄清，这是一起明确的"冤假错"案。果然，父亲既不是西南联大文学院国民党支部的委员，也不属于联大文学院的人员，不存在曾于文学院国民党支部担任过任何职务的历史事实。而且，经深入调查证实：西南联大文学院在当时根本就没设"国民党支部"，更何来支部委员？

问题虽已搞清，但由于有关责任人不肯很快认错等原因，又拖了相当时日，直至"四人帮"被彻底打倒后两个月，到1976年底，"三反一打"办公室才对父亲此案开了平反大会，予以纠正，撤销原来宣布的一切罪名与处分。而被剥夺了写作自由的年华与被损害的健康已无法找回了。

后来据说当初在"四人帮"高压下,不得已"承认"自己"疑点"的人,平反更加不易。可见,不以事实为据、不重事实根据而轻信口供,即便是有"名人"的口供也站不住;"宽严政策"再好,也发挥不了它应有的作用。错误越大,遗害越重。

历经长达七年多的严重诬陷与迫害,不少主张公道的人们提示父亲:"对于诬陷,是可以起诉的……"然而,阴霾廓清之后,父亲说:"去他的!本来没有的事,让它过去!"只是平静地恢复了他往日的工作。他没向组织上提出任何要求,也不想计较与报复任何人,人们纪念他,说他的"宽宏与大度是感人的"。他抓紧余年的时日,积极投入鲁迅著作的注释工作,并热情地接待和答复各地学生与朋友们学习和注释鲁迅著作的来访与来信。以至于在卧病不能执笔时,便要我去代他复信,对于有来求教的学生,尽量帮助解决困难。尽管当他再向读者奉出他的新著时曾自惭地说"我真像一只刚出笼的小鸟,已经不会飞翔了",但仍奋力先后撰写了《北大一九二二年的讲义风潮与杨度》、《弟与兄》及《关于鲁迅手书司马相如(大人赋)》(载1979年2月《鲁迅研究资料》第三期)等文。1978年他当选为北京市政协委员,1979年9月,四川人民出版社出版了他的文集《与鲁迅相处的日子》增订新版本;同年10月,他出席中国文学艺术工作者代表大会,为北京市代表;同月,被推举为鲁迅研究学会第一届理事会理事。

1980年后,父亲偶因跌跤伤腿卧床,与朋友和学生们的交往以及工作就只好在床侧了。他常感遗憾地说:"等健康状况好些,我要尽量多著、多写点东西的。"1981年2月,为纪念鲁迅先生诞辰百周年,他在病榻上完成了《永恒的激励》一文(载1981年7月《鲁迅研究》第四辑,由孙玉石整理)。正当他壮志未已,计划为鲁迅研究及青年学生们多做些工作的时候,他长期遭受摧残与屈辱的身体,竟经不起一次跌跤的后遗症,于1981年5月12日晨5时余溘然长逝。他熬过了"四人帮"肆虐时的风雪严寒,却不能在和煦的阳光下,舒心地再多干几年他未竟的有益事业。朋友和学生们说:正像他纪念朱自清所说,不该死的又死了一个。

我的老师魏建功先生

安平秋

第一次见到魏建功先生是在1960年9月我考入北京大学中文系不久的古典文献专业迎新会上。我们全班27名新生坐在第一教室楼一楼西头的一间教室里，教室经我们布置用桌椅围成了一个半圆形的会场。魏先生在几名年轻教师的簇拥下进来，他绕场一周，精神抖擞地与我们每一个新生握手，然后先生站在黑板前面讲了一通话，直至今天我还记得的是他说古典文献专业是中央和国务院要求建立的，从1959年开办，今年是第二届，白手起家，有如"大庆"，创业艰辛；"大庆"出的是石油，是工业中的基础，我们古典文献专业出的是人才，是社会科学中的重工业，也是基础。先生操着带有江苏海安味的普通话说出了让我们这批刚入"最高学府"的十八九岁的年轻学生目瞪口呆的话："我们要把北大古典文献专业办成第二个'大庆'！"从先生的神情看得出他不是即兴的冲动，而是深思熟虑的口号。但从那以后我却对魏建功先生"印象不佳"，认为这老先生（当时先生已经59岁）有点不着边际，办古典文献专业、培养一批整理古书的人，怎么能和改变中国贫油国落后面貌的"大庆"相比呢？第二次见到魏先生更增加了我对他的不理解。那是同年的初冬，他到了32楼男生宿舍的大房间，把我们全班同学集中起来，推荐了50种必读书，逐类讲解为什么要读这些书。这些书，我今天能记起来的有《清代学术概论》、《国故论衡》、《诗经》、《论语》、《孟子》、《史记》等等。先生接着说，要熟读古书，要背诵名篇，说着他就示范起来，我记忆最深的是他吟诵杜甫的"国破山河在，城春草木深……"，吟到"感时花溅泪"，他老先生竟然声泪俱下，泣难成声。在场的几位女同学（今天她们也已年过半百[1]，但当时不过十八九岁）见此情景禁不住笑出了声，不料魏先生止住泪水大声叱责："小姐们，不要笑！"当时正是"大炼钢铁"之后进入"三年困难时期"，"小姐"一词已从社会生活的"词典"中排除掉，先生用了"小姐们"三字，可见其愤怒与不满。我们在场的同学又被搞得目瞪口呆。不过自那以后，全班同学便开始读 50 本书，背古典诗文。二十六年后，我陪同邓广铭先生走三峡，船经洞庭湖

魏建功先生与学生在一起

边，邓先生脱口说出《岳阳楼记》中的几句，然后看着我不再往下说，我会意接口续足了后半篇，并默写了全文。邓先生高兴地问起我为什么能背些诗文，我只好老实告诉邓先生，那是做学生时在魏建功先生的训斥下不得不背几篇应付差事。今天想来，这些，在写长篇论文、整本专著的一些朋友心中或许属于微不足道的雕虫小技，但对将来从事古籍整理的学生来说却是不可缺少的基本功。

　　说来惭愧，大学五年，我虽然听了魏建功先生的课，却没能和先生有更多的接触，没能主动地从先生那里取得深入的学识。一直到"文革"之中，我与先生都被批斗，不同的是先生是"反动学术权威"，我只是"黑帮爪牙"。1970 年秋，周恩来总理要国务院科教组组织班子修订《新华字典》，"以应中小学生和工农兵的急需"。于是，以北京大学文史哲经图各系教师为主干，中国科学院、商务印书馆和北京市部分中小学教师参加，组成了 30 余人的修订小组。魏先生与我都被调到这个组里来，并一起荣

---

[1] 安按：这篇文章写于 1992 年底。今天（2010 年 2 月）当时的这些女同学已经在 70 岁上下了。

任了这个修订组的 7 人领导小组成员。从此开始了我与先生两年多的朝夕相处。

一到字典组，就传达了周总理选定《新华字典》修订以应急需的意见。当时的国务院科教组负责人大约是为慎重起见，要我们深入地调查一下是否应该选定《新华字典》来修订。一时间，北大图书馆、商务印书馆的大中小型字典辞书都集中到字典组，普查之后，经组内魏建功、游国恩、袁家骅、岑麒祥、周祖谟、周一良、阴法鲁、曹先擢、孙锡信和我们一批人多次讨论，一致认为《新华字典》释字准确、简明，适于当前中小学生和广大工农兵使用，略加修订即可重新出版。结论一出，建功先生十分亢奋，说"周总理选定《新华字典》是有根有据的，他了解这本字典"，先生就像一个老儿童那样坦诚地，不只一次地对我讲 1953 年他是如何抱着为新中国服务的目的，主持新华辞书社编纂出这部《新华字典》的。这时我才知道先生曾担任过新华辞书社的社长，先生谈起这件往事时的认真、得意的神情和语调，至今仍历历如在昨天。字典组的工、军宣传队领导对魏先生很是敬重，在一次学习会上，先生说："听到师傅喊我老魏，这标志着我又能为人民工作了！"经过"文革"初期几年的批斗，先生作为一级教授、学部委员、北大副校长听惯了直呼其名的训斥，能听到一声"老魏"就十分满足和高兴，今天我写到此处一种莫名的悲哀堵在心间。

1971 年魏先生已是 70 岁的老人。字典组常常一天工作三段时间。他和我这个 30 岁的年轻人一起上下班。先生私下对我说，几年的批斗和劳动搞得他患了严重胃下垂，现在只有少吃多餐。我和先生到学部语言所去借《现代汉语词典》的内部征求意见本，中午在东四吃饭，先生只能吃下一小碗软烂的面条。我有个爱买些食品供晚上写东西时吃的习惯，先生有一次托我代他买一包"牛奶饼干"，并要给我二两粮票、一角四分钱，说正餐不能多吃，工作中间常要垫一垫，不要买别的，他的胃只适应这种饼干。自那以后，我每次买食品总要给先生带一包这种饼干。先生也渐渐习惯了，不再坚持给我粮票和钱。

在字典组期间，大约是 1971 年的夏天，记不得是为什么我和魏先生两人来到八宝山革命公墓的墓地，漫步在墓群之间，看到一块碑上是康生的题字,我指给先生看,先生颇不以为然地脱口而出:"他……他……他……",三个"他"字之下竟一句话也没有说出,但满面的怒气已是不可遏制。平日先生曾对我说,对他的批判有些很有道理,常感到自己从旧社会过来因袭太重,该当扫荡扫荡;但有些事却使他不能服气。我现在能记起的,一是要他交代与陈独秀的关系,说他有托派嫌疑。他说:"我和独秀、延年、乔年都熟识。我和他(指陈独秀)在重庆是私人往来,谈的都是文字音韵问题,他有些想法在和我讨论,这怎么扯得上托派嫌疑!"愤愤然溢于辞色。二是有人批斗他反对鲁迅先生。他说:"就是那篇《不敢盲从》,当时在北大,年轻气盛,是针对爱罗先珂的,不是要反对鲁迅。鲁迅先生写文章批评我。这都收进了《鲁迅全集》,可以认真读一读嘛!我后来和鲁迅先生的关系一直很好,鲁迅先生还找我为他做事,鲁迅日记里都有记述。"(以上两件事魏先生的话是我今天的回忆,意思不会差,但事隔多年,不敢说每句都是原话,为行文清晰,才加了引号)我告诉魏先生,我在鲁迅日记里见到过记述"魏建功君"帮助鲁迅整理一本什么书的事,先生听后点点头,淡然一笑,摊开双手,似乎是说对这些不知全豹就挥舞大棒的人无可奈何。

大约在1974、1975年间,魏先生被调到"梁效"大批判组。一次在路上见到先生,他兴致勃勃而又低声地告诉我,他在为《论语·乡党》篇作新的注释,是为中央首长读书用的。似乎是在向我表示古籍整理也在"古为今用",为无产阶级服务。这件事后来知道是"四人帮"阴谋的一个部分。先生也因此被一些人扣上"御用文人"的帽子。到1977年先生曾就此事痛悔地对我说:"哪里知道,上了当!"这时先生已经76岁,似乎对晚年做了这件"错事"难以置遣,心情一直郁闷。先生已于此前早几年从燕东园搬到了燕南园63号,刚搬进去时先生就对我说这住处"大而无当"。那时燕南园还不通暖气,1978年初我去看先生,见书房里生了两个火炉仍不感到暖和。先生说商务印书馆请他帮助审看《辞源》的释字与词条,他精力已不如从前,看得很慢。此后先生几度生病,后来终于住进了医院。

先生住院期间我去探望,先生说起医院护士对病人态度很不耐心,家属陪床还要收五角钱，颇为不满，说："当初我们搞《新华字典》哪里想到过钱，一分钱稿费都没有，还不是日夜在干！那真是不计名利呀！"我最后一次探望先生，悄悄走到病床前，先生一下子发现了，动情地伸出右手，我趋前一步双手握住先生的手，先生竟用力地抓住我微微颤抖。这时周祖谟先生也从北大赶来，进门便向魏建功先生深深鞠了一躬，说："先生，我来了！"魏先生侧过头去向周祖谟先生伸出左手，周先生也是双手握住魏先生。我感到魏先生全身都在颤抖，两手在用力地握，这时我心头一热，一种不祥之感突然袭来，我想先生大概不久于人世了。三天后，我的恩师魏建功先生就与世长辞了！

　　魏建功先生离去已经十二年了[2]。记得70年代初我曾问过他：为什么1960年我们入学之后，先生吟诵杜诗"感时花溅泪"要落泪呢？先生略一沉思，抬起头来看着我不客气地说："你们这些年轻人哪！哪里体会得到抗日时期我们家破人亡、'国破山河在'的悲凉，那时每吟这首诗才真是感时下泪啊！"我不禁心中一动，真是一片为国为民希望自己国家强大的真情！我想，正是这样一种真情，使先生在新中国建立之后，在50年代，创建并主持了新华辞书社，编纂了几代中小学生都曾使用、至今已发行1亿册以上的《新华字典》；在50年代末期、60年代前期，创建并主持了北大古典文献专业，培养、造就了一大批今天在古籍整理事业中勤奋工作的英才。魏建功先生虽然逝去了，遗爱却在几代中小学生中，在古籍整理事业中，在新中国广大人民之中。而他那为国为民、不计名利的纯真之情，又是多么强烈、深刻地感染、教育着他的学生。

1992．12．18

---

〔2〕 安按：今天（2010年2月）魏建功先生去世已经三十年了。

寒门贵子，语言巨匠
——回忆袁家骅先生的谆谆教导

王恩保

1957年9月，我考入北京大学中文系。1960年3月，开始听袁家骅先生讲授"汉语方言学"；1961年又听先生讲"汉藏语导论"。1962年，我考上了袁先生的研究生，在他的指导下，学习汉语方言学。毕业之后，我分到北京图书馆工作，与他时有联系。直到1980年9月4日他弥留之际，我去医院为他送终，与先生交往先后达二十年之久。我逐渐认识到他的治学方法和为人之道，感受到他丰富的学识和崇高的品德。现在回想起来，有很多事情是使我深受教益的。

最先使我肃然起敬的，是先生的审音能力。那是在方言调查实习课上，老师鼓励我们调查自己的方言。我的母语是芜湖县方村话，其中有些字的读音很怪，如"拔"、"杂"等字，声母到底怎么标，连年轻的辅导老师也束手无策。最后只得把先生请来，先生让我把每个字读了三遍，他马上断定，声母分别是什么。他说我的母语很有价值，鼓励我把音系整理出来。在他的指导下，我写成了《芜湖县方村话记音》，后来发表在《中国语文》1966年第二期上。这是我学习方言学的开端。

1962年，先生招收汉语方言学研究生，系里推荐我去应考。先生出的方言学题有三道：（一）汉语语音演变，声韵调往往互为条件，试联系《广韵》音系和现代方音（包括北京话）举例说明。（二）现代汉语方言调查研究，在现有的基础上，怎样才能进一步提高水平，并为现代汉语规范化和汉语史服务得更好？（三）扼要解释下列术语：1.等呼；2.重纽；3.转语；4.特字；5.同语线。现在看来，这些题目都不容易答好，当时我却勇气十足，一气呵成地就完了卷。两个月后，系里通知我，我

袁家骅先生

被录取了。

考上了研究生之后,和先生接触就更多了。至少每两周要去先生家一次,交读书报告,听先生答疑解惑。在业务培训上,给我印象最深的有四点。

一是抓专业思想教育。他说:有人以为学汉语史比学方言学强,这是一种误会。方言学有两方面内容,一方面叫描写方言学,另一方面叫历史方言学。前者是描写各汉语方言的现状,后者是说明汉语方言发展的来龙去脉。研究汉语方言,一般要联系中古《切韵》、《广韵》音系,有时也联系以《诗经》为代表的周秦古音。这些都和汉语发展史有密切的关系。汉语史是研究汉语共同语形成发展的历史,汉语共同语形成的时间长,分布的面积又辽阔,和旁的非亲属语言发生过不少接触,这个共同语的内部必然是相当复杂的。研究汉语史也要考虑历史方言学,历史上包罗古今南北的一个语音系统是很难想象的,即使一个地点(例如唐代的长安)的方言,也未必很单纯。因为当时(1962年)的国内音韵学界正在讨论《切韵》音系的性质,袁先生作了上述一番表态。最后他借用印度秦戈尔的诗句"枝是空中的根,根是地下的枝"作比喻来说明描写方言学与历史方言学的关系,勉励我从描写活方言着手来学习方言学。首先要更深入、更准确地掌握自己的母语的音系。先生最后说道:要想当一名合格的语言学家,就必须要研究母语。无论你研究语音、语法或词汇,都必须从对母语的深入调查开始。调查得越深,就越有兴趣。从1962年到现在已经四十多年了,先生为我讲的第一课,我仍然记得很清晰。后来,我在调查家乡方言词汇中,果然获得了专业兴趣。袁先生指出的从方言调查入手去学习方言学的方法,不但使我获得了方言学知识,而且增加了我的专业兴趣。

二是抓外语培训。袁先生是教英语出身的教授，就英语而言，听、说、读、写、译他样样皆精。我当研究生时，还听说他用英语演讲。他要求研究生也能掌握一两门外语。当时北大要求硕士研究生第一年要通过第一外语，袁先生提议要我第一学期就通过俄语考试。他通过教研室的叶蜚声老师辅导我的俄语，使我头一学期就通过了。接着他又劝我自学英语，提高英语的阅读能力。他说："语言是一种习惯，一种语言的语法包含着一套很复杂的习惯，要学会一种外语，就得不断地重复它。当你能阅读外语小说而自得其乐的时候，外语大概就忘不了了。"我找到一本高尔斯华绥的短篇小说集，他很高兴。当我读到其中的一篇《勇气》时，先生与我一道赏析，因为那故事很幽默，他的脸上浮现出会心的微笑。由于研究生期间打下的外语基础，我在后来的工作中一直比较顺利。1991年至1993年，我在捷克布拉格查理士大学教授"古代汉语"，校方指定了两本教学参考书：一本是谢迪克和乔健合编的《文言文入门》，英文名为 *A First Course in Literary Chinese*；另一本是俄文版的《古代汉语》。捷克学生能读懂英文和俄文，读中文却非常艰难。我之所以能顺利完成教学任务，和懂英语、俄语有很大关系。当时，我不由地想起了督促我学外语的袁先生。

三是抓审音记音能力。袁先生非常强调语言工作者的审音能力和记音能力。因为汉语方言研究要从横切面的描写，特别是语音的描写入手，然后才能作进一步的历史比较。审音、记音、整理音系是汉语方言调查的首要技能。我当研究生后，袁先生指示我重新整理家乡方言音系，仔细辨听其发音与别的方言或语言的异同。二年级快完的时候，先生又叫我调查广州方言，当时有6个越南研究生要学习粤方言，叫我去辅导。先生说，你对北方方言有调查，但对南方方言的感性知识太少，要着重掌握粤方言的韵母系统和声调系统。经过两周的集中记音，我们胜利完成了任务。先生对大家记音的质量表示满意，花钱买了两个大西瓜犒赏我们，并和我们合影留念。

四是抓读书笔记和读书报告。先生对读书笔记既有宏观指导，又有微观批改。1962年底，他在我的《音韵学笔记》的扉页上指示："笔记注意：1. 多利用表格形式，帮助记忆；2. 多指出书中可疑之点；3. 发现问题；4. 参看几本书，比较各家异同，帮助发现问题。"这四条是宏观指导，核心是"发现问题"。从微观上看，先生对笔记中作了多处批注，存疑处打了很多问号。辅导时，和我面对面地加以分析。先生对我写的读书报告，批阅得更加仔细，连标点符号也不放过。他特别注意材料的出处，是自己调查来的，还是引用别人的材料？如果是引用别人的材料，一定要注明来源。有一次我引用了苏州话词汇材料，没有注明，先生在旁边批道："苏州音何所根据？"袁先生在为人处世方面也很有特色。他是一位身教重于言教的老师。首先，我觉得勤奋自励是贯串先生一生的一根红线。他的前半生，完成学业上的三级跳：一跳是从沙洲小学考到无锡师范；二跳是从无锡师范考进北大预科，即走出江苏；三跳是从北大考赴牛津留学，即走出国门。"好马不用鞭催"，这三跳完全是他勤奋自励的结果。他一直自力更生：上师范，吃饭不要钱；考北大的旅差费是他《唯情哲学》一书的稿酬；上大学的费用是他半工半读筹集的。一个贫苦的农家子弟成长为一名二级教授，靠的就是勤奋自励。我本人也是农家子弟，家境贫寒，父亲死得早，因此很容易与先生的心相通。我记得研究生快毕业时，先生问到我的家史。当我谈到1954年长江大水，家里的房子和稻谷被冲毁，生活无着，而我母亲咬牙送我上高中时，先生听得很仔细，神情严肃，眼眶似乎闪着泪光。后来，我才了解到，先生也有类似的生活经历，比我更惨。1908年，先生5岁的时候，故乡沙洲被洪水淹没，父亲刚死不久，母亲拉着他的手，想抱着他一道投水自尽。幼年的贫穷逼着他奋进，使他养成了勤奋自励的习惯。基于对祖国语言科学的热爱、对人民教育事业的责任感，先生的后半生一直在探求语言对应规律，在诲人不倦地培养语言专业的学生。他不断调查哈尼族、阿细族、壮族等少数民族语言，记录了成千上万的字汇和几十个民间故事。他还培养了为数众多的大学生、研究生和外国留学生。我当学生的时候，他住北大西面的承泽园十一号，书房对面有一个小池塘。每当我临近他家门时，总是看到他端坐在书房中看书写作。他手不释卷，几十年如一日，从不间断。一直到最后，先生还以没有完成《汉藏语导论》和对《汉语方言概要》的修订为憾。杭州朱玉吾先生说:"家骅兄的一生是自励的一生,奋斗的一生,是当一个完人而无愧的一生。"这句话说到点子上了。

严于责己、勤奋自励是先生为人的一个方面;宽于待人、谦和诚恳是先生为人的另一方面。他 18 岁作《唯情哲学》,谈到人类生活美好是因为人与人之间有感情维系。先生待人谦和诚恳重感情,在年轻时就打下了根基。后来,他无论身处顺境,还是身处逆境,对人一直谦恭有礼。我从没有看见过袁先生对学生有声色俱厉的时候,他总是和风细雨地与学生交谈。他曾不止一次向我介绍牛津大学学术沙龙的状况,谈到学生和教授在沙龙里自由争论的情形。他说,有些学术就是沙龙里的雪茄烟熏出来的。

我们今天纪念岑麒祥先生、袁家骅先生,就应该关注他们生前关心过的语言学事业,整理他们的学术遗著,编印他们的学术年谱,为建设新的北大中文系提供历史资料。

岑师教导，重如泰山

叶蜚声

我从小爱学各种语言。上大学时苦于没有适当的系科设置，选择了财务管理。毕业后在银行先后做了八年经济研究和翻译工作，总是感到不尽符合自己的志趣。1956年，中央召开知识分子会议，提出向科学进军的口号，各大学和科研单位向社会广招研究生。我在报上见到北大中文系岑麒祥、高名凯两教授招收普通语言学研究生的广告，喜出望外，毅然辞去银行工作，报名投考。考试结果，录取了从总政转来的赵世开同志和我，分别由高先生和岑先生指导。

我是1957年初入学的。报到后，怀着崇敬和喜悦的心情拜见导师。岑师那时住在中关园三公寓宿舍。那天他穿着一件布棉袍在书斋里接见了我。他热情地欢迎我加入语言学的行列，向我介绍普通语言学的目的和任务是研究语言的共性和指导语言研究的理论。他指出，我虽然学过一些外语，具备较好的入门条件，但是缺少理性认识，需要从头学起。为此要精读一系列的经典专著，旁听有关课程，特别是打好语音学的基础。接着又着重指出，中国的普通语言学首先要为汉语研究服务，要求我跟本科生一起补学现代汉语、古代汉语、汉语方言、汉语史四门汉语基础课，参加实习和考试。这些任务要争取在两至三年内完成，然后开始写学位论文。岑师的教导使我明确了努力方向，决心从头学起。

岑师指定的第一部精读专著是法国社会心理学派的代表作房德里耶斯的《语言》。我在埋头细读之余还如饥似渴地旁听多门课程，每周或隔周向岑师报告学习进度，提出疑难问题。岑师早年留学法国时曾受业于房氏，对他的理论有深刻的理解，往往一两句话就拨开了我的疑难。在岑师的指导下，那本书我读了半年多时间终于弄懂。我体会他是引导我先"通

左四为岑麒祥先生

一经",登堂入室,然后推及其他各家。果然,经过这次训练,阅读其他的专著就顺利多了。岑师进而启发我比较各家学说,探究分歧的原因。那时岑师还指导着李兆同、贾彦德、杨筱敏三位高年级的研究生。他们都是科班出身,作为师兄,给我不少帮助。

岑师和王力师、高名凯师、方光焘先生是20—30年代我国第一批赴法国专攻语言学的学者。1928年到1934年,他在法国受业于当时集中在巴黎的一批国际著名学者。他从房德里耶斯学语言学,从梅耶学历史比较语言学,从傅舍学语音学,从柯恩学语言调查,历时五年半,成绩优异。回国后一直在母校中山大学任教,创办语言学系。解放后,院系调整,1954年和王力师一起从中大调到北大中文系。岑师在语言学教研室任教,和高名凯师、袁家骅师同为教研室的三教授。到北大后,他的教学任务是参照苏联的教学大纲,开设普通语言学和语言学史两门课。我入学时,普通语言学的教材已由科学出版社出版,岑师正在编写语言学史的讲稿。这门课当时国际上还很少有人涉足。岑师多方搜集资料,费了很多心血,《语言学史概要》终于在1958年由科学出版社出版。该书的出版,引起了国外的重视。岑师在授课时向同学们宣布："这门课的教材现在出版了，大家可以找来参考。"我当时是班上的学生之一，听到老师平平淡淡的这两句话，心里非常激动，这后面包含着多少个日日夜夜的辛勤耕耘啊！

1960年，岑师应方光焘先生之邀，赴南京大学讲学一年。他在南大主要讲授历史比较语言学，讲稿后来由湖北人民出版社出版。1960年是我研究生的最后一年，岑师不在北京，学习中的问题改由通信指导，专业考试和论文答辩由高师主持。我写信报告岑师顺利通过的消息，心里充满由衷的感激之情。过了年，我毕业留系任教，工作由高师带领，同时也不断得到岑师的指导。

60年代初，我国的大型世界语刊物《人民中国》在海外赢得不少读者。陈毅外长指出，世界语在对外交往中能发挥意想不到的作用。国内出现了学习世界语的热潮。北大的马希文等同志热心推广，呼吁在北大开设世界语课程，得到校方的支持。鉴于岑师在留法期间就是世界语学者，学校在1964年开班时请他主讲。一时间外语各系学生选读踊跃。我过去也学过世界语，跟做岑师的助教。这种国际辅助语取材于印欧语的共同核心，规划设计合理，易学易用，很受同学们的喜爱。《人民中国》报道北大开班消息，岑师收到不少国外来信，表示对中国的兴趣和友好感情，要求给予这样那样的帮助。这件事使岑师回到了年青时代。他常常说："世界语历来是维护和平、传送友谊的工具，它能使你在世界各地找到意想不到的朋友。"

"文革"期间，文科各专业一蹶不振。有人提出"中国人为什么还要学中国话？"的无知责问，更使汉语专业濒临被淘汰的厄运。在万马齐喑的窒息气氛下，不少同行放下书本，前途彷徨，产生了另谋出路的打算。那个时期，岑师参加运动之余，在家还是孜孜不倦地钻研他的课题。当我谈到周围的思想动态时，岑师平静而坚定地表示："语言学为社会的需要服务，是非常有用的学科。它非但不会被取消，将来还要大发展。我们要有信心。"岑师的教导，寥寥数语，重如泰山，坚定了我对专业的信念，激励我在逆境中更要不断进取的勇气，使我终身不忘。

1969年，北大在江西鲤鱼洲办农场，多数教职员都下农场锻炼。岑师年近七旬，也在被派之列。我那时在农场当会计，到码头接他。他身体健康，精神开朗，肩背行装，和大伙儿一起走向连队的营房。农场的生活艰苦，劳动也重。我去连队看望他，他从来没有怕苦怕累的表示，总是乐呵呵地说："农活能够胜任，身体好，吃得香。经历这样的锻炼有好处。"他在农场的状况一直很好，但毕竟年事已高，仍使我担心。直到半年以后，他和一批年老的同事提前调回北京，我在码头上送他上了船，才放下心来。岑师自幼清贫，生活俭朴。抗战期间带领中大一部分师生辗转滇粤，备尝艰辛，养成了劳动的习惯和不畏艰苦的精神。他在农场的表现正是这种品格的体现。

在文科教材建设中，高教部选定四部西方语言学名著，作为语言学参考教材。其中索绪尔的《普通语言学教程》委托高师翻译，房德里耶斯的《语言》委托岑师和我翻译。高师完成初稿后谢世。"文革"后，出版社鉴于《教程》是现代语言学的奠基作，而原著是后人根据三次听课笔记整理而成，文字简赅而多晦涩之处，专门委托岑师校注。岑师逐句细校，补了好多脚注，又叫我根据原文，参照其他译本复校。这项工作历时两年，方告完成，1980 年由商务出版。我有幸能附高岑两师骥尾，为《教程》中译本的面世出力，是两位老师苦心栽培的结果。至于岑师和我合译的《语言》，早在 1964 年完成，交高教部教材办公室。"文革"期间散失，如石沉大海。到了 80 年代，岑师整理旧物，在阁楼的旧纸堆中发现译文初稿。我们喜出望外，重新校对誊清，第二次交稿，1992 年由商务印书馆出版。据载原著完稿后经过第一次世界大战的搁置，方才问世，想不到它的中译本也经过长期尘封，才得与读者见面。译本出版时岑师已谢世三载，当我把新书交给岑师的四子和五子运华、运强两位时，心里感到莫大的安慰。

进入 80 年代，岑师年事已高，继续指导研究生，不再授课，平时还是埋头著述。那时的主要项目是汉语外来词词典和西方语言学家评传。上午，只要天气晴朗，在图书馆的参考书阅览室或书库里总是可以见到他的身影。他一直身体健朗，精神矍铄。傍晚常在燕东园寓所周围的园子里做些体操或整理园圃。1989 年 12 月，他得病住校医院。我到医院探望，他面泛红潮，口舌焦干，还是乐观地表示，过几天就能出院。孰料那次会面,竟成永诀。

岑师享年 86 岁。他一生追求进步,在历史发展的各个重要时期都积极参加各项爱国活动。1934 年留学回国后,在中大和北大任教五十六年,热爱专业,坚定岗位,学生遍于全国。他的著述,据长子运泰的统计,有专著 17 种,论文 68 篇,翻译 18 种,集体编写 3 种,参加修订 2 种,校注 2 种。作为中国现代语言学的先驱者之一,他为后世留下了丰富的遗产。

秋雨梧桐成绝唱，春风桃李有余哀
——回忆浦江清先生

白化文

"后进何人知大老！"现在的喜爱文学的青年，知道浦先生的人恐怕不多了。可在三四十年代以至解放初，清华园"双清"的名字是很响亮的。这就是清华大学中文系的朱佩弦（自清）先生和浦江清先生。两位的名字中都有一个"清"字。浦先生的名字很雅，当时还有人出了一条上联："浦江清游清江浦"，求对下联，条件极苛：①回文；②偏旁要一致；③人名对人名，地名对地名。听说至今也没有人对出来，成为绝对了。

浦先生（1904—1957）是江苏松江县人，青少年时代家境清寒，但勤奋好学，靠本县的"清寒子弟助学金"，1922—1926年间在南京的东南大学外语系学习并毕业。在校时得到学贯中西的吴宓先生的赏识，毕业后推荐到清华研究院的"国学门"，做陈寅恪大师的助教。从此转学中国学问。因工作需要，还在陈先生指导下，自学了梵文、天文学等学术，可说是学贯天人与中西的博学之士。1929年"国学门"撤消，浦先生转入中文系。1952年院系调整时调入北大中文系任教，直到逝世。遗著集成《浦江清文录》，1958、1989年各由人民文学出版一次，第二次出版的本子中附有先生所著"诗词"。

先母常对我说起一件往事，即，1931年夏季，朱佩弦（自清）先生刚和陈竹隐先生订婚，在中南海租了几间房，过精神恋爱生活。陈先生是我外祖母和我母亲的朋友，她是成都人，负笈于当时的北平艺术学院，是齐白石、溥西园等先生的弟子，在北平的文艺界相当活跃，有时在真光电影院或清华大学礼堂参加请到歌吟唱演出，那是可古雅的玩意儿，但却很受高等教育界人士的欢迎。可是她在北平没有娘家，有时住我姥姥家。订婚

二排左三为浦江清、左四朱自清

时,我们这边还算大媒和女家的人呢。

朱先生订婚了,就想起自己的好朋友浦先生还没有女友。于是求我外祖母做媒,将我外祖母的堂妹介绍给浦先生。这位小姐和陈竹隐先生年岁相仿,二十六七岁光景,当时也算是大女了。相亲地点在北海漪澜堂。浦、朱、陈三先生均出席,女方是那位小姐、我外祖母、我母亲还带着我。根据迷信的妈妈论儿,相亲时有一个父母双全的婴儿——最好是长子——参加,能促成喜事。我当时一岁多,作为吉祥物的条件齐备,得以与会。可是小姐相面的结果是,认为浦先生"无寿者相",此事告吹。浦先生果然享年不永,可是那位小姐40年代中就因子宫癌去世,比浦先生走得还早呢。

那次会见,却出人意料地决定了我的一生。原来,我正玩家母的钢笔,浦、朱两位先生出于礼貌,夸奖了我几句,说将来可以往文学方面培养。家母认真起来,后来果真这么办了,造成我在中学偏科偏得厉害,数理化一窍不通,外语一锅粥,非念中文系不可了。

待我在北大中文系读书时再见到浦先生，已是1952年。1954年秋季，浦先生给我们开中国文学史第三段，即宋元明清部分，助手是吴小如先生。第一学期由程毅中大学长——就是原任北京中华书局副总编辑，现任中央文史馆馆员的那位了——和我担任课代表。浦先生那时身体已经很不好，早上起不来。课安排在上午最后两节。有时上课铃响了，老师未到，我们两个人就到燕东园浦先生府上去，侍候老师穿衣戴帽，常用浦宅的一辆女车前推后拥，把老师载到课堂上来。浦先生是会唱昆曲的，他教元明戏曲，常采用吟唱法，意在熏陶。他老人家很认真，迟到的时间一定要补上。这可苦了大伙儿啦。毕竟我们那时是国家供给制，供饭，十二块八毛一个月包伙，每天大米白面，四菜一汤，中午经常吃小炖肉。八人一桌，若与别的系合桌，去晚了就剩下粉条子啦。再说，大师傅还等着清扫食堂呢。浦先生拖课半小时是常事，有时能达到一小时。众人大有罢课之势，课代表夹在其中受苦。第二学期起，我就急流勇退，把这差使交给将要成为我爱人的李鼎暇啦。在下曾有打油一首："教师楼（按：今为第一教室楼）前日影西，霖铃一曲尚低迷；唱到明皇声咽处，回肠荡气腹中啼！"现在想来，让先生讲基础课未必是上策，要因人制宜。

可是浦先生是十分爱学生的，很想把自己的绝学传授下去。一个深秋的晚上，程大学长和我去见他，他执意要送我们出来，说遛遛。途中手指星空，大讲起天文来。可怜我们哪里听得懂！看到了我们茫茫然的样子，老师大约失望了，以后不再提起。

徐枢大学长——就是现任中国社会科学院语言研究所博士生导师的那位了——是我班学习语言学的尖子，从二年级开始就发表相关的小文章。毕业前吕叔湘、张志公两位先生分别召见过他，均有罗致于门下之意。可是那一年中等专业学校大发展，我们班毕业分配，有一部分分到那里去了。徐大学长分到电力学校，那里的语文课不是主科，他有点郁郁不得志的样子。一天，他遇见浦先生，把情况一说，浦先生却道："你可以研究电么！"过后徐大学长向我一说，两人哈哈大笑。细一想，老师有深意存焉：到什么山上唱什么歌。只要抓住"研究"不放就行。因而我此后每到新岗位，一定服从工作需要，在工作中不废研究，多少干出些名堂来，都是受"研究电"的启发啊！

程毅中学长分配到西安石油学校教语文。1956年，北大又招研究生。他想考，就近托徐枢学长去问问浦先生。想不到浦先生说，不用考了，由浦先生向系里说，从西安要回来就是了。不久，程兄便"生入玉关"。在那时这样办，是要冒风险的。而程大学长和浦先生并无特殊关系。浦先生晚年指导的几位研究生和助教，如程毅中、傅璇琮和赵齐平，后来各有建树。老师的独生女浦汉明那时正在北京师范大学中文系读书，默察老师对于她的培养和期待，绝不如对几位研究生那样殷切。汉明毕业后分配去青海，师母也没有留难。可见先生以学术为公器的襟怀。我常诵陆放翁的名句："天下英雄唯使君！"

浦先生逝世，时为教研究主任的游泽承（国恩）先生代室内的研究生和助教们作了几副挽联。程毅中读给我听。我对其中一副的最后两句印象深刻。但我的感觉是，此联风神绵邈，恐非老成人游先生笔墨，而是出于惨绿少年之手，八成还是程兄的手笔。那就是：

秋雨梧桐成绝唱；春风桃李有余哀！

先生是一本书
——吴组缃教授追思

刘勇强

知道先生的名字,是在大学本科读到先生80年代初写的名篇《一千八百担》时。那是一个很遥远的故事。先生和那故事都写进了各种版本的现代文学史。因此,当我走向先生时,仿佛是走向了历史。

那是1985年暮春,我决定报考先生的博士研究生,给先生寄去了几篇论文,没想到一周后就收到了先生热情的回信。其实,当时先生已年近八旬,十六七万字的东西,只用两三天就看完了,而且写下自己的意见,在他并不是件容易的事。后来我还知道,先生这样的事务是很多的,因为除了在学术上向他请教的,还不时有青年作家寄作品来,请先生指正,这占用了先生不少时间,先生也为此苦恼过。尽管如此,先生还是及时给我回了信。我想,他是很理解一个考生急切求学的心情的。

第一次见到先生,有一件事给我留下很深的印象。那天,正好有一位外地的学者来拜访先生。他搞了一本《阅微草堂笔记》的选注本,想请先生题签。请名人题签的风气起于何时,不得而知,似乎于今为盛,我猜想是两厢情愿的缘故吧。对此,我无意褒贬。只是记得先生当时是拒绝了为那本书题写书名的。他直率地对那位学者说,他对纪昀的看法不妥当,所选篇目也不理想。因此,他不能题书名。我不知道现在的名人在题签时,是否都会考虑到这一层。至少人家慕名而来,要拒绝,于情于理都好像说不过去。换一个角度说,题签者也不一定与作者的观点完全一致。然而,先生却以原则为重,一丝不苟。类似的事后来还有过,即使是出于同事朋友的恳请,他也不肯轻易下笔。对先生这样的名人来说,这也许是很普通的小事,却可以看出先生为人处世的认真态度。

吴组缃先生

先生德高望重,我刚来时,对先生自然是充满了敬畏,生怕出什么差错,而先生也确实不留情面,我最初交给先生的两篇读书报告,都受到了先生的批评,那严厉程度是我从未经受过的。可笑的是我在先生面前还故作镇静,表示要接受先生的严格要求。先生却说,他并没有严格要求,只是提出了最基本的要求。这更使我暗暗叫苦。正当我觉得天地黯淡、日月无光之际,一位在先生身边工作多年的师长来宿舍看我,闲谈中提到先生与他交谈时,肯定了我的一些长处,担心我是否承受得住他的批评。这使我再次受到震动,开始体会先生的良苦用心,认真反省自己,振作了精神。而当我后来交的读书报告有一点可取之处时,先生又及时给予充分的肯定,并向我提出更高的期望。那期望我现在还远没有做到。也许,这也正是先生提出那期望的目的,以致在先生走了以后,我仍然时时感到先生的督促。

作为先生的学生,我曾反复地拜读了先生的著作,对我的启发是很大的。大家都说先生是以作家的艺术敏感研究文学作品的,常能见人之所未见。对此,我也深有同感。不过,与先生接触多了,我又感到,先生不仅有作家的敏锐,同时也有学者的谨严。他的谨严不是那种学究式的拘泥固陋,而是深思熟虑后观点的周密澄澈。读先生的论著,初看似漫不经心、信笔写来;细味却都是字斟句酌、力透纸背的,恰如王安石所谓:"看似寻常最奇崛，成如容易却艰辛。"记得有一次先生对我说，他很反感一些人在论文中用"在某种意义上"、"在一定程度上"这样的套话。他认为作者应该说具体点，到底是在"哪种意义"上，"一定"程度又究竟是什么程度。这当然不只是表达的问题，实际上是思想是否精确明晰的问题。所以，自先生提醒后，我是不敢在文章中轻易使用这种套话了，而且一看到别人的文章中有此类字眼，总会有一种格外的警惕，总要去想想作者是否真正清楚他要表达的意思。

我常惊叹，古人造出许多好词，使当代人无以复加。比如旧时形容师长教诲之恩的一句"春风夏雨"，抵得多少赞美之词！在不相关的人看来，这似乎是陈词滥调，抽象空泛了，而对于幸闻咳唾的学生来说，却总能唤起新鲜真切的感受。回想先生对我的具体指导，并不是刻板讲授，往往只是随意地聊天，从治学到做人，从历史到现实，从国内到国外，从政治风波到文坛掌故，海阔天空，无所不谈。先生向来敢于直言，对我，一个小他半个世纪的普通学生，仿佛更是畅言无忌。八年多来，每隔两三周，在先生客厅里听先生谈古论今，成了我的一大享受。渐渐地，我心中竟产生了一种感觉：先生是一本书。

是的，先生是一本书，上面写着八十年的风雨人生。我知道我不可能与先生完全共有那么多的世道沧桑，但历史给人的启迪，却常常在那间并不宽敞的客厅里，在先生的侃侃而谈中，变得清晰了、具体了。

记得有一次，先生关切地问到我的住房，情不自禁地讲起自己一生住过的房子，从故乡的老宅，到清华求学时西柳村租赁的民居；从冯玉祥在泰山为他安排的住处，到抗战时重庆的居住条件；以及从美国归来，因为倾向进步而遭中央大学解聘，最大的困难是无处安身，却又奇迹般地解决了。建国以后，在燕园几度搬迁，从镜春园宁静幽雅的小院，直到朗润园的公寓……先生的讲述是平静的，但又是生动丰富的。我头一次意识到，一个看似寻常的住房问题，居然也牵联着深刻的人世变迁。所以，当时我建议先生就以住房为题，写一篇回忆录，肯定会是一篇意味无穷的散文佳作。先生也有写下来的意思，但终于没有写。这或许是因为先生能写的东西太多了，随便拈起一个话题，就能抽引出一段悲喜交加的历史。

人生70古来稀，因此孔子讲到70从心所欲不逾矩，就没有再说下去了，好像70以后，炉火纯青，只这一种境界了。读先生80以后应约而作的一篇《帚翁谈老》，却分明读出了苍凉与超然融汇的复杂情感、天真与老练交织的智慧风貌。我曾试图在先生身上追寻他早年的身影。然而，先生在清华期间所作散文生动细腻披示过的青年情态，终究与眼前的长者风范反差太大。只是在一些生活细节中，先生流露出不变的纯真之心。在未名湖边散步，见到有红男绿女用石子向湖面打水漂儿，他会生气地说，如果人人都如此，岂不把湖填平了；有人向他说起校园里很多的银杏树，可以打些果实来入药，他也会困惑地说，那是公共财产，如何能私自去采，这样的人还是党员！先生是经多识广的人，自然不会少见多怪，这实在是因为先生一生心明如镜，纤尘不染。李贽说，童心之失，在于道理闻见日以益多所致。其实，还是因人而异的。

记得还有一次，陪先生外出，车过中关村，先生一面为我介绍周围环境的巨大变化，一面感叹时光流逝得太快，说："八年抗战好像就在眼前。"历史对他原是那样的贴近，近得使我也觉得它不再是教科书上干巴巴的大事记。印象中，先生也为世事忧虑，甚至也为人不敷出而不平。但他又多次对我说，现在还算是中国历史上的盛世。听先生谈古，历史并不遥远，也不神秘，它就在我们身边，触身可及，平平常常；听先生论今，现实又平添一种时间感，沉重厚实。"与君一席话，胜读十年书。"这诗句用在师生间也许并不恰当，但我想我是懂了它的。

1993年最末的一天，我去医院看望先生。先生说："人都要经过生老病死，我已看透了。"他还引述了庄子、苏轼对人生的议论。这样的话，先生常说起，我也没有特别在意。事实上，先生那天的精神格外的好，还兴致勃勃地与我谈了很多他对《红楼梦》的看法，表示出院后还要对这部小说进行评点。我在心中为先生祝福。没想到两天以后，先生病情突然加剧。如今，先生的未竟之作，我们再也看不到了。

这些年，我一直有心与先生合影留念，但又总有一层顾虑，怕贸然提出这样的要求，会使年长者不悦。也曾有过几次意外的合影机会，却总不成功。没想到这心愿竟在那一天得到了实现。那也是先生最后的照相了。

虽然经历了长时间的病痛折磨，先生的表情还是安详的，我侍立在先生身旁，就像平时聆听教诲后要告辞了。不过，这一回是永远的告辞了。端详着这帧照片，总会想到鲁迅《藤野先生》中对藤野照片的描述。我想不管是鲁迅这样这样的伟人，还是像我这样的普通人，对自己敬爱的老师的感情都是一样的。

这世界上的人和书都太多。

不是所有的人都活得像一本书，也不是所有的书都值得读。

先生的书，我一定会时时用心去读。

1994 年 4 月 5 日于先生 86 岁诞辰

燕南园 62 号

袁行霈

燕南园62号是一个中式的小院落，院落中央有一棵高大的柿子树，右手数竿竹子掩映着几扇窗户，窗棂雕了花的，那就是静希师住房的东窗，窗边是他经常出入的东门。走进东门穿过走廊是一间客厅，客厅南窗外有一段廊子，所以客厅里的光线不很强，有一种舒缓从容的氛围。从客厅一角的门出去，右转，再打开一扇门便是他的书房，那里东、南、西三面都是窗子。冬季的白天只要天晴，总有灿烂的阳光照进来陪伴着老师。这正应了他的两句诗："青天有路，阳光满屋。"

静希师刚到燕京大学任教时，住在燕南园一座独立的小楼里。但他喜欢平房，更喜欢有属于自己的大些的庭院，便换到62号来。他在院子里种了一畦畦的花，春天，鲜花布满整个院子，他享受着田园诗般的乐趣。

静希师从50年代末期就买了电视机，那是一台苏联制造的黑白电视机。他喜欢体育，常看的是体育节目。那时候电视机还是稀罕物，第26届世乒赛期间，系里的年轻教师们每天都到他家观看比赛的实况转播。客厅里临时凑了全家所有的椅子和凳子，摆成一排排的。大家坐在那里一边观看比赛，一边发出赞叹声和欢呼声，夹杂着各种各样的评论。没有转播的时候，那对，但他从未放弃，后来终于得到学术界的承认。

他常常把自己新写的诗读给我听，并让我评论。我特别喜欢他51岁时写的那首《新秋之歌》，诗的开头说：

　　我多么爱那澄蓝的天
　　那是浸透着阳光的海
　　年轻的一代需要飞翔
　　把一切时光变成现在

这首诗里洋溢着对年轻人的爱和期望。他鼓励年轻人飞翔,希望他们把握现在创造未来。诗的结尾是这样的:

林庚先生

> 金色的网织成太阳
> 银色的网织成月亮
> 谁织成那蓝色的天
> 落在我那幼年心上
> 谁织成那蓝色的网
> 从摇篮就与人作伴
> 让生活的大海洋上
> 一滴露水也来歌唱

这样铿锵的韵律,这样富有启发性的意象,这样新鲜的感受和语言,四十年后读起来还觉得好像是旦晚才脱笔砚者。80年代前期,我曾热衷于写旧诗词,他也把自己年轻时写的旧诗词给我看,都是些很有境界的作品,但他并不看重这些,他要用现代的语言,创造新的境界、新的格律、新的诗行。有一天他忽然对我说:"你真该学习写新诗!"言外之意是把精力放到写旧诗上有点可惜了。我于是也跟着他写了一些新诗,可是总也写不出那样新鲜的句子来,这才知道新诗的不易。

  几十年近距离的接触,我越来越感到静希师首先是一位诗人,是一位追求超越的诗人,超越平庸以达到精神的自由和美的极致。他有博大的胸怀和兼容的气度,我从未听他背后说过别人的坏话;他有童心,毫不世故;他对宇宙和人生有深邃的思考,所以他总能把握住自己人生的方向。他90岁出版的诗集《空间的驰想》,是诗性和哲理巧妙融合的结晶。在这本书里,他推崇人的精神,歌颂精神的创造力,希望人类不要被物质的"灰烬"埋葬,而失去了人生的真正目标。他用物理学家的眼光思考时间和空间,呼唤人类对空间的突破。正是这种深刻的思考、博大的胸襟,以及始终不衰的少年精神,支持他度过了九十五年的人生路程,依然如此健康而又才思敏捷。

　　静希师的学问和他的新诗创作紧密联系在一起。用一般文学史家的标准来衡量他，他的学术成就无疑是高超的。他的《中国文学史》，每一版都引起学术界很大的反响，其特色和价值，越来越受到文学史家的重视，香港有学者在一本评论中国文学史著作的专著中，对静希师的《中国文学史》用了很大篇幅详加论述。静希师关于屈原生平的考证，关于《天问》是楚国诗史的阐释；关于唐诗的多角度的论述，特别是关于"盛唐气象"的精彩发挥，以及关于李白"布衣感"的揭示；关于《西游记》文化内涵的新解，以及其他许多见解，在提出的当时都令人耳目一新，至今仍然给我们许多启发。但仅仅讲这些还是难以看出他可贵的独特之处。他可贵的独特之处，或者说别人难以企及之处，乃在于他是以诗人之心从事研究，是带着新诗创作的问题和困惑来研究古典文学的，同时将自己的研究成果用来指导自己的创作实践。他对《楚辞》的研究解决了如何从散文语言中创造诗歌语言这样一个重要的、从未被人注意过的问题；他对"建安风骨"和"盛唐气象"的提倡，既符合建安和盛唐诗歌的实际，也启示着新诗创作的一种突破的方向。他作为一位卓有成就的文学史家早已得到公认，但他在新诗创作上探索的成绩还没有引起应有的重视，他也许会感到一点寂寞，但仍处之泰然，这是需要时间和实践来检验的。我相信他的新诗创作，他对新诗格律的创造性探讨，必将越来越受到重视，并在今后新诗创作道路的探索中发挥作用。

　　静希师在燕南园62号这栋住宅里生活将近六十年了。虽然院子大门的油漆已经剥落，室内也已多年没有装修而显得有些破旧，但住在这里的年近百龄的主人精神依旧！有时趁着好天气我陪他在燕园散步，他不要我搀扶，自己昂首向前，步履安详，真不像是年逾九旬的老人。

　　他曾告诉我，走路一定要昂起头。他一辈子都昂着头，而昂着头的人宛如南山的青松，精神是不老的！

2004年9月25日

他把身心全都献给了事业

石安石

我1950年秋天进清华大学中文系。这年冬天，一次我在教室外面看吕叔湘先生给上一班同学讲语法课，黑板上写着"高名凯"三个大字，吕先生正在介绍高名凯先生某个见解。这是我第一次知道有个研究汉语语法的名家高名凯。过后不久，给我们班上"中国语言文字概论"课的陈梦家先生组织大家去故宫看文物展览。事先告诉我们，燕大的高名凯先生也去。一个星期天的早晨我们去了。展览会在午门楼上。一位内穿深色中山装外穿呢大衣的先生已经在城楼的拐角处等我们了。这就是高名凯先生。高先生一面吸烟一面微笑着和我们打招呼。这是第一次见面。1952年院系调整以后到了北大。一个星期天，清华来的一帮同学相约去燕东园看望浦江清先生。我们走进一座小楼，在客厅坐下。主人从楼上下来，原来是高名凯先生，我们才知道走错了门。只好说：我们看高先生来了。说不了几句就退了出来。这是第二次见面。高先生两次都给我留下和蔼可亲的印象。但我想我不可能给他留下什么印象的。直到毕业，没有他的课，也就再没同他接触过。那时语言文学合一个专业。毕业分配，班上连我在内三人留校。大概因为我对文学课语言课都有兴趣的缘故吧，语言方面的名额落在我头上。到了新成立的语言学教研室，这才真正与高名凯先生互相认识。最初定我的方向是汉语方言学，因为上"语言学概论"的学生很多，本系的外系的，一个大班就是一二百人，还要搞课堂讨论、课外答疑，这样，我也做点语言学课的教学工作，一边学一边教。当时我主要的教学任务是写作课，还做过班主任，在专业上用的时间不多。但没多久，系里让我担任教研室秘书。这样，在教研室内几位老先生中，我接触最多的就是高先生了。1958年起，我正式转入

石安石先生

普通语言学方向，与高先生过从就更密了。

　　与先生共事，我感到非常相投。院系调整前，在燕大他原是一系之长；后来到北大他专管语言这一摊儿，是语言教研室主任；1954年王力先生等从中山大学调来，一批教师分出去成立汉语教研室，先生则只主管与之平行的语言学教研室，十来个人，但一点也没有影响先生的积极性。他每周固定几个时间到教研室办公。学期开始就做出全学期的工作安排，件件工作有人负责。主要抓的工作有两项，一项是教学检查，组织大家听课、提意见；先生对待教学工作十分认真，他按照教学大纲备课，并带头遵守课前须发讲义的规定。记得岑麒祥先生曾经借调南京大学一年，语言学史课由他代上了一遍，为了这一遍，他就专门编写了一份讲义。一项是科学讨论会，每月一次，一次有一位做报告，报告稿得提前交出，以便印发。每学期高、岑、袁（家骅）、甘（世福）几位先生原则上每人要做一次报告，我们年轻人每学期争取有一两位讲，计划自报，订好后就必须执行。在先生的倡导和主持下，教研室搞过好些集体科研活动，包括《语言学名词解释》的编写,《俄汉、汉俄语言学名词》(与语言所合作)的编写,几部西方语言学名著(包括索绪尔、布龙菲尔德、房德里耶斯、梅耶、叶斯泊森等人的代表著作)的翻译,还曾筹备编纂大型工具书《语言学词典》,由首都语言学界通力合作;已开过几次协作会议,草拟好了编写体例、条目,因"困难时期"到来而下马。教研室还接受高教部的委托,先后编写了几门课程的教学大纲和教材。总之,我们教研室在先生领导下,虽然人手不多,但教学工作搞得很红火,学术气氛很浓很浓,老年教师的专长得到发挥,青年教师成长较快。

先生教学工作繁重,总是同时上不止一个班的课,甚至两门不同的课,还要带研究生,几乎每学期都大大超过了规定的"工作量",校外还常有兼课。还经常参加各种学术会议。那时,系里找教研室主任开会研究教学计划的修订(差不多每年修订)、学术著作评奖及其他事务也很频繁。先生在民盟、工会都还担任一定的领导职务。还要接待不少预约过和事先不打招呼的来访者。那些年还有接连不断的政治运动,他都是积极参加的。在我的记忆中不知道他曾有过拒绝什么要求的事情。在这种情况下他还写出了一篇又一篇文章、一本又一本专著。似乎他有用不完的精力。我看他是相当劳累的。但他对事业充满热情,总是要求自己在有限的时间里做出最多的事。有几件事值得提一下。1957年夏天,高教部组织一批人去青岛编写中文系各科教材,我随袁家骅先生编写《汉语方言概要》去了。高先生接受委托编写《语言学引论》,但没有去青岛,原因是他同时还有别的工作要做,到时候,他的书稿照样完成了(这部书稿只在校内油印过一次,没有出版)。再是1961年5月,新的《语言学概论》编写组刚刚成立,先生夫人突然病危,随即去世。先生非常悲痛。然而料理完丧事不几天,他就又来到编写组主持工作。再是1964年夏天,他两次住院后返校不久,身体还相当虚弱,赶上北大师生要去南方参加农村的"四清"工作,上面动员一切能去的教师都去。高先生主动提出来,要代我上下学年度新生的"语言学概论"课,让我解脱出来也去搞"四清"。没想到课还没上多久他又病倒住院。

高先生做什么都是全神贯注,全力以赴,这也是他工作效率高的一个重要原因。无论他多么忙，我找他商量工作或请教问题，他都专心跟我谈话，从不左顾右盼。直到我满意了走了，他才回头去忙他原来正忙的事情。他写作时尤其专心致志，有时我在他身旁站了好一会儿他也没有发觉。

很多事要他做，每样事情他都按期完成。哪怕是系工会要一篇黑板报稿，说是星期六交，星期五准得。我曾经当面问过他有什么诀窍。他说，该做而又答应做的事，晚做不如早做。一样要花时间，但早做就主动。晚做呢，如果临时插进别的事，就要着急，一急花的时间可能更多。我以前做事不是这样，如果有需用一天时间做的事，我想限期到前两天做也不晚，可往往到时候就来不及做。后来我也学他做事尽早做安排。

先生学术上的民主作风十分令人崇敬。我这里只想说说集体编写《语言学概论》的有关情况。1961 年 4 月，上面决定编写一部全国通用的《语言学概论》教科书，同时指定新教科书的编写以我们一伙年轻人在"大跃进"年代出的一部书为基础，而未提先生接受高教部委托已在 1957—1958 年编好的一部书稿。在这种情形下请先生出任主编似乎是一件为难的事情。然而先生却欣然接受了任务。在整个编写过程中，他从未提过那部曾花费他不少精力的书稿。他充分肯定了我们的书面向教学、联系实际等优点，也指出基本知识不足等缺点。他放手让大家发表意见。从编写原则、大纲到每章每节，都经过反复讨论。他本人既积极发表看法，又总是尊重多数人的最后意见，从不匆忙作结论。编写组的年轻人对这次工作都很满意，觉得不但编好了书，而且得到了很好的锻炼，至今对此保持着美好的回忆。先生也很满意，一再说："我和大家一起工作很愉快。"他说，这样编书是"培养人才的好办法"。他同时也语重心长地对我们说："多读点书，写点论文，也是必要的。"

先生在好些方面做出了榜样。回想起来，我深感遗憾的是，虽然在他身边多年，但在他生前没有好好向他学习。客观上是运动多，社会活动多，开会、下放劳动、搞四清，没有多少业务学习时间。主观上是当时受的教育使我在接触这位老知识分子时心存一定的戒心，工作上接触多，业务上虚心求教少。

我们教研室好几位都是在数千里之外的荆江大堤得到先生去世的噩耗的。先生真的永远离开我们了么？有好几年，我都觉得那未必是真的。他也许还在医院进行治疗，或者正在做一次长途旅行，说不定有一天又会回到我们当中来，中山装、呢大衣，一支烟，一脸微笑，侃侃而谈。有时在睡梦中就出现这种景象。

以学为乐　以史为志
——回忆季镇淮先生

夏晓虹

缘　分

好像是一种特别的缘分，一入大学直到研究生毕业，季镇淮教授始终是我的学术引路人。

1978年3月，我与其他9位因扩大招生而迟来的学生，反而有幸先认识了这位北京大学中文系的著名教授，季镇淮先生专门为我们补讲中国文学史的先秦部分。那年季先生65岁，头发花白，身材宽厚，穿着一套当时流行的灰色制服。刚经过"文革"的学生，还不习惯使用一度被废除的尊称，通常只按职业分类，对所有的教员一律称"老师"。季师是唯一的例外，不过一两天，我便改口叫他"先生"。这不只是年龄上的区别，也包括学问上的崇敬。

大学本科期间，我选修了季先生的"韩愈研究"专题课。期末作业有心取巧，于是比较韩愈的《南山诗》与王维的《终南山》，站在尊唐抑宋派的时兴立场上，对韩诗的铺陈不以为然。季师本力赞韩愈的文学革新精神，读我的文章却并不生气，虽以商量的口吻表示此一"比较研究的结论，则似有问题，尚待进一步讨论"，而评语的基调仍是鼓励，且给以"优异"的成绩。嗣后，我听说，季先生不止一次向其他老师推许我的"能读《南山诗》"，在青年人中不多见。季师的输心相待，只有让我更觉惭愧。

因了这一份好感，大学毕业后，季先生又收我做他的硕士研究生。80年代初，近代文学尚属冷门，研究乏人。季师学问广博，先秦两汉或隋唐又均为学生看好,他却不趋时尚,独具慧眼,特于近代段招生。待我入得门来,先生又不急于为我填补空白,将我封闭在晚清专心用功,反开放门户,向上追寻,要求我从清初大家别集读起。我体会,季先生是把治学看做一项崇高的事业,鄙视急功近利,而注重打好根基。何况,在他心中,文学史也呈现为生生相续的动态过程,研究其中任何一段,都不可能在对前后文学演进一无所知的情况下做出成绩。这一学术思路,无疑将使我终身受益。

在我之后,季先生虽还带过一名研究生,论文阶段却因病重体力不支,转由别位老师指导。我因而成为季师的关门弟子,并一向引以自豪。

穷而后工

做了及门弟子,追随多年,对季镇淮先生的学术生涯自然有较深了解。在一篇自述《小传》中,季师这样讲到他的求学经历:"家贫,本无进学校希望,中学毕业后,始不可止。"短短数语,包含着如许多的艰辛。

入学开蒙,季先生进的是旧时私塾。父亲的愿望不过是要他识得些字,仍以种田为本务。季师却从作对子开始,迷上了诗文,并凭着其文学才华,进新式小学后,从三年级直接插班入六年级。中学时代,他在学校已有文名,作文常在校中张贴展览,以为模范。由《左传》中自我命题,季先生作了好几本文章,一些曾在当地报纸发表。有位大学生不肯相信其文出少年,当面出题,先生毫无难色,文成后,此人方表佩服。舞文弄墨既成习惯,季师日后的从事文学研究,便为水到渠成之事。

不过,其中尚多波折。一心向学其志虽坚,却因无力支付学费,淮安高中毕业后,季先生只能选择不收钱的高等院校。他同时考上了山东大学中文系与安徽大学外文系,不料,济南开课不久,即由于抗战爆发,津浦路战事紧张,学校停办而回家。偶于旧报纸上见长沙临时大学招生启事,季师又千里赶赴。为照顾战区学生,尽管甄别考试已过期,教务长潘光旦仍特许其以山大学生名义借读。而当时临大中的北大、清华、南开三校中文系并无学生,全系仅先生一名借读生。随着战火蔓延,长沙仍未能久留。不出三月,学校南迁,季师又毅然报名参加徒步旅行团。一路跋山涉水，劳顿异常，而与师友结伴，吟诗论文，入洞探源，先生于是不以为苦，反觉其乐无穷。

抵达昆明后，通过转学考试，季先生正式成为西南联合大学中文系的本科生。主持考试的恰是系主任朱自清，他作为影响最深的导师，得到季先生终生的爱戴与崇仰。其时的风气是中文系被冷落，经济、英文等专业受青睐，因毕业后容易谋职。季师也动过转系的念头，终因深入骨髓的对文学的喜好，才没有委屈自己，坚持下来。并且一发而不可收，大学结业，又更上层楼，考入研究院深造，师从闻一多先生三年，专治古典文学。季先生平生坚实的学问功底，多半得自西南联大的一段苦读。

读书得间，季师撰写了不少学术论文。大学三年级在《中央日报》昆明版发表的《〈老子〉文法初探》，运用瑞典汉学家高本汉《〈左传〉真伪考》一书中的比较语言学方法考证《老子》，得出"《老子》和《论语》是一个文法系统"、"《老子》书应成于战国晚年的齐鲁人之手"的结论，与历代相传的老子为东周楚国人的成说不同。这虽源于季师在家乡读书时对梁启超和胡适等人辩论疑古及《老子》的著作年代问题所引发的兴趣，而从语言学的角度为梁说张目，仍充满新意，难怪此文大得罗常培教授赏识。就读西南联大六年余发表的文章，大多已收入《来之文录》第一辑。未面世的论稿当然还有，如《闻一多全集》中的《"七十二"》一文，初稿便是季师所交的一份读书报告，后加入闻先生与何善周先生的讨论与补充，成为"集体考据"的成果。而据闻一多先生的说法，文中"主要的材料和主要的意见，还是镇淮的"。

研究生期间的学位论文，季师选择的题目是《魏晋以前观人论》，因经济窘迫，已通过结业考试的先生，终竟未能完成此文，至今引为憾事。不过，大量阅读文献资料的功夫并未白费，复员回京后，出自其手的一批关于汉末魏晋人物的短论，引人注目地接连在朱自清先生主编的《新生报》"语言与文学"专栏刊出，显示了精湛的识见与深厚的功力。初执教清华，季师正是意气风发。贺昌群先生的力作《魏晋清谈思想初论》一问世，季师即在朱自清先生的鼓励下，凭着对材料的熟悉与缜密的思考，充满自信地向贺书质疑。此时展现在季先生面前的，已是一片辉煌的学术前景。

文学史情结

任教大学,业有专攻。特别是1952年院系调整之后,季镇淮先生由清华转入北大,文学史的教学也随之一分为三,先秦两汉、魏晋南北朝隋唐、宋元明清的时段划分,虽方便了教员,易于深入,却也会带来限制研究视阈的隐患。季师的想法有所不同,在专任第一段课程的同时,他仍心存全史,对各段文学均作过精深探究。

总结两位恩师闻一多与朱自清先生在文学史研究上的贡献,季师以为其最终的事业即在著成完整的通史。他多次提到闻、朱两先生有意写作中国文学史或文学批评史,由于两位导师早逝,季先生自觉有责任代偿心愿,完成遗志。而其把握数千年中国文学的研究策略,同样得益于闻、朱二师。闻先生考察中国古典文学,便从杜诗入手,"由杜甫研究而扩及全唐诗的研究;由唐上溯六朝、汉魏,直到古诗的源头《楚辞》、《诗经》"(《闻一多先生与中国传统文学研究》);朱先生研治中国文学批评史,"首先着眼于古代以来批评史上若干传统的概念的分析研究,弄清它们原来的意义和在各个时代的变化"(《纪念佩弦师逝世三十周年》)。在剔抉阐发之中,已显露出季师的独到眼光与深有会心。

以闻、朱二先师为楷模,季先生的中国文学史研究也采取了"重点突破"与"以点带面"相结合的可行方法。在漫长的中国文学史中,他选取了处于两端及中间部位的秦汉、唐朝、近代为主攻方向,又在其中择出足以代表此一时代文学成就、有承前启后之功的司马迁、韩愈与龚自珍用力考究。以作家研究为基础,辐射开去,便可理清各个阶段的文学脉络;再上下勾连,左右旁通,贯穿全史亦大有希望。因而,季师用功处虽在个别作家,着眼点却在整部文学史,考论三家不过是其赖以构建全史的一方基地或重要支柱。

对于文学史写作,季先生也有一套成熟的意见。他尝借用桐城派"义理"、"考据"、"辞章"并重的说法,加以概括、发挥。所谓"义理",即正确、合适的理论与方法;"考据",即充足的资料;"辞章",即文字好读。三者之中，最别致的是对文章的看重。学术论文讲究材料充实，言之有据，却很容易导向行文枯燥，填砌满目，非有专业兴趣，不能卒读。而季先生根深蒂固的好文习性，使他把各类文体一律作为艺术品对待，自觉地当做古人所说的"文章"来写。他作《司马迁》一书，对相关史料虽竭泽而渔，落笔时却化繁为简，将大量考证压在纸背或移入注释，引文力求精炼，因而出语可信而又文脉畅通。季师将这一道工序看做是文学史著作能否成功的关键，前此所有的努力都要靠它最终实现。

为完成这部理想的文学史，季先生已作了长期的积累与准备。1990年代初，巴蜀书社计划出版一套"学者自传"丛书，向季师约稿，他经过慎重的考虑，婉言谢绝了。我追问原因，季师的回答很简单："我的主要著作中国文学史还没有写出来。"他要以毕生的精力，去做这一件他认为值得奉献终身的事业。

纯粹学者

季镇淮先生在师生中，属于那种有口皆碑的"忠厚长者"。在他面前，我常常会因发现其天真而自惭世故，虽然他是长者。久处书斋的生活，使他对历经变迁的世态人情保持着一种有距离的独立。社会上的拜金主义、腐败风气也有耳闻，终不能污染、改变其性情。

时常会发生这种事情：一篇文章发表，杂志社表示希望你认购二十本，季先生便如数买下，又为送人困难而发愁；一本学者辞典要你提供资料，看校样时，再附带要求购买三五册价格不菲的成书，季先生便不知所措，左右为难。如果有我在场，自不会让先生花这些冤枉钱，因为我知道他的经济并不宽裕。

但季先生从来就不是一个自私的人。昆明时期，闻一多先生曾以其字"来之"为文，专为他治印一方。闻先生过世后，无论从收藏价值还是纪念意义上，这方印章对于季师都是可一不再的重要文物。而一旦得知闻家收集遗物的消息，他便忍痛割爱，捐献璧还。前年清华大学出版社印行了王国维的《古史新证》，原初的讲义底本也是由季先生提供的。此本尽管稀见因而珍贵，季师却认定它保存在清华才是物得其所，更能发挥作用，于是一发慷慨赠送。

而做起学问来，季先生又是一丝不苟，严格得近乎苛刻。这当然是他对自己的超常要求。研究生期间听季师讲龚自珍诗，一句"金粉东南十五州"，在别人也尽可囫囵吞枣，蒙混过去，多家注解均语焉不详。季师偏抓住不放，多方询问，广查书籍，并屡次要我读书留意。历经十余年，这一存置心中的疑案才终于获解。1993年7月，在为季师80华诞祝寿兼纪念《中国文学史》出版30周年的座谈会上，他兴奋地讲到新近的一大收获，从《资治通鉴》的胡三省注中，他到底找到了"十五州"的出典。季先生由此慨叹道："书是要一个字一个字读的，不读熟也没有用。"我体会这话的意思是，经典作品须反复熟读，这些功夫总于治学有益。

在学术研究上，季先生从来不愿偷工省料走捷径。一部《韩愈》书稿，"文革"前即已完成，因遭遇十年动乱，未能及时出版。1983年，一位齐鲁书社的编辑通过我向季师征稿，虽经我力劝，先生终不肯脱手。他以杜甫"毫发无遗憾"的警言自求，感觉原稿有多处需要补充加工，以旧面目示人便对不起读者。晚年因哮喘症频发，白内障日重，季师借书、读书已越发困难，而《韩愈》一书的修改并未放手，仍时断时续艰难地进行。对全书的总体结构，他有意作较大调整，把韩愈放在唐代文化的背景中考察、论述。这需要重读大量的资料，对于一个年迈体衰的人，该具有怎样的勇气才能作出如此的决定！季先生正不会知难而退，他果然从《全唐文》读起，从头开始。韩愈生平中的大事小节，他都逐一考证，不轻易放过。为了张籍年长于韩的旧说，他细心考索，终于证明事实恰好相反。一个被研究者漫不经心遗漏的长安"十二街"确址，因韩愈、孟郊诗均曾提及，也引起季师的关注。为此，他遍查《三辅黄图》、《长安志》、《唐两京城坊考》等书。听说本校历史系教授阎文儒勾稽古代史料与近年考古发现，撰成《两京城坊考补》一书，他又嘱我买来，仔细阅读。

我时常感觉，就心态而言，季师比我更显年轻。他总有许多著作计划，总是兴趣盎然地谈到可以研究的不计其数的题目。虽然他在学术上早卓然成家，70之年却仍然高吟"大器晚成许自期"。在《幻想和希望总是引导我前进》一文中，季师这样讲述他对退休的感觉：

季先生
含饴弄孙

我是照章进入老年的。我承认我是老年人,因为我正式退休了。我心理上还是那样,比实际年龄差十岁,好象六十多岁。……人以得利为乐,而我仍以读书为乐,不以为苦,以苦为乐,这也是没有办法的事。

一辈子与书为伴,一辈子治文学史,这本是季师早已择定的人生道路。而我也私心祝愿,"不知老之将至"的季师能了其心愿,为我辈后学留下一部可以传世的中国文学通史。却未料到,修撰文学史的计划终竟成为季师未了的心愿,人间憾事直是无可弥补。

最后的遗憾

1996年初秋,季先生不慎摔伤后,身体状态便每况愈下。当我去协和医院看望他时,印象中一直乐观的先生,竟表现出少有的灰心。他不愿意接受手术,从年龄与健康的角度,这可以理解;只是他那样平淡地谈到"坐轮椅",而丝毫未涉及其中的不便,已使我感到悲凉。提起几天前在他家中讲到的整理日记一节,我认为有关1938年赴滇徒步旅行团的部分很有史料价值,曾建议季师拿出来发表,当时谈得兴致勃勃的话题,此时已引不起正在作牵引的先生的兴趣，他以一句"现在一切都谈不上了"作为答复，不够机敏的我也无言以对。

出院后，为便于家人照顾，季师移居到清华。前一年的眼科手术并未带来预期的视力恢复，我始终觉得这给他的心理打击很大，也与身体的迅速衰弱直接相关。试想，一位一生以读书为乐的学者，突然间被判定不再可能拥有自由阅读的快乐，该是多么痛苦的事情！在医院季先生的拒绝听收音机，以及回家后的放弃重新行走，实际都表现出面对无情现实的清醒选择。既然自己终生从事和热爱的学术研究已无法继续进行，生命对于他也就失去了最大意义。

由于中间一个月的香港讲学，加之搬家与办理出国手续的忙碌，到1997年3月7日赴美前，我只有三次机会与病中的季师见面。而先生竟于一周后遽尔辞世，生离已然成为死别。在有限的几次探望中，让我感觉心情沉重的是，一向怕麻烦别人的先生，因为此次住院请人看护开销太大，竟破例要我代他向系里申请困难补助；并多次表示，他想回北大，甚至可以住在中文系，请学生照顾。在他心目中，北大、中文系就是他的家，是他应该叶落归根之处。

视力衰退以后，季师对旧体诗词的写作表现出前所未有的兴趣。还记得读研究生期间，一位朋友有意编一本当代诗词选，托我征稿于先生。他当时的回答是：不拟发表。原因在于他的导师闻一多与朱自清先生，当年为提倡新诗，将旧体诗视作腐朽文学，虽私下创作，却决不发表。季先生也取法两位导师，写旧诗纯属个人爱好，只作为自娱，不以之面世。这种对导师的尊重与对新文学传统的忠诚，曾给我留下深刻印象。而白内障手术后，季先生竟几次提到想出版其旧体诗集的话头，并请家中聘用的一位略识之无的小保姆，在专门购买的上好宣纸上以大字抄写旧作，供整理之用，其专注与执著令人惊讶。其实，吟诗作赋本是季师的天性所好，虽然可为一时的文学使命感压抑，然而如此写出的终究是真性情的结晶。也许已经意识到生命无多的季先生，希望以这种方式向世人坦露心灵——既然文学史的研究已被迫中止。

不过，我的印象中，季师一直到临终，学者的严谨与认真仍保持不变。最后一次见到先生时,他因多日失眠及体力不支,神智已不很清楚。我来前,他正反复询问家人南京一位学生的名字,他只记得姓张。被告知"大概是张中"时,他说:"好像对,但证据不足。"我加以肯定后,他才放心睡去。然而只有片刻功夫,他又似乎觉得有什么不对,突然发问:"为什么名字叫'中'?"这一次我们都无法回答了。

这可以作为一个象征。季先生是带着许多没有解决的疑问离开人世的,关于"十二街"、关于长安到潮州的驿路究竟有几种走法……而让我辈后学感到遗憾的是,季师研究多年的有关韩愈、龚自珍的专著竟因此未能脱稿。我不能设想季先生会改变其学术个性,我只能怨恨生命的短促,留给季师从事研究的时间太少。

愿先生在天之灵得到安息!

王瑶先生杂忆

赵 园

1989年岁末，随师母护送王瑶先生的骨灰回系后，理群兄来约写纪念先生的文字，我只觉得内心枯河般的，是洪水过后的一片沙碛。然而时间总能疗救创痛的。"回忆"亦如京城3月漫天黄尘中的新绿，渐渐又在心头滋生。关于先生，终于可以写稍多一点的文字了，虽然仍不能尽意。

先生于我，并非始终慈蔼。平原兄的纪念文章中提到，先生对子女和弟子"从不讲客套"，"不只一个弟子被当面训哭"。我就曾经是被先生的威严震慑过的他学生。1978年重返北大，先生的那一班研究生中，被他一再厉声训斥过的，我或许竟是唯一的一个。待到有可能去体会那严厉中包含的"溺爱"，已是我再次离开了北大之后。而在当时，却只是满心的委屈，还真为此痛哭过几回。直到毕业前，先生似乎都不能信任我组织"论文"的能力。有次在校园里遇到他，关于论文题目一时应答不好，竟被他斥责道：连题目都弄不好，还怎么做论文！那里正是北大后来颇有名的"三角地"，人来人往的所在。当时我必定神色仓皇，恨不能觅个地缝钻进去的吧。在护送先生骨灰回京的列车上，我才由闲谈中得知，先生当初是表示过决不招收女研究生的。我突然想到，那时的先生听别人说起我的委屈和眼泪，是否也为他终于收下了这个女弟子而后悔过？

作为导师，先生自然有他的一套治学标准，有时在我看来近于刻板。比如他对"论文"规格的强调，我就并不佩服，以为太学院气了。因而即使在毕业之后，看到黄裳先生挖苦"论文"的文字，仍然忍不住兴冲冲地摘了来，嵌在自己论文集的后记里。然而我应当承认，先生的"那一套"，对于训练我的思维与文章组织，是大有益处的。毕业后继续这个方向上的自我训练，其成绩就是那本《艰难的选择》。这应是一本"献给"先生的

王瑶先生

书,虽然书上并没有这字样,甚至没有循惯例,请先生写一篇序。

我并不打算忏悔我对于先生的冒犯——那是有过的,在几经"革命"、破坏、古风荡然无存之后。我这里要说的是,即使时至今日,我也仍然不能心悦诚服于他震怒时的训斥。在我看来,这震怒有时实在不过出于名人、师长的病态自尊。先生在这方面也未能免俗。而他过分严格的师弟子界限,时而现出的家长态度,也不免于"旧式"。"五四"一代以至"五四"后的知识分子,有时社会意识极新而伦理实践极旧,这现象一直令我好奇。因而在先生面前聆教时即不免会有几分不恭地想:我永远不要有这种老人式的威严。然而于今看来,如先生这样至死不昏愦,保持着思维活力和对于生活的敏感,又何尝容易做到!

正是在北大就读的最后一段时间及离开北大之后,我与我的同学们看到了这严于师生界限、有时不免于"旧式"的老人,怎样真诚地发展着又校正着自己的某些学术以及人事上的见解、看法。"活力",即在这真正学者式的态度上。而严于师生分际的先生,对于后辈、弟子的成绩,决不吝于称许。毕业之后,我曾惭愧地听到他当众的夸赞,更听到他极口称赞我的同伴，几近不留余地。他一再地说钱理群讲课比包括他自己在内的几位老先生效果好，用了强烈的惊叹口吻；说到陈平原的旧学基础与治学前景时，也是一副毫不掩饰的得意神情。我从那近于天真的情态中读出的，是十足学者的坦诚。正是这可贵的学者风度、学人胸襟，对于现代文学界几代研究者和谐相处、共存互补格局的造成，为力甚巨。我相信，十余年间成长起来的"新人"，对此是怀着尤为深切的感激之情的。

我已记不大清楚是由什么时候起，在他面前渐渐松弛以至放肆起来的。对着不知深浅放言无忌的自己的学生，先生常常含着烟斗一脸的惊讶，偶尔喘着气评论几句，也有时喘过之后只磕去了烟灰而不置一辞。然而先生自己也像是渐渐忘却了师生分界，会很随便地谈及人事，甚至品藻人物，语含讥讽。他有他的偏见、成见，我不能苟同；行事上也会有孤行己意的固执。但我想，这也才是活人的爱恶吧。我还留心到即使在彼此放松、交谈渐入佳境后，先生也极少讥评同代学者，这又是他的一种谨慎，或曰"世故"。先生并不属于"通体透明"的一类——我不知道是否真的有过以及目下是否还会有这类人物。先生是有盔甲的。那俨乎其然的神气，有时即略近于盔甲。在一个阅历过如此人生、有过这样的经历的人，这正是再自然不过的事。但先生最令人印象深刻的，毕竟又是他"丢盔卸甲"的那时刻。坦白地说，我乐于听先生品评人物，即因为当这时最能见先生本人的性情。而先生，即使有常人不可免的偏见，却更有常人所不能及的知人之明。记得某次他对我说，有时一个人处在某种位置上，就免不了非议，并不一定非做了什么。我于是明白，对于先生，有些事，已无须乎解释了。还听说先生最后参加苏州会议期间，私下里谈到一位主持学术刊物编务的同行，说，他"完成了他的人格"，在场者都叹为知言。据我所知，先生与那位同行，私交是极浅的。

常常就是这样，先生信意谈说着，其间也会有那样的时刻，话头突然顿住，于是我看到了眼神茫茫然的先生。我看不进那眼神深处，其间亘着的岁月与经验毕竟是不可能轻易跨越的。然而那只如电影放映中的断片。从我们走进客厅到起身离去，先生通常由语气迟滞到神采飞扬，最是兴致盎然时，却又到了非告辞不可的时候：我和丈夫拎起提包，面对他站着，他却依然陷在大沙发里，兴奋地说个不休。我看着他，想，先生其实是寂寞的。他需要热闹，尽兴地交谈，痛快淋漓地发挥他沉思世事的结论，他忍受不了冷落和凄清。天哪，"文化大革命"中的那些日子，这位老人是怎样熬过来的！

"文革"中先生处境极狼狈时，我曾一度和他在一起。那已是"清队"时期，教员被分在学生班上，甚至住进过学生宿舍。他即在我所在的文二（三）班，北大中文系有名的"痞子班"——"痞子"二字，是当年被我们洋洋得意地挂在口头的。我目睹过对先生的羞辱，听到过他"悔罪"的发言，还记得班上一两个刻薄的同学模仿他的乡音说"恶毒攻击"一类字眼的口气。我曾见到过他在"革命小将"的围观哄笑中被勒令跳"忠字舞"的场面；也能记起他和我们一道在京郊平谷县山区远离村庄的田地里干活时，因尿频而受窘，被"小将"们嘲笑的情景；他与另一位老先生拖着大筐在翻耕过的泥土中踽踽的样子，还依稀如在眼前。为了这段历史，我在"文革"后报考他的研究生时，着实惴惴不安了一阵子。我虽然未曾有幸跻身"小将"之列，但与先生，毕竟"处势"不同，也确实不曾记得当年对他有过任何亲切的表示。重回北大后与他的相处中，偶而听他提及与我同班的某某，说："我记得他，他是领着喊口号的。"语调轻松自然，甚至有谈到共同的熟人时的亲热。我终于明白了，他已将我所以为不堪的有些往事淡忘了。在累累伤痕中，那不过是一种轻微的擦伤而已。他承担的，是知识分子在那个疯狂年代的普遍命运——先生大约也是以此譬解的！

却也有屡经惩创而终不能改易的。谈起先生，人们常不免说到他的"世事洞明，人情练达"，他的社会的、人生的智慧，他的深知世情，以至深于世故，我却发现，某些处世原则，先生其实是能说而并不怎么能行的，比如他的"方圆"之论——外圆内方、智方行圆之类，我总不禁怀疑这是否适用于对他本人的描述。这或者只是他的一种期待罢了，譬如《颜氏家训》的诫子弟勿放佚，譬如嵇康的教子弟谨愿。听先生说到他在某次会议上因发言不讨好而不获报道，听他谈论某位骨鲠之士，听他谈他所敬重的李何林先生、他的友人吴组缃先生，都令人知道他所激赏的一种人格。性情究竟是自然生成，不容易拗折的。

但我也的确多次听到他告诫我以"世故"。这与"知行"一类问题不相干,也无关乎真诚与否。或许应当说,这也出于真诚的愿望,愿他所关爱的人们更好地生存。我因而相信他的本意决非在改造我的性情。临终前的半年里,几次当老泪纵横之时,他仍谆谆叮嘱我慎言,"不要义形于色"。我默默承接着那泪光闪闪的凝视,领受了一份长者对于后辈的深情。

中国式的书生,往往自得于其"迂"。先生的魅力,在我看来,恰在他的决不迂阔。其学术思想以及人生理解的一派通脱,或正属于平原兄所谓"魏晋风度"?先生以身居燕园的学者,对于常人的处境、困境、琐屑的生计问题,都有极细心周到的体察,决不以不着边际的说教对人。他没有丝毫正人君子者流的道学气。他的不止一位弟子,在诸如工作安排、职称、住房一类具体实际事务上,得到过他的帮助。这种不避俗务,也应是一种行事上的大雅近俗吧。

有一个时期,他也曾为我的职称费过神,令我不安的是,似乎比我本人更焦急。每遇机会,即提之不已。我曾在筵宴的场合,看到所里的头头面对先生追问时的尴尬神情。我也曾试图阻止他,倒不是为了清高,而是为了避嫌。一次听说他将要去找某领导交涉,即抢先打电话给他,恳请他不要再为我费心。先生在电话那头像是呆了一下,然后说:"好吧。"过了些日子,他讲起他如何向某方反映情况,特意加了注脚道:"当时大家都在说,我只是随大流说了一句。"我一时说不出话,心中却暗笑他神色中那点孩子似的天真与狡黠。

我个人对于知识分子的研究兴趣,即部分地来自我有幸亲聆謦欬的首都学界人物,尤其北大老一代学人中硕果仅存的几位先生,王瑶先生、吴组缃先生、林庚先生等。我曾急切地期待有人抢救这一批"素材",相信文学正错失重大的机会——这样的知识分子范型,历史将再也不会重复制作出来。我尤其倾倒于这些老学者的个人魅力。那彼此区分得清清楚楚的个性竟能保存到如此完好,虽经磨历劫而仍如画般鲜明,真是奇迹!而比他们年轻些的,却常常像是轮廓模糊,面目不清,近于规格化——至少在公众场合。这自然也出于教育、训练。其间的差异及条件,谁说不也耐人寻味,值得作深长之思呢!

1988年北大为了校庆编《精神的魅力》一书来约稿时，我曾写到过我所认识的北大与北大人。但我也曾想过，那些以一生消磨于校园中的，比如先生，是否也分有了"校园文化"的广与狭？先生是道地的"校园人物"，而校园，即使北大这样的校园，通常开放而又封闭；某种"自足"，自成一统。偶尔将先生与别种背景的学者比较，我尤其感觉到他显明的校园风格。我一时还不能分析这风格。是先生本人助我走出我视同故乡的北大的。之后每当回望这片精神乡土，对于一度的滞留与终于走出，是怅惘而又怀着感激的。

当着北大在1988年庆祝建校90周年时，我见到了最兴致勃勃的先生。那一夜，他被一群门生弟子簇拥着，裹在环湖移行的人流里，走了一圈，兴犹未尽，又走了一圈。之后，他提议去办公楼看录相，及至走到，那里的放映已结束，楼窗黑洞洞的。返回时，水泥小路边，灯火黯淡，树影幢幢，疲乏中有凉意悄然弥漫了我的心。此后，忆起那一晚，于人流、焰火外，总能瞥见灯火微茫的校园小径，像是藏有极尽繁华后的荒凉似的。

去年11月先生南下前，我与丈夫去看望他，他正蜷卧在单人沙发上，是极委顿衰惫的老态。丈夫过后曾非常不安，写了长信去，恳请他善自珍摄，我也打电话给南下与先生一道开会的友人，嘱以留心照料先生的起居。一个月后，在上海，我站在华东医院的病房里，看到临终前的先生。这来势急骤的震撼几乎将我的脑际击成一片空白，因而回京后，交给理群兄的，是写于尚未痛定时的几百字的小文。姑且录在下面：

无 题

先生最后所写的，或许就是那个"死"字，是用手指写在我的手心的——我凑巧在他身边。那是12月13日上午，他生命中的最后一个上午。

我不敢确信他想表达的，是对死神临近的感知，还是请求速死。如果是后者，那么能摧毁一个如此顽强的老人的，又是怎样不堪承受的折磨！目击了这残酷的一幕，我一再想弄清楚，先生的意识活动是在何时终止的。没有任何据以证明的迹象。先生几乎将他清明的理性维持到了最后一刻,而这理性即成为最后的痛苦之源。

我宁愿他昏睡。

不妨坦白地承认,先生最吸引我的,并非他的学术著作,而是他的人格、他的智慧及其表达方式。这智慧多半不是在课堂或学术讲坛上,而是在纵意而谈中随时喷涌的。与他亲近过的,不能忘怀那客厅,那茶几上的茶杯和烟灰缸,那斜倚在沙发上白发如雪的智者,他无穷的机智,他惊人的敏锐,他的谐谑,他的似喘似咳的笑。可惜这大量的智慧即如此地弥散在空气里。我不由得想到《庄子》中轮扁关于写在书上的,"古人之糟魄已夫"那番话。当着只能以笔代舌,歪歪斜斜地写下最简单的字句,当着只能以指代笔,在别人手心上画出一两个字,那份闭锁在脑中依然活跃(或许因了表达的阻障而百倍活跃)的智慧,其痛苦的挣扎,该是怎样惊心动魄!

我因而宁愿那智慧先行离他而去。

我并不庆幸目睹了最后一幕。我怕那残酷会遮蔽了本应于我永恒亲切的先生的面容。我不想承受这记忆的沉重,这沉重却如"命运"般压迫着我。超绝生死,究竟是哲人的境界,而我不过是个庸人。这一时翻阅旧书,也颇为其中达观的话打动过,比如"大块载我以形,劳我以生,佚我以老,息我以死"之类,却又想到,得在老年享用那份"佚"的,并不只赖有"达观"。然而无论如何,先生总算"息"了下来,虽然是如此不安的一种"息"。

写这文字并非我所愿,我仍然勉力写了。我说不出"告慰灵魂"之类的话。我知道生人所做种种,自慰而已。我即以这篇文字自慰。

在写本文这篇稍长的文字时,我清楚地知道,因了先生的死,我个人生命史上的一页也已翻过了。我愿用文字筑起一座小小的坟,其中与关于先生的记忆在一起的,有我自己的一部分生命。有一天,这坟头会生出青青的新草的吧。

1990 年早春

四十年教诲恩深
——悼念周祖谟师

鲁国尧

当接到燕孙师逝世消息的电报,我,我惊呆了。去年8月音韵学会八届年会在天津举行,同时隆重庆祝燕孙师和邢公畹先生80华诞,先生不是兴致很高,做了长长的讲演吗?12月22日还给我寄来了贺年卡,细笔,小字,很工整,毫无老人常见的颤抖的字画。怎么会如此遽尔辞世呢?好久好久我才镇定下来,赶紧设法买票,仓皇星夜进京,终于赶上了在八宝山举行的先生遗体告别仪式。只见先生面孔瘦削,神态安详,然而永别了,我再也得不到恩师的诲导了,再也得不到恩师的诲导了。

四十年教诲恩深,往事萦回,令我更加悲痛。

1955年我从苏北的小城进了首都,走入最高学府。我们对大学的一切都感到陌生新奇、高不可攀,系里就让几位先生给我们新生做关于校系情况、学习方法等的报告。第一位是系主任杨晦先生。第二位就是周祖谟先生,我还记得当时先生穿的是中山装,发旧,但是干净、整齐。做报告时,先生的不时从左扫到右的热诚的目光、和蔼可亲的笑容使每个学生都能感受到、享受到他的亲切的教诲。

在五年大学期间(按,北大中文系从55级开始由四年制改为五年制),先生开过三门课,一是现代汉语,一是汉语言文学要籍解题,一是汉语文学语言史。先生一口标准的北京话(可不是北京土语,而是"文学语言"),抑扬顿挫的语调,不枝不蔓,毫无赘辞,循循善诱,引人入胜,他的课是最受欢迎的课之一。汉语言文学要籍课的讲义是油印的,每课前发几页,我汇总装订成册,近年还借给几位教语言学史和工具书使用法的教师参考。我印象特深的一件事是,绵亘四年的中国文学史课,第一学期由游国恩先生讲授，讲到《诗经》。游先生说："关于《诗经》的用韵，我准备请周祖谟先生来给同学们讲，他的音韵学造诣很深很深，他前几年出版的《方言校笺》，翘楚之作，系里一致推荐申请国家社会科学奖金。"当时刚刚公布了国家自然科学奖，钱学森、钱伟长都名列榜中，接着该是评选国家社会科学奖了，然而不久"反右"斗争铺天盖地而来，这事儿就压根不提了。1958年提倡学生编书，我们语言班编《汉语成语小词典》，请了魏建功先生、周祖谟先生指导、审订，两位先生对稿子反复修改，一个标点用得不当也不放过，文学班的同学看到这几千张蓝笔、红笔相间的卡片就发出啧啧的赞叹声。

1960年毕业，我留校做研究生，系里指定专业是汉语史，导师是周祖谟先生，我成了先生的第一个汉语史研究生。先生要我每两周到家中面授，布置必读书目，讲这些论著的要点、阅读的方法等。要求写读书札记，在下次面授前两天交。下次指导，就我的札记评点，解答问题，布置下两周的阅读书目。三年困难时期的活页纸粗而黑，我写的字丑而小，看起来很吃力，但是先生常在我的札记上硃笔加批。沈兼士先生的名文《右文说在训诂学上之沿革及其推阐》读后，我在札记上对沈氏学说的某一点提出了不同的看法，周先生在这一段下加了红线，句末加了双圈，面诲时又表示首肯。在蹒跚学步时得到这样的鼓励，所以我至今不忘。先生是书法家，叫我练毛笔字，我没有遵从，如今后悔莫及。做研究生的第一年特别艰苦，顿顿吃不饱，饿得浮肿，而先生布置的书目又多，有次我嚷吃不消，先生知道后批评了我，从此我不敢再叫苦了。还是严好，学生总是有惰性的，不逼怎行？在先生的精心指导下，我按部就班地读了音韵、训诂、文字、语法四方面的重要论著，为今后治学打下了较好基础。回顾往昔，这两三年读书最多，终身受用，饮水思源，先生为我付出多少心血啊。

大学时，袁家骅先生教汉语方言学和汉藏语导论，受其影响，我对家乡方言产生了浓厚兴趣。研究生期间特别是寒暑假，我在写《泰州方音史及通泰方言史研究》，先生怕影响正常学习，不太同意，后来索取了稿子，审阅后给我以教导。年轻时旁骛贪得，1962年想到中央民院学藏语，须导师书面证明学有余力。我鼓起勇气向先生申请，先生欣然同意。遗憾的是，藏语学了半年，不久就忘了，愧对周、袁二师。到了写毕业论文时，先生建议我研究宋词用韵，因为那是师祖罗莘田先生的未竟之业。我却说："跟先生学了两年，音韵、训诂居多，古文字和语法也学了些，为了毕业后教学和科研能全面些，我做语法论文吧，宋词韵作为业余的题目。"先生当即同意了。起初拟搞《史记》语法，先生还兴奋地告诉了季镇淮先生，介绍我去向季先生求教，因为他是《司马迁传》的著者。后来考虑到《史记》一年内啃不下来，就改搞《孟子》语法了。我深深地体会到先生对我的期望之切、指导之勤、爱护之深。记得1963年1月5日我的研究生专业考试由王力、周祖谟、林焘三先生主考，口试，整一天。在灯下考试委员会宣读了很好的评语，也指出缺点，给我5分。王、林二位先生很为满意，周先生特别高兴。

离开师门南下后，我仍旧得到先生的教导。1974年我首次重返母校，当时还在"文革"中，天下汹汹，民不聊生。先生带着十分忧戚的声调跟我谈起当时的形势，不时说："这像什么呀！""这怎么行啊？"在禁锢得像罐头似的当时，丝毫的怀疑也表示不得呀，否则大祸临头。写到这里，我有责任记下这段轶事。先生丧事毕，我买不到南返的票，困于京中，1月26日跟老同学王恩保同去北师大看望俞敏先生，俞先生说，周先生年轻时原在北师（即北京师范学校），有位体育教师要校方把一个得罪他的学生开除，学生们议论纷纷，周先生也表示不平，偏巧被身后的这位体育教师听到了。他恼火极了，恨周先生超过原来那位学生，以辞职要挟校方下开除令。"北师只好请周先生走了，周先生去考北大预科，因为分数高，反而少上一年，因祸得福。这事儿如今只有我一个能说了。"

"文革"结束后，天日重见，先生已年逾花甲，然而青春焕发，著述不辍。我虽远在南京，但是先生仍旧对我谆谆教诲。我的第一篇音韵学论文《宋代辛弃疾等山东词人用韵考》（稿）于1978年寄请先生批改，先生用红笔为我作了详细的修改，"打磨成一篇论文"。当我发表了《宋代苏轼等四川词人用韵考》，写成了《宋代福建词人用韵研究》后，先生指示："何不乘胜移师江右？必有新发现。"因为宋代江西文风特盛，词人众多。我写了篇《南村辍耕录与元代吴方言》，其中重点剖析了陶宗仪启示的一只射字法，立论跟先生的《射字法与音韵》有所不同。先生对我鼓励有加，并说自己的文章是"少作"。如此虚怀若谷，跟提倡"不违师说"者有天壤之别。当我的《卢宗迈切韵法述评》在《中国语文》1992年6期、1993年1期连载后，我写专信请求指谬。先生赐答："我已看过，无懈可击。"同时指出文章嫌长了些。北大出版社的胡双宝先生主动提出，将宋代韵学要籍《卢宗迈切韵法》抄本的影印件和我的述评合在一道出版，唐作藩先生在1994年底代我请周先生作序，先生欣然同意。我拟将拙文"述评"再作一次修订，交胡先生时再请周先生题签封面。我拖拉成性，修订迟迟难成。我总是认为，先生很健康，这是毋庸着急的事，孰料先生竟遽尔作古，这是我生平的大憾之一。

我秉性愚鲁，又欠勤奋，再加上环境使然，至今成绩微微。这也与侍先生之日浅有关。南下三十年来，时时咬啮我心的是，1964年王力先生和唐作藩先生两次找我谈话，要我留校任教，我却冥顽不灵。如果当初遵从师命，我就可以朝夕得到了一先生、燕孙先生和其他诸师的教导了。而如今王、周二师皆已逝世，我再也得不到二位先生的教导了，再也得不到二位先生的教导了。

我再次离开都门，耳外轮声隆隆，心中悲憾交织，更行更远还生。

写到这里，我只能呆呆地仰望着壁上的条幅：

  为学贵于勤，言行贵乎慎。勿以己之长掩人之短，谦虚自持，无往而不利。谷瑶兄嘱书一二语以相勉，即希教正。

周祖谟于太原晋祠一九八三年三月廿四日

十二年过去了，而我德学皆无多长进，有负恩师厚望，不禁唏嘘掩泣。

朗如日月，清如水镜
文质彬彬，然后君子
——和阴法鲁先生在一起的日子

严绍璗

各位长辈，各位朋友：

今天，我们以一种沉痛的、沉重的，同时，也还是满怀希望的心情，在这里怀念我们学术界的一位真诚的学者，一位可以在任何时候都称得上是"学界好人"的老先生——我们尊敬的阴法鲁教授。感谢北京大学中国古文献研究中心和北京大学古典文献专业，为我们提供了这样一个机会，组织了这样一个可以表达我们对阴先生追思的集会。我借用这个有意义的集会和这个神圣的讲坛，与各位一起，怀念我们与敬爱的阴法鲁先生在一起的，而现在已经失去了的日子，回忆他的人品、人格、学业和他对我们孜孜不倦的教诲。

说是沉痛的心情，因为一年前，我失去了阴先生这样一位慈父般的导师。阴法鲁先生与我的父亲恰恰是同庚。我在1959年告辞我的父亲，来到北大，我在我父亲他老人家身边，只生活了十八年多一点。阴先生1960年应魏建功先生的邀请，来北大古典文献专业任教，我在他的身边，接受他的教诲却有四十多年。我从他的学生，到在一个专业教研室共同任教，从担任他作为古典文献专业主任的助手，到接替他担任专业主任，四十年间，阴先生以他自己高尚的人品和精湛的学业，教育和影响着我。这种教育和影响，不是我们今天在学术界，在数不清的扑面而来的出版物和新闻媒体上，乃至在我们的课堂上常常可以见到的那种夸夸其谈的自我张扬，更不是那种故弄玄虚的噱头，而是以他的默默的精神和默默的行动，慢慢地渗透到我的精神和血液中，使我懂得应该怎样做人和怎样做学问。

阴法鲁先生是20世纪我国音乐史研究的杰出的学者，早年毕业于西南联大，从事以解读宋词曲牌为中心的乐谱复原的研究，成绩卓著；对解读敦煌曲谱，也有诸多的贡献。1962年是我国敦煌文献发现六十周年纪念，阴先生在北京大学组织和主持了"敦煌发现六十周年纪念文化系列讲

阴法鲁先生

座"，这是当时全国唯一的一个极高水平的学术系列。20世纪70年代德国出版的《东洋学学者辞典》中，收入的研究中国音乐史的中国学者，也只有阴法鲁先生一人。请各位注意，这部《辞典》与80年代下半叶开始的，依靠出钱买名的商业辞典是完全不同的。这无疑是中国学术界的光荣和骄傲。80年代初，我国开放之后，他是最早受到美国哥伦比亚大学邀请，出任人文学科客座教授的中国文化史学家，并受到当时伊朗王国政府教育部的邀请。他也是中国文化书院的发起人和创办人之一。作为著名的中国音乐史家，阴先生在80年代担任了可以说是"誉满全球"的大型歌舞《丝路花雨》的艺术顾问，并出任北京音乐家协会主席、北京市政协委员。1994年我参与《中日文化交流史丛书》十卷本总主编的工作，曾经与"艺术卷"的主编、日本著名的艺术史学者上原昭一先生协商该卷的撰稿人。上原教授提名一定要我们协助，邀请中国杰出的艺术史学家阴法鲁教授参加。上原昭一说："贵国在东洋艺术史的研究方面，我以为有两位先生最具名望，一位是常任侠先生，一位是阴法鲁先生。可惜，常教授已经去世了，现在健在的只有阴法鲁教授了。"

是的，阴先生以他自己的研究，在中国文化史领域中，开拓了新的领

域，建树了永存的业绩。

阴先生是一位朴实无华、踏实诚恳的长者。他从来不张扬自我。我可以肯定地说，今天在座的我们各位，接受过他教育的这么多的学生，乃至他工作了几十年的北京大学和这个大学的各级领导，究竟有几个人知道他的创造性的业绩，究竟有多少人知道他为国家和民族所赢得的这样的荣誉！

现在的学术界，从年轻人到老年人，不管是有业绩的，还是没有业绩的，常常热衷于标榜自己是"国内第一人"、"国际第一人"；就是在我们学术传统和人文精神如此丰厚的北京大学，也总有一些先生，张扬声势，造作名位，把"北大"作为他们的名利场，把那些无知的年轻人，搞得心浮气躁、利欲熏心。

记得王瑶先生曾经说过这样的名言："北京大学是由两种人组成的。一种是他靠北大出名的人，一种是北大靠他出名的人。"话虽然尖刻了一些，倒是一针见血。我们尊敬的阴法鲁先生，四十年来，他就是为北大出名而默默劳作；他就是为中国的学术出名而默默劳作；他就是为我们民族文化的奋起而竭尽全力的"北大人"！

熟悉阴先生的各位，和他切实共事过的各位，我们一定都能够体会到，先生从不夸夸其谈，更不"作秀"——朴实无华、踏实诚恳、默默劳作、光明磊落是贯穿在先生整个血液中，也流淌在他的整个生命的过程中的！

鲁迅先生当年曾经写作了著名的记事性散文《一件小事》。他在喧嚣烦恼的大千世界中，从默默劳作的一个普通劳动者的身上，从一件似乎是微不足道的"小事"中，感受到了中国人的精神，发现了支撑着我们民族生命的脊梁。我们这些生活在阴先生身边的学生，四十年来感受先生的高尚人格的"小事情"，不仅仅与鲁迅先生的体味相同，而且多少已经超越了鲁迅先生所体味的这样的"一件小事"的境界！

在我自己的学习学术生涯中，时时得益于先生的热忱无私的教导。记得70年代的末期，当我刚刚开始涉足东亚文化关系史课题的时候，我曾经就"日本的能剧"和"日本的猿乐"，以及"猿乐"和唐代的"散乐"

的可能的联系，多次请教阴先生。阴先生就唐代"散乐"给我很多的教导，并且把他收集的有关中国音乐史的，由他自己装订的6册资料全部交我阅读。1979年5月，"日本能剧团"首次访华，只演一场，连续两天。阴先生特地从音乐家协会为我争取一个席位，观众只有四十余人。先生一直对我说：这方面的课题非常有意义，我们没有人研究，你一定要坚持，做几年就一定会有成果的。直到今天，我常常回忆起当年刚刚踏进学术之门的时候，先生以自己对后辈的满腔热忱、以宽阔无私的胸怀，引领着他的学生。

先生的教导是热忱无私的，但同时也是严格的。记得我第一次从日本回来，讲到在京都宇治市有一座万福寺，它是日本临济宗中的"黄檗（bò）宗"的总本山。当时，我把"黄檗宗"说成了"黄檗（pī）宗"，完全是望文而定"声"，以为它与"劈材"的"劈"形近而同声，其实是不认识这个字。第二天，先生在路上特意叫住我，说："老严（阴先生称我们这些小辈，都是老字头的，老安、老陈等等），你说的京都的那个寺庙，应该叫黄檗（bò）宗，不是黄檗（pī）宗。有一种树木，就叫黄檗。"先生还说："古文献出身的人，这个字可要认识。"我真的一时脸红，先生又宽慰说："不过，陌生的字很多，平常留心就可以了。"阴先生真是用心良苦。他不在现场指出我的错，完全是顾及我的面子；但是，他一定觉得他是有责任必须告诉我"这个字念错了"，而且他也一定认为，一个古文献出身的年轻教师，念错这个字是不应该的。所以，他在路上单独把我叫住，纠正我的错字。每念及此，我真是对先生十分地感激。

在阴先生的精神世界中，他总是把"学术的真实"与"坦诚的胸怀"结合为一体的。就在我请教他关于唐代散乐与日本中世纪戏剧的可能的联系的时候，先生表现的"学术的真实"令我非常地敬仰。他说：我知道唐代的散乐传到了日本，他们的宫廷舞乐中，有很完整的"兰陵王"，也称"罗陵王"，我们这里不全了。他们在宫廷大典中要演奏"万岁乐"和"太平乐"，他们称为雅乐的，都是从唐代传入的。但是你说的"日本能乐"，我听说过这个名词，但是，不知道是怎么表演的；你说的"猿乐"我也不大明白，不好随便说它们与"散乐"的关系。

先生在他的学生面前，表现出的这种对于学问的真实的坦诚的态度，不是令我吃惊，而是令我深深敬仰。我们知道，阴法鲁教授早年撰写的《从音乐和戏曲史上看中国和日本的文化关系》一文，与常任侠先生撰写的《唐代传入日本的音乐与舞蹈》一文，共称20世纪论述中日两国艺术文化关系的"双璧"。但是，阴先生在他的学生面前，不摆权威的架子，更没有倚老卖老，绝对不作"不懂装懂"的模样，而是"知之为知之，不知为不知"。这是学问的真实，更是人格和人品的真实！

在我的几十年的生活中，接触过许许多多的学术权威，在我的生命史上留下了各种各样的印记。当我今天，在本门学科中也多少有了发言权的时候，我常常以阴先生和其他诸多的先生为榜样，训诫自己，一定要学问真实、人品真实、心怀坦荡、朴实无华。

阴先生是一位学者，他的人格力量当然首先表现在学术领域中，但是，熟悉他的人几乎都能够感到，在生活的各个细节中，他的人格力量是一以贯之的。

我接任北大古典文献专业主任的时候，阴先生已经70高龄了。但是，学校或者系里布置的各项公益工作，例如卫生大扫除，他每次必定躬身参加，扫地、擦桌子，甚至还会爬到桌子上去擦玻璃窗。我们放眼望去，每一次在现场，就连那些三四十岁的年轻人也未必前来参加，更有哪位六十几岁的先生还来大扫除的？还有哪位大先生前来扫地的？我不是责怪大先生们不来扫地，而是更加敬仰来参加扫地的阴先生！这样的事，不是一次，也不是两次，而是每次阴先生一定都来的。他是为名吗？先生不需要名！他是为利吗？这样的大扫除能给先生什么利！先生怀抱着的是一种社会责任感啊！

先生的社会责任感是与他的朴实的心连接在一起的。我担任专业主任之后，有时候难免要请一些来往的客人吃饭。这当然是一件特别头疼的事情——因为吃饭没有公款，那当然是谁请客谁出钱。对一些来专业访问的客人，不请人吃饭，我觉得有违中国人的习俗，又使得北大和我都没有了面子。我当时工资70来元，一顿饭十五六元或者二十多元不等，弄多了，就有些不胜负担。当时阴先生已经不担任主任了，古训云：不在其位，不谋其政。但是，只要先生知道有饭局，他总会塞给我一些钱。记得有一次请日本著名的中国文学研究家小川环树吃饭，阴先生出了40元钱，在当时不是一笔小数目。其实，这顿饭和阴先生真是没有什么关系。因为小川与北大的另一位教授同为1937年的同班同学。这位教授提出，他要以他的名义请正在访华的小川先生吃饭。这位教授示意，这顿饭应该是以他的名义请客，而饭钱则应该是由专业来承担，这使我十分为难。阴先生知道后说："饭是要请的，这是体现他们的同窗情谊，是两国的面子。定个五六十元钱的饭，我出40元，余下的就请他出了。"阴先生的这个决定，使我在感动之余，也很为难——因为我觉得，这是不公道的。面子和名声是别人得的，掏腰包的却是阴法鲁先生。是的，这些确实都是"小事"，但它展现的却是先生的心灵世界。阴先生对于公众事业的责任感，与他的学术的人格力量一样，令人敬仰，令人心碎。

当此刻我们在这里追思阴先生的时候，回想与先生在一起的日子，先生"进不求于闻达兮，退不营于荣利"，"文质彬彬，然后君子"也。先生的一生，朴实无华，踏实诚恳，默默劳作，光明磊落——这无疑是我们今天的时代最需要呼唤的民族的脊梁和民族的精神！

今天，当我们面对阴先生的永存的业绩和"朗如日月，清如水镜"的人品和人格的时候，我们的心是沉重的。这种沉重，是来自于我们深深的愧疚。我们今天在这里追思先生，是对自己的愧疚之心补救于万一。

我们对不起先生——我认真地这样说。

阴先生作为几乎与20世纪同龄的学者，尽管他有独特的学术贡献，尽管他有这样高尚的人格力量，尽管他在校外和在世界上被学界认知，但他在我们生活的学术圈子内竟然未能担纲现在几乎每个教授都能担任的"博士生导师"，在茫茫的学海中，竟然没有一位阴先生学术的直接的传人！他的最优秀的学生，也始终未能安排在最能发挥专业特长的学术岗位上！我甚至觉得不可思议的是，在当今包括北大在内的"敦煌研究"的谱系中，怎么会对阴先生的敦煌曲谱复原研究和1962年由他主持的当时全国唯一的"敦煌发现六十周年纪念文化系列讲座"，时间长达半年，却只字不提。这个讲座是在那样的年代里,由阴先生组织和主持,并有向达先生、王重民先生、启功先生等参加的。坦率地说,现在被称之为"敦煌权威"的有些人,当时连"敦煌学"的门也还没有入呢!作为后辈,我们怎么会这样的"健忘"?作为从事人文学术的研究者,我们怎么会这样的没有学术史的概念?怎么会这样地没有"历史感"呢?或者说,我们怎么会这样地"无知"和"狂妄"呢!

是的,我们已经把阴先生忘记了!

当年,有关方面发出的阴法鲁教授退休的文书,是经由我的手送达阴先生本人的,退休文书上清清楚楚地写明:"退休待遇同司局级。"据说,当时北京大学校长在行政上就是等同司局级,尽管把北大校长行政定级为司局级是天大的笑话,但却是一个事实。因此,当时,我很欣慰,觉得阴先生在退休后,可以获得与北大的校长们相当的待遇,但事后的一切都让人感到无比的遗憾。

这使得我们在追思先生的时候,心情显得格外的沉重。

有人说,在现在的生存潮流中,"老实"和"好人"便是"无用"的代名词。它多少使人有点不寒而栗。去年,尊敬的阴先生离开了我们,当我在国外听到这一噩耗,心中有无比的悲伤;然而,接着我就听到了一个更为可怕的消息,说送走先生的那一天,现场只有11人。我仰望苍穹,唏嘘再三——先生就这样默默地走完了他的一生。他的生命的行程,与他的人格一样,不事张扬,朴实无华。先生的生命的精华,凝聚在无限的苍穹之中,滋养着我们的心灵和精神!

今天,可以告慰先生的是,生活和学术本身都没有忘记阴先生。我们今天在这里集会,再次显示了学术界同人和他的学生们对先生人品和学术的敬仰,显示了我们大家向这位20世纪的"学界好人"表达的敬意,更是先生崇高的人格力量向活着的人们的生存世界再次显示了它的永存的生命力。

当先生还在病中的时候,他的学生们便筹划着要出版先生的"文集",商务印书馆的任雪芳女士已经开始具体筹办,只是由于先生的情绪波动,这件事情便延宕至今。现在，中华书局崔文印先生各位，又启动了这一编纂。我们都是先生的学生，但愿先生的业绩能够永存。

今天，我们在各自的岗位上，鞠躬尽瘁，为民族的振兴尽自己的绵薄之力，正是成就着先生的事业和他的理想。

正是在这样的意义上，我们今天的追思会，尽管是这样的沉痛和沉重，但是，它内涵的精神，与先生的意志和愿望一脉相承，从而透露出它的积极向上和乐观愉快的精神。

阴先生，他的事业和他的精神，会永远地存在！

——2003年4月6日上午北京大学英杰会议中心

幽兰猗猗,扬扬其香
——怀念彭兰先生

张 鸣

我在北大中文系年念本科和研究生期间,古代文学教研室有两位著名的女教授,冯钟芸先生和彭兰先生,当年她们都给我们年级开过课,那时同学们都依照北大的传统,称德高望重、学问渊深的老师为"先生",以示格外的尊敬。对冯先生和彭先生,也不例外。

记得还是小学四、五年级时,一个偶然的机会,得到两本上世纪50年代中期的中学《文学》教材(后来知道那时中学语文课曾分为"文学"和"汉语"两门),很喜欢里面所选的诗歌和小说片段,经常对着注释自己读,虽然不大懂,但对其中所选的文学作品十分入迷。通过这本书,我第一次知道了"文学"这个词;第一次知道了屈原、陶渊明、杜甫、苏轼、关汉卿、罗贯中、曹雪芹等名字;第一次知道了什么是楚辞,什么是律诗,什么是词,什么是散曲,什么是杂剧;第一次读到"诉肺腑心迷活宝玉"、"林教头风雪山神庙"等小说章节,因为易懂,这些小说片段还反复读过许多遍。可以说这本书是我最早读到的和中国古代文学有关的"文学"书。不久之后,"文化大革命"发生,这本文学课本也在当时的焚书大潮中不知去向。这个课本对我的影响,当时并不清楚,过了十多年之后才逐渐显露出来。"文革"之后,1977年高考恢复,填报志愿时,我在第一志愿一栏毫不犹豫就填了北京大学中文系文学专业,其实就有早年读《文学》课本引起的对文学的兴趣在起作用。进入北大中文系之后,得知当年中学《文学》教材编者之一的冯钟芸先生,就是中文系古代文学教研室的教授,这才更加觉得,一切似乎都在冥冥之中注定。冯钟芸先生给我们讲过"杜甫诗歌研究"专题课,我的硕士论文答辩,冯先生是答辩委员会主席,我毕业留在古代文学教研室任教,冯先生又是教研室主任,在学习和工作上给过我许多具体的教诲和帮助,令我受益无穷。关于冯先生,应该另外写文章表示我的怀念和感激。这篇小文,打算说说我对彭兰先生的印象。

彭兰先生

彭兰先生和冯先生一样,都毕业于西南联大,都是闻一多、朱自清、陈寅恪、罗庸、浦江清先生的高足,冯先生毕业后任教于清华大学,1952年院系调整后调来北大,彭先生毕业后曾任教于南开大学,1953年调来北大。两位先生同在中文系古代文学教研室讲授古代文学,专长都是唐诗,而且又先后给我们讲授唐诗研究方面的专题课,回忆两位先生,有不少共同的话题。不过,两位先生无论性格和学术风格又都很不一样。

彭兰先生给我们上课,大概是1980年上半年,我们大多数同学认识彭先生,也是从这次上课开始的。那年彭兰先生讲授"高适、岑参诗歌研究",因课程较为专门,77、78两级只有二十多人选修,课在俄文楼206一个小教室上。在此之前,我们听过了冯钟芸先生的"杜甫诗歌研究",不自觉地就会拿彭先生来和冯先生做比较。两位女教授讲课都非常认真,相比之下,冯先生典雅庄重,思路清晰,学风严谨,讲课字斟句酌,记录下来不用改动就是一篇好文章;彭先生则爽朗亲切,讲课如数家珍,娓娓而谈,即使有关生平考证这样的枯燥话题,也能讲得兴味盎然。冯先生常在讲课中启发我们如何分析问题,如何论证观点;彭先生则常常谈一点治学的基本原则和道理,穿插一些西南联大师长的掌故。两位先生都非常重视对作品的解读分析,都有她们个人的真知灼见,但冯先生分析作品较注重学术的阐释,体现文学史家对作品的理论观照;彭先生则明显注重对诗歌的形式分析和感性领悟，颇有诗人气质。

三十年过去，彭兰先生当时讲课的音容笑貌，还留下了一些印象。虽然她讲的具体内容，大多已经记不得，想找找当年的听课笔记，也因多次搬家不知去向，但我清楚记得，彭先生一开始就特别强调，要我们一定通读高适和岑参的诗集。这对我们的影响很大，因为在其他师长的课上，也有相同的要求，平时向老师们请教时，通读作家别集也是常常听到的忠告。我自己也是在选修"高岑诗歌研究"的这个学期，通读了《高常侍集》和《岑嘉州诗集》，感觉收获很多。我们今天往往是通过文学史教科书和作品选来了解文学史，这其实有很大的局限，在许多情境下，教科书和作品选有时甚至会成为学习文学史的毒药，在这样的情况下，通读作家别集，就成为最好的解毒剂。北大中文系老一辈的师长们，之所以都非常强调通读别集，道理正在这儿。

当年我们曾经听说，彭兰先生是闻一多先生最为钟爱的学生，她号"若兰"，就是闻先生所起。还有一种说法是彭兰先生是闻一多先生的干女儿，不过不知道这个说法对不对。我们在课上，能清楚地感受到彭兰先生对闻一多先生的深情。她经常会在讨论什么问题时说：这个问题，闻一多先生的观点是……给我们的印象，差不多是言必称闻一多，而且总是满怀敬仰。记得她在第一次课上，就特别转述了当年听闻一多先生说的几句话，大意是：大学时只要掌握宝库的钥匙，能够登堂入室，对号入座，就达到目的了。她要我们特别注意学会掌握"钥匙"。她告诉我们，研究文学史，要善于发现问题，平时带着问题读书做卡片，积累材料。她还特别强调知人论世的研究方法，告诉我们知人论世的研究应该怎么做。她讲岑参的生平，基本上是参照闻一多的《岑嘉州系年考证》。而讲高适的生平，用了较多时间，逐年介绍高适的经历和创作，主要内容都见于她发表在《文史》第三辑的长文《高适系年考证》（1963年），这是有关高适生平研究的最早最有分量的成果。从这篇《高适系年考证》看，完全继承了闻一多《岑嘉州系年考证》的学术路数。

彭先生性格爽朗，对学生十分亲切随和，总是带着慈祥的笑容。"高适、岑参诗歌研究"课程，因为选修的人不多，我们和彭先生就有了较多接触的机会,除了课上课下的请教、聊天之外,学期中间,她还把我们请到家里做客,拿出糖果点心招待,大家天南海北地随便聊天,师生之间其乐融融。到了学期末,有一天,78级的潘维明带话来,说彭兰先生让我到她家去一趟。我赶紧跑到中关园彭兰先生家,才知道原来是先生要把"高适、岑参诗歌研究"课程报告写得好的同学一一找到家里来谈话。我记得我的文章是结合诗人生活经历和性格谈岑参诗歌的"奇",虽有自己的一些心得,也不过是一篇读书报告,不免肤廓浅薄。但彭兰先生说了好些勉励的话,要我继续钻研这个问题,并从材料到观点都提出了好些修改意见。那次在彭先生家,呆了一个多小时,谈完作业,彭先生又说了好一阵别的话题,但到底都说了些什么,现在却一点也回忆不起来了。

那次去彭先生家,还见到了彭先生的丈夫张世英先生。虽然只是见了一面,没有说话,但也非常高兴。张世英先生是北大哲学系的著名教授,黑格尔哲学研究的权威。为什么见到张先生会这么高兴,这事说起来有点复杂。长话短说,大概是1978年,第一届研究生招生,有一位贵州来的考生,报考哲学系张世英先生的研究生,业务考试第一名,张先生很赏识,但这位考生在"文革"中曾因政治问题被判刑坐牢,虽然已经平反,按当时的政审条件,没有过关。那时在政治方面还有许多禁忌,但张先生坚持非这位考生不取。后来这件事引起了有关方面的重视,放宽了高考和研究生招生的政审条件,这位考生才得以进入北大师从张先生攻读西方哲学。打破政治禁忌、放宽政审条件,这个改变,在那个乍暖还寒的时代,意义重大,影响深远。张世英先生在这件事情上的坚持,体现了一位哲学家的睿智远见,更体现了北大学者的风骨气节,当时听说这件事的人,无不对张先生敬仰有加。我能在彭先生府上见到张先生,当然兴奋,甚至有点喜出望外。

话有点扯远了,还回来说彭兰先生。彭先生是诗人,早年在西南联大上学时,就曾有联大才女之称,闻一多、罗庸、朱自清、浦江清等先生都很赞赏她的诗才。记得彭先生给我们讲课时,多次说到,研究古代诗歌,最好自己能写,不会写诗,没法体会诗人的用心,分析诗歌往往说不到点子上。她在课上多次说要教我们写作旧体诗,于是我们大家都很期待,但是课程讲完了高适，岑参才讲了几次，一转眼就到了期末，诗词写作就没时间讲了。终于我们还是没有实现跟她学习写作旧体诗的心愿。当时教我们古代文学的老师，许多位都提到研究古代诗歌最好要学习写作旧体诗词，但基本都是在课堂之外说说，而在课上公开说要教我们学习写作旧体诗，彭兰先生大概是唯一的一位。彭先生去世之后，我读到她的《若兰诗集》，感佩她的才华，同时不免为没有跟她学习写诗而遗憾。

前不久，因为《文学七七级的北大岁月》一书要附上我们毕业时和老师们的毕业合影，我和岑献青仔细辨认照片上的老师们，发现，给我们上过课的老师，有十二位已归道山，彭兰先生就是其中一位。照片上，彭兰先生坐在正中间，脖子上挂着长长的围巾，温和、庄重，完全是一位慈祥老人家的模样。看着照片上的彭先生，不免有点疑惑，记忆当中，彭先生给我们讲课时，没有这么老啊，怎么才过了一年多，就变得这么满头白发了呢？或许我对讲台上的彭先生的印象，只是一个错觉？或许是因为她在讲台上的勃勃生气让我忘记了她的年龄？其实，她给我们讲课时，已经年过六十。

2010年6月20日
写于京西博雅西园

五院内外一"芸叶"
——怀念冯钟芸先生

孙玉石

近年，五院永远离去的师友中，久未诉诸文字，而又一直萦念于心的，是我非常尊敬的冯钟芸先生。

2005年5月末尾一日的午后，我外出散步。路经蓝旗营小区往清华照澜园的小北门，遇见邻楼而居的周强兄。他匆匆从自行车上跳下来，告诉我一个消息："冯钟芸先生，今天早上，因为突发心脏病，不幸逝世了。"说话时，他心情十分沉重，语调也十分沉重。说完，便登车回家了。带着一种突然袭来的哀伤心情，我独自缓步于冯钟芸先生曾经生活过的清华园内许多知名教授住过的平房区小路上。说不上是在排遣，或是在寻觅。仅仅麻木地彷徨于布满往昔沧桑的旧迹中，让缓缓的脚步，冲淡心中无法抹去的一缕哀思。

与冯钟芸先生最后一次晤面，清晰浮上我的记忆。2005年4月21日下午，在勺园七号楼二楼会议厅里，为林庚先生九秩晋五诞辰祝寿的会上，冯钟芸先生与任继愈先生特意前来与会。因座位离得远些，不便前去叙谈。会议尚未结束，林庚先生小坐三十分钟后，便与大家告别离会。随着，冯钟芸和任继愈先生一起，也起身告辞离去。我便匆忙上前，与冯先生告别，寒暄几句，问候身体情况，没有来得及更多交谈。记得前些日子查体的时候，冯先生告诉我，各项指标都还正常。周强那天也说，冯先生心脏、血压，都没有问题。早晨起来，还照例到院子里散步，突然自己觉得心脏不舒服，回到家中，呼唤复兴医院的救护车前来进行抢救，但已经来不及了。我怎么也没有想到，离林庚先生祝寿会告别仅过去不到四十天，冯钟芸先生竟如此匆匆而去了。那次的短短相晤，竟成为与先生的永别。

前排右起：冯钟芸、王瑶、伊藤漱平夫妇、吴组缃；后排右起：孙玉石、袁行霈、严家炎。摄于1985年。

记得大约那之前的两三年前，系里请外面医院的医生们来五院，给全系教员检查身体。冯钟芸先生也从城里前来。五院门口，停一辆作胸透检查的医疗车。我上车检查完毕，走下车时，正好遇见从院里出来的冯钟芸先生。我便陪着冯先生，从五院门口，边走边送，漫步交谈。到了二体东门口，先生说："你不用送了，我去堂妹家里，看看她。我们也很久没见了。"这里所说的堂妹，是"三松堂"主冯友兰之女，著名作家宗璞。我与冯先生便在燕南园北墙的小路口告别了。从冯钟芸先生口里，听到她亲口说到自己与冯友兰及宗璞家的关系，于我自己，这还是第一次。一切在她，都是那么宁静、淡然。

当时听张剑福告诉我说，冯钟芸先生临走之前，没有经历什么痛苦折磨。她走得匆匆，也走得宁静、淡然。像她的一生那样。

冯钟芸先生是位才女，出身名门，是我们入学时为数不多的女教授。有时又可看见，她双指并拢，夹着烟卷抽烟，那个年代里，更别有一番"派"。进入北京大学中文系之后，给我们学生留下很深的印象。中学时候,在清华中文系教授为支援抗美援朝捐献稿酬出版的一本《祖国十二诗人》一书中,我读过先生的论文。在迎新会上,系主任杨晦先生向同学一一介绍台上坐满的教授,就有冯钟芸先生在内。

在我的印象中,冯钟芸先生一直是一位严谨宁静而淡泊宽厚的人。1956年秋,我们进入二年级下学期。按照学校的规定,需要写一篇学年论文,进入学术研究的训练。我们住在32斋的四层楼上。文学语言各个专业的老师出了一批论文题目,由系办公室的教务员抄在一张纸上,张贴于我们宿舍四层楼正对楼梯口房间外的墙上。我那时学习中国文学史课,非常喜欢屈原和杜甫,胡乱读了一些他们的作品。当时我便随意选了其中的一个题目:谈杜甫的《秋兴八首》。指导老师,就是冯钟芸先生。中文系办公的地方,那时在文史楼。记得在二楼一间文学史教研室的屋子里,为学年论文事,冯先生还约我谈过一次话。先生给我讲了论文题目的训练目的、要求、论文的写法,指定了几本必读的参考书和一些参考的学术文章。特别说,通过论文写作,要读一些原作、各家对于作品的注说,要注意体味作品的内容及历史背景等一类的意思。更多具体的指导,已经记不清了。为此,我特意购了一套仇兆鳌的《杜诗详注》,硬着头皮,囫囵吞枣地啃读。我还将《秋兴八首》全诗,认真抄在一张纸上,贴在我二层床的床头,天天默记,背得烂熟。那时候,我喜欢新诗,普希金、莱蒙托夫、聂鲁达等外国诗人的作品,业余常常耗费一些时间,乱涂几行不像诗的东西,一直疏于理论思维和学术研究的训练,很长时候,论文不知如何下笔。到了1957年夏天,突然"反右"风暴来了,搞起运动,课停了,学年论文写作的事,也被随风吹掉了。除了读了一些杜甫的诗作和密密麻麻的"双行小注"之外,此次学年论文写作,等于我向冯钟芸先生交了"白卷"。留下的唯一纪念,是我喜欢的那套《杜诗详注》,后来还被一中学同学、当时同住29楼的德语研究生,借去未还,留下了记忆中一份永远的遗憾。再后来,读到冯先生1962年发表的《杜甫〈秋兴八首〉的艺术特点》的万余字长文,才知道,她那时正在专门研究《秋兴八首》,自己当时没认真获得更多的指点,则感到是更大的遗憾了。

"反右"过去之后,学校又开始"复课"了。冯钟芸先生给我们讲授

"中国文学史"第二段"魏晋南北朝文学"。上课的地点,在地学楼西头最大的阶梯教室里。我每周都可以按时听冯先生的课。冯先生讲课时,语调缓慢而有节奏,讲解作品条理清晰,有韵味,板书也写得工整漂亮。课间时候,她会站到教室外面去,一面与学生交谈,有时还会抽一根烟休息。这段文学史,是我喜欢的。魏晋南北朝作家,个性、风采非常突出,经过冯先生讲授,增添了我的兴趣。这个时候,我由系团总支组织干事,被调到学校团委宣传部做宣传干事。虽然经常忙一些杂事,文字起草、会议准备、临时出海报等等,但冯先生的课,无论我怎么忙,也从来不缺席。不过,实在乱忙乎一气的时候,自己复习和读作品的时间就很少了。一次,进行期中考试,内中有一道关于谈魏晋南北朝民歌艺术特色的题目。那几天,因事正忙,我未及很好复习准备,很多作品记不住了,无法具体举例或分析,回答的文字过于简略,卷子发下来,成绩为"不及格"。我自己很惭愧,后悔已来不及了。冯先生没有找我进行一番批评,只安排了进行补考。我至今清晰记得,补考是在哲学楼一楼进门西面的一个教室里。负责补考的老师,是当时担任该课助教的袁行霈。打开补考卷子的题目,是"谈谈庾信诗的思想和艺术特色"。这几个月里,通过冯先生的讲授,我几乎迷上了庾子山的诗,对于他沦为北朝虏臣的不幸遭遇十分同情,我还找来《四库全书》本的《庾子山文集》,一边阅读,一边抄录,一些好诗默熟于心。我一面答题,一面庆幸,匆匆写满了几张纸的卷子,甚至忘记自己是在"补考"了。补考结束后,冯先生给了我一个"四分"。多年后,我曾与冯钟芸和袁行霈先生分别偶然谈起此事来,他们都已经完全没有任何印象了。而我,对于自己这个"耻辱"的"纪录",却一生都刻骨铭心。

1958年暑假里,我们55级文学专业同学在"拔白旗,插红旗"的"学术批判"大气候下,组织起来,自己动手,编写两卷本的红皮本《中国文学史》。出版不久之后,又接着修订扩充,编写出了四卷本的黄皮《中国文学史》。我是第二卷隋唐五代文学组的召集人。当时,冯钟芸先生、陈贻焮先生不属于被错误批判的"资产阶级学术权威",均参加了我们这个组,对我们进行指导,参加一些学术问题、此书初稿的讨论和审定的工作。冯先生对于学生自己动手写文学史的热情很是支持,对于我们有些过分简单化、评价偏颇的学术观点,也谨慎坦率地发表自己的不同看法,但都心平气和,很少进行激烈争论。小组最后统稿,除了重要诗人章节,冯先生看一遍,略作改动,其余都不怎么过问的。至于全书大组编委会定稿的时候,她参与意见没有,我就不得而知了。这个在当时错误思想路线和苏联极"左"文学理论影响下产生出来的一份错误的"成果",被康生写信赞许为反击右倾机会主义者的"力证",留下了说不尽的反思和教训,也留下了不断各抒己见,作进一步言说的空间。值得怀念的,倒是那些"挑灯夜战,争论不已"的学术苦战与各抒己见的师生之情,那些为学术问题争论得面红耳赤,而人们之间充满友情和谐相处的峥嵘岁月,是曾经拥有而令人无法忘却的记忆。工作结束时,编写组同学往办公楼礼堂前拍照留念,我去请冯先生,她说:"我有事,就不参加了。"

  直接在冯钟芸先生领导之下,让我至今不忘的一段共事的记忆,是1965年暑假里,一起参加高考阅卷的短暂时光。那时候,我研究生刚毕业不久。语文课高考一结束,我便与冯钟芸先生及其他同事一起,开始紧张的阅卷工作。地点是在五道口北京地质学院的一座靠路边的红楼里。冯钟芸先生是语文阅卷组大组的领导。除参加具体阅卷之外,她还要做很多组织与决策的工作。她给我们讲话的时候,指挥若定,深思熟虑,考虑周密,要求不准一丝一毫的马虎,不能出一点点的纰漏。初次参加高考阅卷工作,冯先生那种严格认真的精神,给我留下了很深的印象。休息的时候,她仍抽抽烟,与大家谈笑风生,开开玩笑。短暂时间里,让我感到冯钟芸先生的大家风度和平易亲切。那时候,虽然身处地院,冯先生却从没有告诉我,她的父亲,是在地质学院任教的名教授。"文革"期间,到地质学院看大字报,方知道她的父亲冯景兰教授,是全国著名地质学家。直到四十年后的最近,我读了冯先生的散文《父亲》,才对这位中国近代地质采矿学的开创者,建国后第一批中国科学院学部委员的一生业绩和贡献,有了更多一些的了解。他18岁考入北京大学预科,随之被选送往美国留学,攻读地质采矿专业。1923学成归国以后,先后担任过天津北洋大学、清华大学、西南联大等著名大学的采冶系和地质系主任,为国家的地质采矿事业、中国地质采矿学的发展,作出过巨大贡献。与冯钟芸先生接触几十年，我从未听她谈起过自己的父亲和家世。这种"曾经沧海难为水"的淡定低调，是别人所达不到的，是一种修炼、一种境界。

"文革"前，做研究生的时候，往中关园王瑶先生家里拜年，也顺便到冯先生家拜年小坐。那是在中关园东南角北面的一座平房，房子西面，有一条小溪，自东南向西北斜着流过。清澈的溪水里荡有绿绿的水草。当时周祖谟、王瑶、川岛等先生，都住在那附近。冯钟芸先生热情接待我们，与我们随便谈天。从那里，我们感到了一个书香学者家庭的亲切与温馨。

"文革"开始后，除初时参与一些系里活动之外，较长时间里，我都在学校宣传组，做一些打杂之事，与系里的先生来往较少。冯钟芸先生一向为慎于言行的人，她从不赞成那种随意上纲的过激言论。事情过去之后很久，一次谈起当时程贤策、华秀珠、向景洁、川岛等先生挨批判时，很多人说程为"九三学社"（上午九点、下午三时上班）的书记，揭发华秀珠、川岛等一些莫须有之事，记得冯先生并无太多诉说，淡淡地说起"四人帮"和那时的一些文人，并引孔子说的："巧言令色，鲜矣仁。"她不愿意再去评论当年那些言行举动。冯先生后来搬至西城三里河南沙沟寓所后，见面机会就更少了。1989 年春节，我曾代表系里教师，也代表我自己，前往那里，给冯钟芸先生拜年。只记得先生从复式二层楼的楼梯，慢慢走下来后，我们在客厅里，随便谈了问候的话，交流系里一些信息，并望先生多加保重等等，便很快告辞了。先生的亲切接待，娓娓细语，和立于门前挥别的情景，至今如在眼前。

冯钟芸先生文章里曾谈及，西南联大中文系读书时，自己直接受业的老师有清华的朱自清、闻一多、陈寅恪，北大的罗常培、罗庸等。昆明读书时，复员回清华后，她与朱自清先生更多有来往。读朱自清日记，见所记颇多。如 1946 年 3 月 16 日："晚访冯钟芸，交文章三篇。"4 月 2 日："钟芸　冠英"。4 月 26 日："平伯　岱孙　黄大伯　圣陶　中英　千帆　钧石　斐云　冠英　钟芸　文光　芝生　梦家　世昌"。5 月 4 日："下午冯钟芸来访，颇拘束，共讨论官本杂剧及戏文，谈戏文时始稍活跃。别时借走《文学》。"5 月 14 日："钟芸　德熙　志能"。5 月 22 日："善周　钟芸"。5月24日："钟芸　雪山"。6月14日朱先生离昆明抵成都后，6月24日："采芷　钟芸……"7月8日："学濂　云生　周屏山　陆树德　钟芸"。7月21日："钟芸　骏斋　傅尚岩"。1947年5月10日："向梅校长和雷伯伦提出晋升王瑶、季镇淮和冯钟芸的申请。"5月20日："冯为我买米。"6月10日："开聘任委员会，我所推荐三名晋升人员皆获通过。"12月9日："梦生、羡林　芸子"。12月26日："中行　周太太　潘志卿　德熙　兢耕　芸子"。1948年1月7日："牛（文清）同芸来。"1月13日："芸子"。冯钟芸先生回清华园后，居新西院，与王瑶、何善周、马汉麟先生为邻。1946年10月7日自重庆飞返清华后，朱自清即着手创办《新生报》副刊《语言与文学》周刊。冯钟芸先生在《语言与文学》上，自1947年2月起，曾先后发表有《未写成的诗》、《词字与造句》、《杜诗中的连系字》、《论"不患贫而患不均，不患寡而患不安"》、《言与意》、《论〈红楼梦〉第六十三回》、《论层次——句子在篇章中的结构问题》等数篇论文。这些学术论文，对于作品，体认深入，发微细腻。如《未完成的诗》，提出人们不仅要读一些写成的诗，更要读那些未写成的诗，这些未写成的诗，虽没有"诗体"，但却有"诗魂"，它"更是真实的，更有诗的意味，也是诗的源头"。在论《红楼梦》第六十三回的文章里，通过认真细读，发见了上半回"寿怡红群芳开夜宴"中，作者对于夜宴掷骰子十六位人物的座位次序安排，有两个"小错误"，道出了过去别人所未道。仅此小例，也足见冯先生学术研究的细腻求深的特色。80年代初期，冯先生先后发表的《庄周》、《关汉卿》、《贯云石》三个长篇人物论，更显示出她搜寻史料的深厚功力与论述平易而新见迭出的大气风范。

　　与先生有关的往昔另一件小事，我还清楚记得："四人帮"文艺思想支配下，当时清华、北大参与拍摄一部电影，片名似为《反击》，写那个以交"白卷"的行动反抗"修正主义教育路线"的荒诞"故事"。电影里拍摄了一个"考教授"的镜头，考场上两位"被考"的教授之扮演者，一位是陈贻焮老师，一位就是冯钟芸教授。他们在那个场景里，一定要作出答不出题来时那种扶额搔首十分无奈的神情。后来我们有时还与陈贻焮先生开玩笑谈起此事，陈先生总是幽默地说："敌人三生有幸，也算过了一次电影明星的'瘾'。"

冯钟芸先生，当时内心的无奈与伤痛，我们没有再去触动。我自己后来也从未与先生谈起过此事。近日读到冯先生《芸叶集》一书，发现先生在序言的末尾文字里，写了这样一段话：

> 芸是一种香草，叶片可用来防止蠹鱼。想想一辈子与书本打交道，钻书本太久，有似蠹鱼。读书是好事。只有"四人帮"时代，才把读书看成罪过。一个不读书的民族是可怜的，也是可悲的。但是读死书，不知尊重事实，"唯上、唯书"，也很可怕。古人早已指出："尽信书不如无书"，是至理名言。读书是好事，钻进书中出不来，成了书蠹，就不好。芸叶有防蠹的作用，可用以防书蠹。既以书名，又以自警。弁此数言，与青年读者共勉。

冯钟芸先生当然不是一个健忘的人。读了此段序语，我内心似乎恍然有悟。在这段话里，实际上已经谈出了冯先生对于"四人帮"鼓吹的"读书无用"，甚至是"罪过"，所进行的历史的痛苦反思。她从心底里发出了"一个不读书的民族是可怜的，也是可悲的"这样一个智者的真诚叹息。然而，她的叹息，没有停止于此。她超越于浅薄的谴责与愤怒，而迈向更富睿思的自警：希望此后所有读书的人，不仅要多读书，更应该不做一个"书蠹"，而是让自己书写的文字，做一片"防蠹"的"芸叶"，为后人留下一种永远的启迪。

冯钟芸先生的《芸叶集》里，留下的那些用心血浇灌的文字，她真诚实在而不喧哗躁动、低调谦逊而不巧言令色的一生，就是值得我们去不断深思和理解的，香飘五院内外的一片珍贵的"芸叶"。

2010 年 4 月 29—5 月 1 日写于病院
2010 年 5 月 15 日改毕于蓝旗营寓所

回忆朱德熙先生的教诲

袁毓林　张　敏

一

业师朱德熙先生离开我们快半年了,先生的音容笑貌时常浮现在我的眼前。其中,印象最深的莫过于先生对我一次又一次的教诲。记得先生从不讲大道理,也不爱引经据典;而是喜欢用一些平平淡淡的话,讲一些实实在在的道理,听了叫人心悦诚服。这些情景现在回想来历历在目、倍感亲切。

先生自己勤奋好学,也勉励我们刻苦学习、认真治学。先生常向我们谈起裘锡圭先生,说:"裘锡圭一向刻苦,条件再差、环境再恶劣也不肯放松,几十年坚持下来,终于取得了很大的成就。你们如果现在不抓紧,将来再后悔就来不及了。"先生还常举马希文先生的例子,说:"马希文不光聪明,而且非常用功。因为他非常努力,加上有很好的知识背景,所以在语言研究方面也能做出很好的成果来。"1990年夏天,先生从美国赶回来主持第二届世界汉语教学讨论会,在百忙中抽空找我谈了两次。先生劝我要安下心来搞研究,他说:"我今年70岁了还要做学问。不做学问你做什么呢?"在先生的心目中,学问是高于一切的。

先生喜欢一个人长时间地沉思,也喜欢拿他正在考虑的问题跟我们讨论。有一次先生问我:"为什么古汉语中会有这么多同义的副词?"我想了一下信口说:"恐怕是方言分歧的原因。"先生又问:"除此之外,还有什么原因呢?"我答不上来了。又有一次,先生问我:"吴语中的范围副词'才'(ze)跟北京话的'全'相对应,还是跟北京话的'都'相对应?"我虽是说吴语的,但回答不了这个问题。先生经常教导我们要联系

朱德熙先生

方言和历史来研究活生生的语言，他晚年的一些开创性的工作就是这种研究路子的一个成功的实践。

先生好几次要求我注意韩礼德（Hallyday）的系统功能语法，说："韩礼德对语法的许多相关要素考虑得比较全面。"先生还要我注意话语分析的一些研究课题和研究方法，但不敢叫我们选这方面的题目做博士论文，他说："万一到快毕业时还做不出一个结果来怎么办呢？"先生在选题方面是比较谨慎的，他劝我们不要做赶时髦、凑热闹的题目。先生希望我们做实实在在的题目，更希望我们做出比较漂亮的结果。他说："要做到通篇精彩是不可能的，但总得有一两个地方特别精彩、有一点闪光的东西。"我曾考虑过把现代汉语名词的配价研究作为博士论文的选题，先生很赞成，并帮我分析说："这个题目好做的一面是没有人做过，所以你有许多可以说的；难做的一面也是没有人做过，所以你找不到一点可以借鉴的参考资料。"后来，我做了一段时间后向先生汇报工作的进展。先生听完我的介绍后说："看来拿它来做博士论文太匆忙了一点，还是留待以后慢慢地做吧。"

先生强调立论要言之成理、持之有故，反对不着边际的空谈。对我文章中一些没有根据的议论，先生往往在边上加眉批"看不懂"，或直接写"想当然"。有一次，先生看完我的一篇文章后说："你的文章写得不好。"我愣了半天，因为我是花了很大力气，下了许多功夫才写成的，一下子遭到先生的否定，心里觉得挺委屈的。先生向我解释说："你还不明白我的意思。你光把结果做出来了，但还没有写好。比如做家具，不光要做出家具的样子，而且还要磨光，弄精致了才成。"原来，先生写论文时，往往一个意思要考虑好几种写法，反复推敲，最后选择最合适的一种表达。所以先生的文章能做到严谨精致、要言不烦。

现在，先生虽然逝世了，但是先生的教诲将永远激励我们在学术道路上不断前进。

二

又是新年。朱先生离开我们已近半年了。去年此时，先生还和大家在一起。在圣诞和新年的聚会上，聊起他所喜爱的学问和昆曲时，兴致勃勃，谈笑风生。而现在，空有新年的钟声，没有了先生的朗朗笑语。

第一次见到朱先生，是在大约十年前的一次学术演讲会上。记得朱先生讲的是战国文字方面的问题，演讲的具体内容已经记不清楚了。我那时还是个懵懵懂懂的本科新生，对这么专深的学问自然不大听得懂，那次与其说是冲着听古文字讲座，还不如说是冲着见一见大名鼎鼎的朱德熙先生去的。尽管我没能好好留心听演讲的内容，但朱先生的学识和风采却给我留下非常深刻的印象。在那之前，我对朱先生的了解只是来自先生的著作。先生的文笔洗练、谨严而近乎冷峻。在我当时想来，这么一位既具备人文科学家式的渊博学识，又有着自然科学家式的严谨逻辑性的大学者，一定是不苟言笑、非同凡俗、高高在上的。而我第一次见到的朱先生，在博学和严谨上的确文如其人，在待人上却十分平易自然。那次演讲结束后同学们向朱先生提了很多问题，大都不是学术上的，而是有关朱先生本人的（不少同学也跟我一样第一次见到朱先生），像为什么先生在联大念书时要从物理系转到中文系，先生是苏州人为什么能说一口标准的普通话等等。朱先生回答得实实在在，像是对平辈人而不是对一群年幼无知的学生。当同学们满怀敬佩又十分好奇地问先生，您的研究到底是怎么做出来的，先生的回答坦诚得让我吃惊。先生说，做得很累，每写完一篇论文都好像生了一场大病。后来做了先生的学生，亲眼看到先生是如何为一个论点反复推敲的,才真正领会到先生这句话的滋味。

在朱先生年轻一辈的学生里,我算是相当幸运的一个。上大学时就听过先生开的课,1985年以后有幸跟着先生念了五年的研究生,又有更多的机会亲聆教诲。在先生最后的日子里,我也有幸在先生身边工作。这些年里,从先生那里学到的东西实在是太多了,这些都将使我终身受益,而我从先生那里感受到的更有价值、更为珍贵的,却是我所学不到的,那是先生为人的正直纯粹、为学的执著不舍。

"真正潜心学术的人是要把生命放进去的。"这是朱先生在给北大建校九十周年纪念文集《精神的魅力》写的一篇文章中说的一句话。先生对学术的执著,实在是可以拿这句话来形容。记得刚上研究生的时候,先生对我说,做学问要有一颗童心才行,就像小孩儿在地上玩泥巴似的,只有本身的乐趣,而没有任何功利的动机和其他的目的。我知道这其实是一项很高的要求,能达到这个要求的人实在不多。后来和师母聊起过去的事情时才得知,先生和先生家在"文革"期间吃过不少苦,就是在那样的年代,先生仍能从学术研究中(当时先生在从事战国秦汉文字的研究)得到满足和乐趣。从中关园三公寓到西雅图的寓所,每次去先生家,只要话题一转上学问,先生马上显得神采奕奕,即使已到深夜也毫无倦容;有时见到先生时,恰逢先生找到了解决一个久思不解的问题的方法,兴奋之情溢于言表,那神情真可用童心未泯来形容。也许,以一颗执著不舍的童心追求学问,正是先生之所以能在研究中保持活力,不断创新,一直开风气之先的原因之一吧。先生的潜心学术,就是在重病中也未有衰减。先生离开西雅图去加州养病之前,还嘱我查找唐宋文献材料里状态词尾的使用情况,准备写文章时用。后来我到加州之后还听说,就是在最后的那几个月里,先生还经常与人讨论学术问题直到夜里三四点,甚至通宵达旦。得知此事,我更加理解了先生所说的"把生命放进去"的意味。

朱先生培养学生,最注重眼界的培养。做了先生五年的研究生,除了先生在给所有现代汉语的研究生开设的必修课"语法分析"里讲过不少分析方法和研究的实例外,记得先生并未教授多少具体的知识或技能。朱先生带学生,也不像其他不少导师那样给学生规定具体的学习任务和必读书目。看起来做朱先生的学生好轻松，实际上正好相反。因为在先生面前只须三言两语，是否有长进便暴露无遗。朱先生在谈到北大的校风和学风时，对老北大（西南联大）学生的眼界高、不盲从非常欣赏。先生的名言是，眼高手低的毛病不在眼高而在手低，眼高手低总比眼低手低强，当然最好还是眼手俱高。先生的逻辑其实很好理解。眼低的手一定高不上去，所以首先要眼高；眼高了，加上基础好路子对，手也会跟着高起来。所以，先生在培养研究生时，着重在学术判断力、鉴别力、学术视野等方面训练学生。接受这种训练有时也并不容易。有时先生明确地指出来哪种路子可行、哪种不可行，有时学生得自己用悟性去领会。先生让我读的书和文章，有时看起来是随意给的，一会儿是何莫邪的一篇最新的未刊论文，一会儿又是哈里斯三十年前出版的一本旧书。但读完后仔细体味，总能感觉到先生的深意所在。当然收获最大的是与先生的谈话，听先生讲自己的研究体会和对各种问题的看法，和先生辩论甚至是争论。每次从中关园先生家出来，都觉得又有了新的长进。朱先生不仅自己研究视野开阔，也要求学生不能只执于一端。我本科毕业时，一会儿想接着学汉语史，一会儿想学理论，一会儿想学现代汉语语法，最后投到朱先生的门下。先生说，你做我的学生，当然可以而且应该接着学历史和理论。后来我的学习一直没有偏废，至今仍受惠不浅，这一点我实在感激先生的指点和影响。

朱先生最后在西雅图的一段日子，我与先生相处的机会比往常更多了。这是一段十分值得怀恋的日子。我的住处与先生的寓所仅隔七八个街区，往来非常方便，平时又有不少工作上的事或杂事须与先生联系。先生和师母又十分好客，看我们单身在外，有一顿没一顿的，经常来电话邀我们去吃饭，我时常是吃完了不够还兜着下一顿的走。饭后就是谈学问、聊家常、交流各种信息，特别是国内的情况。先生那时已经感觉到身体的不舒适了，时常喘气，腰疼，食欲也不好。先生一直在修改那篇有关"的"字的比较研究的文章，每次我们去吃饭，谈起学问来，先生的精神和食欲都会稍稍好一些。在西雅图，先生闲时的爱好就是逛书店，有一次发现了一家很小的书店，专卖古典名著的，非常高兴，因知道我也是书店迷，还特意带我去逛了一趟。先生爱读毛姆的小说，买了不少。先生过世后的两个月,我在外地一家书店发现一本精装的毛姆文集,一下子想到给先生买一本,猛然醒悟先生已不在了,不禁泫然。先生一直对我很关心,而我一直未能为先生做点什么,反而老给先生添麻烦,这是我怎么也无法原谅自己的。先生离开西雅图去加州的时候,我正在千里之外,也未能相送。我在从西往东飞的途中遇到大风雪,困在科罗拉多的丹佛机场,那时朱先生正在收拾行装准备启程,我在机场给先生打电话问安,先生还反过来为我的情况担心。

朱先生的病,是我们完全意想不到的。先生的身体一直不算坏,尽管去年夏天以后很不明显地在走下坡路。去年年底突然检查出来肿瘤,我们还都希望是误诊。最后确诊之后,我们也没有想到会发展得那么快。6月份先生重感冒一次,二十天后恢复了,我们松了一口气。7月中我突然接到电话说先生不行了,赶紧去买机票,第二天飞到加州,但已经晚了,先生已无法恢复知觉了。

我知道,对先生在天之灵最大的慰藉,是把先生倾毕生精力从事的汉语语言学事业继续下去。先生最高兴看到的,是在他所喜爱的这一领域里,不断有人埋头苦干,做出新的成绩来。先生生前,我未能让他满意;先生身后,总不能再让先生失望了。我将以此勉励自己。新年的钟声又响起,愿辛苦了一生的先生歇下来,静静享受此刻的安宁。

林焘先生在教书育人方面的业绩
——五十年的追思和缅怀兼及燕大燕园的回忆

王理嘉

林焘先生安详地走了。

10月28日整个下午我都在北医三院十楼病房的楼道里待着。第一次护士长允许我和刘月华、刘兰英一起进入病房探视时，林先生无力说话，只是微微颔首，回答我们的问候。5点左右林宁先生又出来招呼我说，林先生让我进去。看见林先生精神似乎好一点，我俯身下去轻轻地说：林先生您几次大病，都逢凶化吉、安然无恙，这次也一定能闯过去的，您放心养病。先生凝视着我，轻轻说了两个字：谢谢。这是他留在我耳边的最后一句话。林宁先生后来告诉我：你是他陷入深度昏迷状态前见到的最后一个人。

我一生与林焘先生有缘，从燕大到北大，从学生到教师，从教学到科研，从建国初期最早的思想改造运动到十年"文革"磨难，我和林先生都是厮守在一起的。我们在燕园，在同一个系同一个教研室相处了整整半个世纪又六年。回想这五十多年林焘先生和我以及燕园的变化和发展，实在太大了。有些事不写出来，以后也许就无人知晓了，因此我愿意把我的缅怀和追思写得散漫一些、拉杂一些。

林焘先生祖籍福建长乐，但他家世居北京，他出生于北京，从未在福建居住过，是地道的北京人。他说一口字正腔圆的北京话，但又不带一点北京土话的味儿，因为他出身书香门第。从1939年到1946年他在燕京大学读完本科、研究生就留校任教，一直到1952年，全国院系调整，燕京大学建制取消，皇城根沙滩北京大学迁入燕大的校园。燕大的校名永远遗留在历史上，燕大的校园却永远保存下来了。林焘先生则随院系调整转入

左一为林焘先生

北京大学中文系任教。

　　但是，我认识林焘先生是在三校合并前的燕京大学。因为我1950年在上海报考的是燕京大学。虽说合并后的北大就在过去燕大的校园内，但院系调整前的燕园与调整后的燕园可是太不一样了。那时候燕大全校师生员工加在一起才一千几百人，所以燕园十分幽静。记得我从家乡上海经过三昼夜的颠簸，在京郊西山的落日余晖中走进了燕园，住进了贝公楼（现为办公楼）北、宗教楼（现为民主楼）东的男生宿舍——红一楼，次日清晨在小鸟啾啾声中一觉醒来时，睁眼看到的竟是床边绿色纱窗外的一只肥硕的野兔，在窗台上探头伸脑好奇地向屋里窥视张望。这时我忽然觉得自己是动物园内关在笼子里的某种动物，而那只活泼可爱的野兔倒像是一个在观赏我的游客。

　　那时候，未名湖边总是静悄悄的，只有钟亭上用航海报时法当当敲响的钟声，缓慢悠远地在校园内回荡。未名湖北边六幢男生宿舍后，清代六王爷恭亲王奕䜣的赐园——朗润园，庄静公主的赐园——镜春园，以及现在赛克勒博物馆西边的鸣鹤园，遍布河池塘湖，满山坡尽是酸枣树，一片野外风光，是燕大学生"野游"之处。一路之隔的圆明园更是荒凉。一片废墟，断垣残壁，满目凄楚。偶见几家农舍，墙外都用白石灰散乱地画着大白圈，为的是防狼。狼性多疑，怕圈套、陷阱，见了大白圈就不敢往里钻了。正因为如此，毗邻的燕园也就难免会有一些野生动物。蔚秀园内常可见到黄鼠狼和刺猬，偶尔也有从圆明园跑来的野狐，镜春园校景亭下的小山坡里曾逮住过一只獾。而我们1950级的几个初入学的新生，曾经碰到过一件以后再也不会有人碰到的事。入学后不多几天，我们按当时的老习惯去东大地（燕东园）拜见国文系主任高名凯先生。走到博雅塔边东校门时，只见大门紧闭。走近一看，贴着一张显然是临时慌乱写成的布告：因东校门外发现有狼，凡去东大地者必须三五成群，手持棍棒，等等。我们几个不禁面面相觑，犹豫不决。校卫队见我们几个是初来乍到人生地不熟的新生，也极力劝阻，让我们改日再去。我们合计以后就去南大地（燕南园）拜访了林庚先生。之后又去了当时指定日常照应指导我们的林焘先生的家里。

那时林焘先生住在与西校门一路之隔、曾被称为清代八大古园之一的蔚秀园。这所园子曾是光绪皇帝之父、七王爷醇亲王的赐园，就林焘先生的家世来说，这里也许是最适合他的住所，因为林先生的曾祖父曾是同治皇帝的老师。燕京大学时期蔚秀园基本上仍然保持了古园旧貌。我们在傍依荷花池的一座小巧幽静的四合院里，见到了林焘先生和师母杜荣先生。林先生才29岁，风华正茂。杜先生要长1岁，也显得十分年经。一子一女，林明和林还，也就四五岁光景。一家四口，伉俪情深，舐犊情深。

初入燕大的那一年，林焘先生因肺结核正在养病，没有开课，所以在学业上几乎没有什么接触，但课外接触反而比其他教师要多。那时候燕京大学的国文系在文学院虽是一个小系，名教授却不少。年岁最大的是研究小说戏曲古今杂剧的孙楷第先生（《也是园古今杂剧考》的作者）。名气最大，在燕大文学院尽人皆知的是林庚先生，他既开古典文学方面，也开现代文学方面的课，包括小说写作、新诗选读等。还有给我们讲"国学概论"、院系调整后去了北师大的俞敏先生、给我们讲"汉语语法论"的高名凯先生。连燕大校长陆志韦先生、陈梦家先生都在国文系挂了名的，因为他们研究的是汉语音韵、古汉语和古文字。但这些"老先生"是极难见到的。所以，跟没有给我们开课的林焘先生接触相对地说反倒比较多。但是也毕竟隔了五十多年，只留下了两个也许永远忘不了的印象。一件是周日在蔚秀园的溜达和在林先生家的小憩。之所以不会忘记这一印象，因为同游者有时是国文系研究生学长，后来成为遐迩闻名的红学专家周汝昌。平时，他穿着蓝布大褂，手拿着毛笔一管，老去贝公楼南边的燕大图书馆，翻阅清史稿，查找与《红楼梦》和曹雪芹家世有关的材料。在林先生家小坐的时候，我就爱听他们闲聊天时的京片子，听得十分专心。因为其时我还不会说北京话，在模仿学习北京话，虽然后来始终也没学好，说的仍然是带着南方口音的普通话。

另一件印象更深的事是 1951 年燕大国文系为抗美援朝捐款，义演京剧。当时，林先生因养病，不能登台，但他仍亲临现场，在贝公楼礼堂帮忙排戏。那次义演国文系动员参加的教师（虽然后来实际上并没有全部登台演出）范围很广。林焘先生、杜荣先生和吴小如先生自然不必说了，他们是有专业演出水平的名票友，兼擅京昆。连不唱京戏的林庚先生、俞敏先生，乃至说一口福建腔普通话的高名凯先生也都被动员参加。每当提起这一段事，杜先生的记忆尤为清晰，思维也顿时活跃起来，说她演的是《宇宙锋》里的骂金殿，甚至还记得一些说起来十分有趣的小事：排练时，林庚先生也有两三句唱词，他让京胡配合他唱歌时的 C 调（？），琴师大概不懂西洋乐理，听得莫名其妙，不知所措。至于我，杜先生好笑地说：让你在《探皇灵》里跑龙套，你不肯摘眼镜儿，还不肯换鞋，想穿着皮鞋上台。得亏在一边帮忙排戏的林焘先生几番耐心劝导，你才听从。现在想起来，如果我一意孤行，那真是上台出洋相，破坏义演了。

1952 年全国院系大调整，学生、教师都大大增加，原燕大的教学设备、学生宿舍和教师住房都不敷所需。当时北京市政府调集力量，以最快速度，在燕农园现电教以东盖了一大片简易二层楼房，解决学生的住房问题；在中关园盖了二百多套红砖平房，解决教职工的住房问题。林焘先生就在这时由蔚秀园迁入中关园。我因当时是燕大国文系的，熟悉燕园，所以被派去协助中关园的接待安置工作。周祖谟、王瑶、冯钟芸、章廷谦（川岛）、吴小如等各位老师也都是在这时迁入中关园的。林焘先生迁入燕南园 52 号，那是 80 年代以后的事了。

院系调整后，林先生身体康复，恢复授课。此后，他的教学和科研，几乎都是跟当时的社会形势紧密结合的。1955 年前后，他主要的教学任务是给本系新闻专业、语文专业，还有外系语言各系讲授语法修辞、写作实习方面的课。结合全国性的文字改革会议和现代汉语规范问题学术会议，他又撰写了《关于汉语规范化问题》、《现代汉语词汇规范问题》、《福州人怎样学习普通话》（与高名凯先生合著）等论著。在这期间原属清华中文系的朱德熙先生也已经在东欧保加利亚执教三年后回国（1955），当时系里古代汉语和现代汉语都在一个汉语教研室里，教研室主任是王力先生。魏建功、周祖谟、杨伯峻、周达甫等几位教授也在同一教研室。语言学教研室主任是高名凯先生，此外还有岑麒祥、袁家骅两位教授。当时（1954），我刚从中文系本科毕业，开始攻读现代汉语研究生，跟随林焘先生一起从事教学和科研活动，就是从这时开始的。经常一起开会见面的，还有不少由地方兄弟院校来的进修教师。因为相对其他老教授来说，林焘先生和朱德熙先生年龄跟我们要接近一些，所以大家跟他们的接触也比较多，较为自由放松。林焘先生《现代汉语补语轻音现象反映的语法和语文问题》在《北大学报》上一发表，在我们中间引起热烈反响，因为当时读不到这类文章。可以说结合语法、语义来探讨语音现象，林先生从一开始就是走在最前列的。

1958 年是热火朝天的"大跃进"年代，在"双反运动"中批判了旧的教育思想和学术思想之后，破旧立新接着就掀起了教学改革的高潮。我清楚地记得编写一本当时急需的《现代汉语》教材的倡议，是王力先生在教研室会议上提出来的。当时，倡导发扬集体主义精神，发挥新生力量的作用。但我们——建国后北大首届语言学研究生（当时学位制度尚未建立，但曾说过是副博士研究生，四年制），虽然是刚毕业的新生，却还没有形成力量，所以在集体编写《现代汉语》教科书的任务中，主要任务就落在林焘和朱德熙两位先生的肩膀上了。在一切都要求大干快上的"大跃进"

年代,从教研室集体拟定教学大纲,征求学生意见,由林、朱两位先生夜以继日赶写初稿,到逐章逐节共同讨论,修改定稿,全书仅用了四十天时间。之后立即交付高等教育出版社付梓,1958年12月就跟读者见面了。当时,这是国内最早出版发行的现代汉语教材。

高校文科开设"现代汉语"课程,北大是从1954年秋开始的。第一任授课教师是与魏建功、冯钟芸等几位先生一起刚完成《新华字典》编纂任务的周祖谟先生。当时语音部分还是用国语注音符号讲的。但1958年的形势是汉语拼音方案已经正式公布,正在推广实施,大力推广普通话的群众运动也已经在全国轰轰烈烈地展开,高校尤其如此。因此,新编的现代汉语教材,语音部分的编写就面临着许多新的课题。而林焘先生执笔编写的语音部分的教材正是紧密结合当时社会发展需要的。他把汉语拼音方案跟国际音标对照结合在一起,深入细致地讲清了字母拼写形式与实际语音的关系;从最小的发音单元音入手,讲授了发音原理和实际语音;进入音节层面,再从音节和字音分析的角度,通过基本的语音单位声韵调的讲解,讲授了普通话的语音系统以及种种语流音变的现象;结合古今调类关系的演变和方言之间的调类对应关系讲授了普通话的调类系统;通过利用汉字谐声偏旁分辨字音的方法,帮助方言区学生学习普通话中遇到的困难,了解汉字和语音系统的关系。凡此种种,可以看到林焘先生把西方语音学和中国传统音韵学巧妙地结合在一起了。跟语法部分相比,因涉及语法体系上的难以兼容,语音部分对此后各高校现代汉语教材的编写影响更大,被借鉴、吸收乃至采用的地方更多。

当时,教育战线上的形势是大力推行教育与生产劳动相结合、理论与实践相结合,要求师生走出校园,一起下乡下厂,与工农结合。于是,我们青年教师随同学生一起去了京郊门头沟的两个煤矿,因为有"现代汉语"课,所以林焘先生也跟着下去了,同去的还有王福堂、袁行需等几位年轻教师。林先生大班讲课,我们小班辅导。同睡一个炕,林先生也跟我们一样,头戴矿灯,脚登雨靴,下矿挖煤。因为平时他远比我们要白净斯文,所以当他脸上也弄得黑白相间时也就比我们要格外醒目。常常师生相对,打趣逗乐,哈哈大笑。新编的《现代汉语》教材就是在门头沟城子煤矿，边劳动边讲授的，同时还要配合普通话朗诵、演出等等，课程讲授、教学活动十分有趣生动。这些都是林焘先生亲自领导安排组织的。

60年代初在三年经济困难开始时，全校各系师生纷纷撤回学校，教学正常次序随之恢复。教室听课，图书馆学习，食堂吃饭，操场打球，宿舍休息，一切都在校园内开展。当时，虽然粮油短缺，副食品供应困难，但教学和科研反而比以前大哄大起、大搞群众运动时要稳定，效果要好。事物的发展毕竟是不能违反客观规律的，也就在这个时期，汉语教研室分为现代汉语、古代汉语和汉语写作三个教学小组，林焘先生就是现代汉语教学小组组长。这时，"现代汉语"、"古代汉语"、"语言学概论"、"写作实习"等基础课程，已经完全放在青年教师身上了。林先生和朱先生两位，一方面为高年级本科生开设基础课的提高课，如"现代汉语（二）"、"现代汉语语音研究"、"语法研究"等课程；另一方面，他们又指导教研室青年教师的进修和科研。许多科研讨论、教学活动都是在林焘先生家里举行的。一是朱先生也住在中关园，他们方便。二是环境轻松，气氛融洽，抽烟喝茶，十分自在。偶尔，我们还要求林先生请客，这时少不得要杜先生出来帮着张罗。在林焘、朱德熙两位先生带领下，这一时期的教学和科研活动的内容十分丰富。有音位学原理和普通话音位分析的讨论，动词形容词名物化问题，以及层次分析和中心词分析的讨论，乃至生成—转换语法的介绍，其中有些内容在当时的期刊和专著中是极少见到的。教研室的成员，加上他们俩一共才七个人（陆俭明、马真、侯学超、卢甲文和我），可是在教学和科研方面却搞得十分活跃。我对音位学和普通话语音系统音位分析的兴趣，就是在这时期培养起来的。

也就在这一时期，林焘先生和朱德熙先生开始分别指导和培养语音和语法两方面的研究生，以及来北大进修的教师。后来在第二外国语学院任教的刘兰英、在中央民族学院任教的但国干、去复旦大学任教的孙锡信等，都是这一时期的毕业生。他们后来也都在各自的岗位上成为骨干教师、中坚力量。在教书育人的同时，朱先生具有开创性的论文《说"的"》和《论句法结构》、林先生的《北京话的连读音变》和《现代汉语轻音和句法结构》这两篇论文，也都是在这一时期发表的。当时在语言研究领域中语法方面的论文远多于语音方面,而把语音研究与语法、语义结合起来的则尤其少,可谓凤毛麟角。所以,林焘先生的论文在《中国语文》上以首篇的位置一经刊登,学界一片称道,反响极佳。林焘先生和朱德熙先生在三年经济困难时期的学术成就说明,扼杀学术发展和创新的,不是物质上的困难和贫乏,而是思想上的桎梏和禁锢。这是永远值得反思的。

十年"文革",大革文化的命,全国陷入大混乱、大动荡,学界顿时万马齐喑。其中有两年多,北大、清华的大部分师生都奉令去了江西。我们也在军宣队、工宣队的率领下来到鄱阳湖大堤边的鲤鱼洲劳动锻炼。南昌酷热,夏季烈日照射下的地面温度达到五十多度。林焘先生、杜荣先生跟我们一样下大田,修水渠,插秧施肥,抢种、抢收。此外,他还干过一样我没有干过的活——放牛,牛是那种有一对新月形大弯角、灰不溜秋的大水牛。林先生跟两三条水牛在一起,倒也别有风光。可惜当时没有闲情逸趣,也没有相机,否则留下一张"林焘先生牧牛图"倒也值得留念,"弥足珍贵"。

1971年"9·13"事件后,劳动大军撤回北京。之后的那一段时期,林先生和王力先生,还有古汉语教研室的好几位教师如唐作藩、蒋绍愚等,时时往返于商务印书馆和北大之间,编了一本后来不断再版至今还被广泛使用的《古汉语常用字字典》。至于我,则又在学校后勤、基建等处干了一年多活,冬天还烧过锅炉供暖。好在本人下过矿井,挖过煤,在密云大炼过钢铁,在十三陵水库还参加过修水库、铁路,在京西山区斋堂劳动锻炼时除农业劳动外,居然还多次帮助老乡干过出丧殡葬之事,和袁行霈、王福堂等在不容双人并行的山间小路上多次抬过棺材(王福堂抬得最多,大概有四五回之多),此外还在江西鲤鱼洲伙房当过火头军,所以,在校园里烧个锅炉,给全校师生供暖,每天有热水澡可洗,当然是胜任愉快地完成了任务。再说,50年代出来的学生、教师哪个不是如此?60年代上山下乡的知识青年又哪个不是如此?只怕是有过之而无不及。

"文革"随"四人帮"垮台而结束,神州春回,万物复苏,全国高校重又欣欣向荣。这时,林焘先生已近花甲之年,但是他在教书育人、科研学术方面却随社会国家的大好形势进入了一个鼎盛时期,取得了多方面的成就:

一、开设了"实验语音学与传统语音学"、"北京话调查"、"北京话研究"等新课程,特别是后两门课,那是全国独一无二的。记得有一次我和王福堂因有事去燕南园他家,在楼上他卧室里谈完要告辞。他却兴致勃勃地让我们坐下来再谈一会儿。这就说起他想开北京话调查的课,并拿出已拟好的提纲跟我们讨论。我们也很高兴,三言两语地提了一些建议,做了一些补充。当时,社会语言学也刚传播过来,林先生在田野调查的方法上,吸收、借鉴了不少东西,并有所创新,为的是能收集到最自然、最真实的语料。当时国外很普通的录音机,在国内也还是稀罕珍贵之物,为此王福堂奔波跑腿,费了不少功夫。两次大规模的田野调查,由于在调查地点、调查目的以及调查内容、调查方法上都经过林先生缜密思考,而且他多次亲自带队,随同王洪君那一班学生一起参加调查,所以,收集和积累了丰富的北京话口语资料。凡是上过这两门课,参加过这两期社会调查的学生,无不认为,这是他们大学生涯中最精彩最值得怀念的生活片段。其后,林焘先生的许多文章,如《北京官话溯源》、《北京官话区的划分》、《北京话去声连读变调新探》和《北京话儿化韵的语音分歧》(与沈炯合作)等,都是在这些调查材料的基础上撰写的。这两门课程的实地调查材料,为研究现代汉语民族共同语的基础方言——北京话留下了宝贵的资料。至今为止,这方面的学术论文屈指可数。

二、实验语音学领域中的探索和成就。受国际上实验语音学发展潮流的激励,林焘先生在70年代末,通过系行政取得了学校社会科学处的支持后,率领王福堂等两三位老师(我是稍后才参加的)一起把原来只用于语音课教学示范、设备简单的实验室重建为一个可以从事教学和语音分析研究的语音实验室。回想起来,当时虽说是重建,其实是筚路蓝缕,白手起家。而林先生不辞辛苦,投入了全身心血。他多头并进,一方面和我们一起商议选购仪器,添置设备;另一方面更是着眼于学科的发展、人才的培养,取得了社科院语言研究所和科学院声学所的帮助,并请了吴宗济、张家騄两位先生连续两年多来开课授业。校内外许多学生闻讯而至赶来听课,培养了许多年轻学生,其中不少现在都成为语音实验研究方面的专门人才,有的还成为学科建设的带头人。特别值得一提的是他从美国请来声誉卓著的王士元教授系统讲授了实验语音方面的专门课程。为了普及、推广国内语音学的发展,林先生让我们不仅对北京各高校,而且对外地多所高校发出了邀请通知。所以听课者有远至来自福建等地的高校教师,每堂课都是一百几十个人的大课。这些举措,对推动促进国内高校实验语音学的发展,无疑是起了十分积极的作用。这在当时是高校比研究所更能发挥作用的地方,林焘先生的睿智令人钦佩。

在这一时期,林焘先生也同时开始招收和培养了不少语音学方面的硕士生和博士生,他在高校文科中文系中首先招收了计算机系等理科方面的研究生,为言语工程培养了文理结合的研究人才。沈炯、贺宁基、冯隆、金茂兵、王晶、高明明、王韫佳、赵杰等以及韩国的沈小喜、宋昡宣、林汎钟等,都是林焘先生这一时期培养出来的硕士生和博士生。同时,他自己又几次赴美去王士元先生在加州柏克莱分校的POLA语音实验室做研究工作,并多次参加了国际上召开的各类语音学学术会议,宣读论文,进行了学术交流。

那一段时期林焘先生在实验语音学研究领域取得了丰硕的成果。他的《探讨北京话轻音性质的初步实验》、《声调感知特征》(与王士元教授合作)等论文,都采用了实验语音学上最新的手段和方法,因而也就能有新的发现和收获。他的专著《语音学教程》把实验语音学的基础知识和传统发音生理学,以及现代汉语语音系统的讲授,巧妙地结合在一起,讲解精辟,深入浅出。目前,业已成为文科高年级学生和从事言语工程的理工科学生的必读参考书。

林焘先生在教书育人方面的辛勤劳动,没有白费心血,他的学生在实验语音学的超音段方面,如声调、语调以及韵律特征等多方面,都取得了很好的研究成果,向恩师做了回报。林焘先生带领的北大语音实验室所培养的人才目前是国内语音学方面重要的学术梯队之一。直到晚年,他在退休多年之后,仍然事事处处关心系里语音研究及其人才的培养,几年前多方设法把在北京语言大学工作多年的副教授王韫佳博士调回母校,让她在现代汉语语音实验研究方面锲而不舍继续深入研究,同时,又从中国社会科学院民族研究所将王士元先生的博士生孔江平教授调来北大,请他在实验语音学的发音生理方面着力研究。从言语工程的发展趋向看,这是极具有前瞻性的。

三、对外汉语教学和研究中的贡献。80年代中期以后,语言学领域中最令人瞩目的变化是对外汉语教学和研究的飞速发展。汉语热传遍世界,各国来华学习汉语的留学生数量在连年飙升，作为新中国最早接受外国留学生的北京大学尤其如此。正是在这一时期，林焘先生被任命为北京大学对外汉语教学中心（现为对外汉语教育学院）的首任主任。我则受中心聘请连续多年担任学术委员会委员，与林先生又多了一段共事的经历。那时，汉语教学中心大部分都是青年教师，林先生关心他们的成长发展，指导他们编写教材词典、进行科研，报考研究生继续深造，并亲自两次带队率领中心的教师参加在新加坡召开的世界华文教学研讨会、在德国召开的世界汉语教学学术会议。他从大处着眼，通过国内外的会议发言、撰写论文等学术活动，为对外汉语教学的发展提出了指导性的意见。由于他学贯中西、博古通今，因之往往高瞻远瞩，抓住关键，总结过去，推动创新。他的一系列论文，如《语音研究和对外汉语教学》、《汉语韵律特征和语音教学》、《语音教学和字音教学》、《总结过去，推动未来》等等，都能发人深省，给人启迪。因而，在对外汉语教学和研究领域中得到了强烈的反响。

　　林焘先生的教学生涯和学术研究，不仅贯通于语音学、音位学、实验语音学、现代汉语和汉语方言，以及对外汉语教学等方面，而且也涉及古汉语和汉语音韵学等方面。他除了参加过古汉语教材和《古汉语常用字字典》的编写工作，早期还发表过《经典释文异文分析》等论文。晚年从语音实验研究的数据中得到启发，将传统音韵学与现代语音学的研究联系在一起，写了《日母音值考》、《"入派三声"补遗》等论文，并与耿振生教授合作，为台湾学界撰写了专著《声韵学》。这些都是林焘先生留在古汉语领域中的学术成果。

　　林焘先生是在第七届中国语音学学术会议开幕式上做了发言并参加了当天学术会议后的第三天入院的，六天后就永远离开了我们。他的确是把自己毕生的精力奉献给了中国的语言学事业。他在现代汉语学科建设和教书育人方面的业绩，是永远值得我们缅怀和尊敬的，也是鞭策和鼓励大家继续奋勇前进的动力。

　　林焘先生，请安息。

2007 年元旦节日期间写于西二旗北京大学智学苑寓所

与人为善
——怀念冯世澄先生

刘一之

冯先生是系里管教务的老师，解放前就在北大，先是在膳食科，50年代调到中文系，一直到退休，又返聘，在中文系干到70岁。

冯先生是老北京人，脸上总是挂着谦和的笑容，多礼，言必称"您"。记得我刚上北大，第一次见到冯先生，冯先生问我："您是刘一之啊？"我吓了一跳，赶紧说："您可千万别跟我说'您'。"冯先生笑笑，以后依然如故。一次，冯先生生病，住在校医院里，我买了两斤橘子去看他。事后，他一再合掌向我道谢，弄得我都不好意思了。

也许同是北京人的缘故，我喜欢看冯先生的笑容，喜欢听冯先生说话，所以，去系里的时候，要是教务室没人，会在那儿坐一会儿，跟冯先生聊几句。聊过些什么，现在几乎想不起来了。依稀记得，他说过，中文系有"四盘菜"，就是讲课最好的人，袁行霈先生、陆俭明先生、赵齐平先生，还有一位记不清了，好像是吴小如先生。还说陆俭明先生是中文系"第一把勺"，就是做菜做得最好的人。印象中，冯先生绝对不谈老师们的私事，也不谈政治。记得一次，我发表对时局的看法，冯先生很紧张，不时地看门，我也就识趣地不说了。

北大向来有很多旁听生，包括办过手续的正式旁听生和没有办任何手续的蹭课生。跟冯先生聊天的时候，有时见蹭课的人怯怯地进来，怯怯地问："老师，我想听某某课，行吗？"冯先生带着谦和的笑，说："行，行。"然后耐心地告诉他或她，上课的时间、地点，教室怎么走。他或她"怯怯"消失了，带着喜悦和感激的笑容离去。到期末时，他或她再来，问："老师，我想看看某某课的成绩，在哪儿看？"冯先生会递上一张纸，上面登着所有蹭课生的成绩。如果成绩好，冯先生会带着真诚的喜悦说："你学得真不错。"如果成绩不好，冯先生也会说："你们不容易，还得上班。"

那时，旁听生很多，甚至超过本科生。记得上陆俭明老师的"现代汉语"时，我们班只有29个人，可是一个70人的教室都坐不下，弄得系里只好发听课证，由刘栋老师在教室门口把门验证。可以想见，到中文系来旁听的人有多少。冯先生总是谦和地回答他们的问题，从没见过他有半点儿不耐烦。有时，见到趾高气扬的学生进来，连"老师"都不叫，就问："某某课的成绩出来了吗？"我在一边暗暗皱眉头，冯先生依然是谦和地笑，说："出来了。"或者："还没呢，您再等等。"听老教师们说，在那个强调阶级斗争的时代，对戴着"历史反革命""右派"帽子的人，冯先生仍然称"您"，带着谦和的笑容。

冯先生管排课，我那时住在三元桥，不愿意上上午第一节课，跟冯先生一说，冯先生赶紧说："哎，哎，知道，知道。"我也见过某位老师跟冯先生说："冯先生，还给我排上午啊。"冯先生也赶紧笑着说："知道。知道。您得睡午觉。"俗话说，众口难调，系里一百多老师，关于排课，没听说哪位老师抱怨过。

冯先生记忆力极好，几乎记得每个学生的名字，是哪届的，有的老师说，他是中文系的活档案。谁料到，冯先生彻底退休后不久，就患了老年痴呆症，再后来，就去世了。

去年，我去派出所办事，两位女民警像冯先生那样接待了我，竟然让我感动得热泪盈眶，为此，还特地给北京市公安局长写了一封信。我想，要是我们所有的人都能像冯先生一样，懂得尊重别人，与人为善，我们这个世界一定会美好得多。

吕德申先生与文学概论

刘烜

一

吕先生远去了。他是我相处半个世纪以上的老师，又是我职业生涯中学术上切近的老师。我这次思念的中心是吕先生与文学概论。

1956年春节后，我读大学一年级下学期。吕先生给我们1955级上"文艺学引论"。经院系调整后的北大中文系，杨晦先生给1953级、1954级讲"文学理论"课。此后，文艺理论课一直由吕先生主讲。此前，由教育部出面邀请苏联专家毕达可夫来北大办文艺理论研究班影响很大。这个班由杨晦先生主持，吕先生是助手。吕先生又直接下班当一名学员。"文革"结束后，过去这个班上最年长的学员蒋孔阳先生兴致勃勃地说，他与北大的同行是"同门子弟"，"吕先生是班长"，指的就是这个班。不过，吕先生自己讲课用的大纲，属独自设计的，比毕达可夫的更严整，但也吸收了其他苏联学者的研究成果。我们全班学生特别重视这门课。吕先生年轻精干，上课前总先到教室。他的讲稿写在一种八开横线活页纸上，用讲义夹夹好。每个字都写得十分整齐，仿佛重抄过似的。每页两边留下不少空白，用以修改、增补。修改处也十分严整。他讲课的内容，基本上遵从讲稿。听那时高班同学介绍，老师们经过思想改造运动，讲稿写得更详细了。我后来知道，吕先生认真写讲稿，属一贯作风，同时也有出书的打算的。吕先生讲课温文尔雅，声音不算响，遇到引用外国作家的名字，常写板书。1956年是幸运之年，提倡独立思考、个性解放，班上讨论的风气很浓。《人民文学》1956年9月号上还刊登了我们班同学讨论小说《红豆》的介绍。吕先生处处认真，怕我们记不下笔记，还把重要引文编成讲义，印发给学生，很受欢迎。当时的主讲教师都配助教，处理答疑、课堂讨论诸事，吕先生却一切自理。

吕先生的课程有自己的体系，他将什么是文学作为切入点，理论的展开最重视文艺与生活的关系。他喜欢车尔尼雪夫斯基的话："美是生活，应该如此的生活。""应该如此的生活"近于"理想的生活"的意思。他无论讲浪漫主义，讲文艺的美育作用，还是讲社会主义现实主义，都贯穿着这一思想。他建立了一种以文艺与生活的关系为中心的理想主义的文艺理论知识体系。他不搬用苏联教材的体系，避开了涉及苏联二次世界大战之后的文艺斗争，也不涉及1953年以后的苏联文艺"解冻"的新现象。他对国内的批判俞平伯、批判胡适、批判胡风都不涉及。同学课后问及，他胸有成竹地说："要从根本上解决问题。"所谓"根本上解决问题"指理论水平提高了，具体问题的解决就有了基础；况且当前的批判运动变化万千，冲击课程难于实现教育的稳定性。我体会他的理论研究的中心在于建立文艺理论自身的知识体系，呈现持重稳健的理论风格。可是当"极左"思潮涌来之际，他的理论追求被批判为保守，其实，这是吕先生希望引导学生进入学术领域的苦心。

这门课给我们印象最深的是"人民性"的概念，因为同时为我们讲中国文学史的游国恩先生讲楚辞常用"人民性"，为我们讲"民间文学"的朱家玉先生也讲"人民性"。以学生之见就认为理论有用了。当时也将它当做马克思主义的新理论。吕先生讲理论概念喜欢引用别林斯基的话。他引用外国文学作品时，对俄罗斯文学特有感情。杜勃留波夫对文学作品的体验最受他青睐。讲到现实主义小说的典型时，举冈察洛夫小说中的奥勃洛莫夫为例，给人的印象最深。这位先生是一个懒惰的典型，他整天躺在床上设计各种伟大的蓝图，却没有一个具体的行动。有一次难得起床写信，将钢笔伸进墨水瓶中去，才发现墨水早干涸了，还飞出一只苍蝇。按当时的讲义，现实主义要求细节的真实，"按生活本来样式"去描绘生活。于是，马上又有同学提出质疑，认为这只苍蝇就不真实，因为如果苍蝇在干瓶子里早就饿成干了，还能飞吗？也有人说它为什么不到潮湿的地方去呢，这真实吗？还有人说，对俄罗斯的苍蝇不能用北京的标准去衡量。七嘴八舌,十分有趣。天真和单纯是那时幸福的回忆。待到"反右"以后,天真气一扫而光了。所以我认为,"反右"使右派受罪,也使很多人的人性有不同程度的扭曲。

二

我大学毕业后留系当助教,恰巧有缘分配在文艺理论教研室。杨先生兼任教研室主任,吕先生任副主任,主持日常工作。

我的新工作开始,没有任何仪式性的场面。但是,我记得吕先生严肃的教诲是:搞文艺理论要重视政治。

事情的缘由是这样的:有一天,系里突然通知我赶往文艺理论教研室开会。那时教研室在文史楼二楼。我推开门,只见周扬同志坐在屋里唯一的一张沙发上,总支书记程贤策忙着张罗。我找了一把椅子坐下。周扬同志正翻着一本《毛泽东文艺思想概论》。这本书是1955级编完《中国文学史》之后编写的教材,由北大印刷厂印了一个讨论用的本子,纸张极差,已经带有经济困难的痕迹。程贤策同志在汇报情况,周扬边听边翻书。我想大概我也是这个年级的,于是把我也找来了。此时,周扬同志已经说话了。他语气和缓地说:这本书题目很好么,很重要。不过解释毛主席著作并不容易。因为毛主席著作本来很通俗、明确,这样重新归纳解释容易重复,不少地方反而会限制读者更广泛地理解原意。还有,印刷不太清楚,书中引用原文挑黑体字,黑乎乎地一片。程贤策同志在旁解释说,这是学校印刷厂印的,纸不好。周扬同志点点头,和气地以商量的口气说:那就先不出版了吧,再研究一下。他环视周围,大家都点头接受。他当时有很高的威望。与周扬同志有关的还有一本《马克思主义与文艺》,原是1955级受托为周扬同志扩编的。周扬还亲自出马请翻译家校定新的译文,交稿后却渺无音讯。当场我顾不上提出问题,会后请系里同事向周扬同志请示如何处置,结果几次没有回音。也许连续催问太执著了,不久得到一个回音:"据有的同志体会,领导同志不直接答复,也是一种回应的方式。"那就是说不便答复了。可是这本书明明署周扬主编,谁还能答复呢?真让人摸不着头脑。后来听传言说,某高层人士认为"有法先王还是法后王的问题",使我大吃一惊。猛然醒悟周扬主编的书选了八位思想家的言论：马克思、恩格斯、列宁、斯大林、毛泽东、普列汉诺夫、高尔基、鲁迅。应该说这是延安整风后通过的，从来都符合传统，如诬为不突出毛泽东，实在是太严重了。我将这件事报告吕先生时，他严肃地开导我：搞文艺理论要重视政治，但并不对具体事表示意见。这使我领悟到我只是从事务的层面上提出问题的，也领悟到吕先生的慎重，不只是个人性格的原因，认识政治的复杂、全面审视问题是他一贯的风格。

在那开会频繁的年代，却很少有教研室全体会议。因为，下乡不断，外出工作经常。唯一团聚的时刻，是春节下午三时到杨晦先生家拜年。那时，大伙都在燕东园 37 号门外聚齐，等候吕先生到了，率领大家依次进入杨先生家客厅。客厅里没有多余的陈设，但收拾得十分整洁，四周靠墙放一圈椅子。大家坐下后，杨先生一杯热茶招待。吕先生总是首先汇报工作，也提出一些问题。杨先生讲话多一些，历史上的故事、眼前的消息，都是有关学术上的事，其实与过年关联甚少，倒像是开全体教研室会议。一切都温文尔雅、彬彬有礼，带着过年的轻松。有一年，吕先生提出建议：杨先生希望直接指导年轻教师，可以自愿报名。我因为当时年龄最小，当即举手报名。那时心里有点发毛，怕太唐突，结果却得到难得的幸运：我被定为辅导对象。原来，按惯例助教是不上讲台的。本科生的基础课由教授担任，首先安排一级教授上课，其次才安排其他教授授课，不少研究生、进修教师都主动要求听基础课，以了解教授研究的新进展。本科生基础课是中文系教育水准的标志。我以为，"大跃进"青年教师上讲台，当时称支持新生力量；但同时也带来不少学术上的失衡现象。我也是因接受辅导，才深刻领会到杨先生对 1955 级文学史编写中的学风批评严厉，有时态度十分激烈。他指导我如何读书，如何读一部小说，都是手把手教的，还给我一份书目，并指导我去听朱光潜先生、宗白华先生的课，都必须记笔记。这使我明白了杨先生、吕先生的治学要求：打好基础，在高起点上独立思考。杨先生经常用幽默的说法，"要上套"。尽管这样的要求常被政治运动冲走；但师恩浩荡，终身难忘。

1961 年夏，吕先生参加全国统编教材《文学概论》的编写工作。这部

吕德申先生（前左）
与杨晦等

书由蔡仪先生主编，吕先生为编委。编写组集中住宿于中央党校。吕先生经过长期的教学实践，本来已形成了一本自己的《文学概论》教材，而且已经为出版社接受。遇上全国集体编教材，吕先生毅然放弃自己的教材出版计划，全身心地投入集体工作，贡献自己的一切智慧，毫无个人的得失考虑。这样的奉献精神，在吕先生看来是十分自然的。在集体工作中，他有协同精神，从不过分强调自身的独立性和特殊性。

吕先生即使暂时离校工作，听到什么新的精神，也要传回学校。一次，周扬同志主持《文学概论》教材编写座谈会，因为有完整的记录，吕先生就组织传达。我清楚地记得：在这个座谈会上，周扬同志一边坐着朱光潜先生，一边坐着郭绍虞先生。当谈到什么是文学的定义时，先请朱先生讲一下西方美学史上文学的定义是什么，再请郭先生讲一下中国文学理论史上文学的定义是什么，使人感到活泼、生动。从教材出发，也有个人的独立思考的自由。《文学概论》编写中加强了学术化，就是新的精神。与此相适应，周扬同志四处呼吁要重视资料，掌握资料，还出版了不少研究资料，令人振奋。这种变化使我想起周扬同志1959年冬在北大办公楼做"建设中国的马克思主义美学"报告时,对比十分明显。那时的周扬同志主要是从文艺与政治的关系上立论的。配合他的报告,又组织林默涵、邵荃麟、张光年诸先生来报告,中心讲文艺与政治的关系、文艺与政策的关系,将文艺批评政治标准第一、艺术标准第二,上升到政治的高度,以此作为理论发展的突破口。而吕先生的传达,显然有新的变化,这使学者们有了发挥自身能力的余地,有了学术上的"话语权",增加了学术上的自由度,拓宽了学术发展的广度。

还有一件令我难忘的事,是吕先生为我们买书。60年代,国内出版了不少苏联的"解冻文学",有作品,也有理论,用一种黄色的封面,在王府井一个地方,内部发行。购书者必须有卡。这样,每次大家买书都得向吕先生借卡,吕先生一直认真地办这件事。目的是重视资料,关注文艺学的发展。其间,苏联文艺理论家毕达可夫教授寄给教研室一本新著《论文学的人民性》,不到200页,书中引用了赫鲁晓夫当时的讲话。吕先生的处理是,在一次教研室会议上将书给大家传阅,我估计没有人会回信,也没有人与这位老学者建立个人联系。因为当时苏联反华、中国反修了。

编教材本来是国家任务,委托中宣部领导的,周扬亲自挂帅。不久风云突变,"念念不忘阶级斗争"的紧箍咒一念,文艺上首先发现大批敌人。记得某杂志封面上画一大片芦苇,有人发现芦苇丛中藏着"介石"两字,成为配合蒋介石反攻大陆的铁证。我也去看过,是发现几个"介石"在里面,其实,若要从中找到"中山"两字,也十分容易。这当然是读者视知觉过程中的错觉形成的,与作者根本没有关系。比这严重的是《文艺报》受命印出一本有"错误倾向的小说",成了首批供批判的靶子,在这样的气氛下编教材定然也困难了。

1965年秋,我在郊区参加农村社会主义教育运动,一次到公社开会,突然遇到吕先生,才知道他已下乡了。我当时直感到怕吕先生身体吃不消。因为下乡时有一条纪律:工作队员一律到贫下中农家中吃饭,不准吃鱼肉蛋。吕先生的胃被切掉一半以上,这样的生活条件,必然有损健康。吕先生却反复过来安慰我说,生活关已过。其中的艰难,不置一词。说起教材,他十分惦念。早在1963年夏已完成讨论稿,原计划讨论、送审,再出版，此后，文艺大批判开始，一切搁置下来了。当时我们都感到可惜，因为学生等着用；既然有用，总能出版，我们都乐观。几年之后，我们才知道，1963年末至1964年6月，毛泽东两次关于文艺问题的批示，明确判定文艺部门"十五年来，基本上不执行党的政策，做官当老爷"，看来已经决定以文艺作为运动的突破口。周扬同志必然是主要打击目标，再由他主持这部书稿的讨论，已完全不可能了。

三

"文革"浪潮带着血腥和恐惧阵阵卷来，吕先生在劫难逃，受到冲击。吕先生内向执著的性格使他内心的痛苦比受到的冲击更深重。然而，正是在这苦痛岁月中，吕先生与当时的工农兵学员一起编写了《文艺理论基本问题》。其间的心路历程是惊心动魄的。

吕先生遇到深重的内心痛苦，运动迫使你接受颠倒是非的历史结论：一是"文革"批斗的根据是文艺黑线、教育黑线统治北大，一下子定了性；另一方面，吕先生一生追求进步、追求革命被全盘否定，反而要交代与黑线的关系。吕先生冒着抗日的烽火硝烟，在民族危难深重的时刻献身文学事业。他曾经以清丽的文笔创作了文学作品，表达自己是中国普通老百姓人性的冷静的观察者，是美好人性认真的描绘者。此后在昆明的民主运动中，积极追随历史潮流，他不是街头斗争中振臂高呼的斗士，然而却是态度鲜明的冷静而深沉的民主战士，他一步一个脚印地走着自己坚实的人生。抗战胜利北大复员，吕先生一边当助教，一边当研究生，钻研中国古代文学。1952年是他人生道路上的关键一年。这一年暑假进行院系调整，吕先生调入新的北大中文系，担任杨晦先生的助手，同时参加了民盟。院系调整时，北大、清华、燕大三校合并，筹备组由北大的杨晦、游国恩、吕德申，清华的吴组缃、季镇淮，燕大的林庚、高名凯诸位先生组成。筹备组中有老教师，也有年轻教师。吕德申、季镇淮、高名凯三位先生当然是年轻教师，做了很多具体工作。季镇淮先生在昆明时是闻一多的研究生，参加民主运动比吕先生活跃。吕先生称与季先生的情谊在"师友之间"。由于吕先生的人品与学识受到好评，1953年夏参加了中国共产党。杨先生任系主任,创建文艺理论教研室,吕先生一直是助手。在组织上,吕先生任总支副书记,主管教学工作,发挥"保证和监督"作用,这些他从来都认为是革命工作,现在忽然来了180度的大转弯,要勒令他检查黑线关系,他十分痛苦。还有更深一层的原因,吕先生在历次政治运动中,从来实事求是,政治运动煽动人去揭发,去斗争,去批判,吕先生常选择沉默,从批判沈从文先生到批判俞平伯先生,后来批判杨晦先生,吕先生从不写批判文章。按照阶级斗争的逻辑,背叛师友,随处皆是。这一方面为保护自己,另一方面也为了飞黄腾达。当然这种情况主要是高压政治的产物,但是中国知识分子的依附性、投机性也恶性发作。吕先生坚定沉默,甘愿自己挨批。当然集中批他保守。但他守的是中国人的良心和忠诚,从不当运动中的风派人物或风云人物;他在坚持知识分子人格的独立和尊严上,是中流砥柱。所以,在整人成风的年代,与吕先生谈话有一种安全感,十分难忘。静而思之,至今仍有震撼灵魂的力量。

至于与学生一起编书,作为一名教师,十分不易。因为,当时工农兵学员的任务是"上大学、管大学、用毛泽东思想改造大学",对教员的政策是"一批二用"、"批字当头"。当时的北大党委书记在全校大会上公开宣布:要培养头上长角、身上长刺的斗士。斗士斗谁?矛头当然指向老师。这真是史无前例的革教育的命!吕先生不选择躲避,迎难而上,一边提供教材,一边指导写作。讨论多少次,修改多少遍,认真工作,感动了学生,得到了信任,才能写成教材的。除了吕先生的学术水平外,主要是有一种学术上永不疲倦的追求精神、执著的追求真理的精神。

吕先生"文革"期间的业余爱好是逛海淀旧书店。海淀西大街旧书店因知识分子下乡或下放而兴盛起来,吕先生在那里搜集《马克思恩格斯全集》,想配齐书,还向我们介绍经验。他从不放松对学术的追求,坚定相信辩证唯物主义的思想力量,在苦涩的现实中寻找一丝乐趣。

四

1979年6月,在改革开放的欢呼声中迎来《文学概论》的出版。从编写到出版,经历近二十年的漫长岁月,这是吕先生最年富力强的时期。全书首先申明:"我们努力遵照马克思列宁主义、毛泽东思想的原则",想不到这样明确的立场还经过了艰难的岁月。"四人帮"倒台之后,教材才得以定稿。吕先生是三位定稿人之一。这本教材出版后,五年内发行110万册,一直到现在还在发行,是我国使用得最普遍的高等学校文学概论教材。本书力图描述文学理论完整的理论面貌,论证重要的理论概念及其相互联系;确定了重要的知识点,结论有论证和分析,很多地方作了有力的历史叙述;语言简练、明确,有教材的逻辑性、明晰性。全书22万字。它成为国内半个世纪以来文学理论教材的代表。

这时候,吕先生主持北大中文系文艺理论教研室工作,决定选用这本教材。我也成了主讲教员了。在使用过程中,老师们发现学生非常需要看点有关资料。而"文革"折腾后,参考书奇缺,于是想编一套《文艺理论学习参考资料》。吕先生非常重视,亲自参加审定大纲,并认真征求蔡仪先生意见。我被派往听取意见。我理解吕先生的想法,一是为了提高资料的质量,二是希望它与教材配合好,尊重蔡老意见十分重要。那时蔡老住在东城,离北大很远。其实蔡老在1959年给我们上过一个学期的美学,杨晦先生亲自到课堂致欢迎词。以后,无论开会还是论文答辩都见过蔡老。由于我不善交往,从未问候过,还真有点紧张。蔡老却平易热情,他表示支持这件事,编好教材和用好教材同样重要,他希望资料工作精确、丰富、配合好教材。令我感动的是他还特别回忆编教材的情况,对吕先生的学术造诣和严谨的工作态度倍加赞许。他说:教材毕竟是教材,要考虑到教学的需要。大学的同行有长处,所以吕先生在编委中起了关键的骨干作用。他还热情地告诉我准备写一材料报告中文系领导方面,介绍吕先生的有关情况。我也仿佛受到间接鼓励似的愉快地离开了他的客厅。

吕先生在历史发展中成为讲授这门课程的经验最丰富,具有与此相关的多方面理论修养的带头人。这又使我想起与此相关的一件事。我的大学同班同学温小钰,当年就是班上才华横溢、英姿勃发的人才,毕业后怀抱"天苍苍、野茫茫"的向往到内蒙古大学教授文学理论。她参与组织边疆14个少数民族地区的大学编写一本《文学概论》,要显示改革开放的特色,显示中国各民族文学传统的特色。她很有魄力,直接登门请吕先生指导。她以老学生的身份直抒毕业后的种种感受。吕先生说，一见她就想起她的名字。她告诉吕先生，这本书不设主编，大家根据对论文的讨论，推举定稿人。吕先生欣然接受，他不但审阅了各章原稿，还亲临大会一起讨论。吕先生从章节安排到论点甚至引文都提出意见，为各民族的后辈同行称许。吕先生甘愿当一次无名英雄。形势比人强。这部教材很快出版，成为教育部的推荐教材。教育部至今只推荐了三本文学理论教材。吕先生为其中的两部贡献了力量。

  我们每个人的生命都只有一次，因此，对每一个生命历程常怀敬重之心。吕先生的一生，几尺书桌是他的人生战场，他固守自己的阵地，不管身体有病，不管外面风雨雷鸣，他面对自己的书桌，如同战士守护自己的战壕绝不退却。所以，"书生本色"四个字，可以做吕先生的写照。我们在所处的社会中，呼吸着世态炎凉的空气，走的是柴米油盐的小道，吕先生以书生本色抵制着歪风邪气的袭扰。他坚定地走自己的路，以自己坚实的脚印显示意志顽强、道德高尚。他生活上淡泊为怀，工作上谨慎勤奋，与人交往平易近人，有学者之高风，无市侩之俗气。他学问广博，独不善关系之学。直到晚年，行动不便，仍然在重读《史记》。每当我听他讲历史上亮点时，仍见他神采飞扬。他定然在民族的历史中品味着自身的历史，也许在自己的经验中印证着历史的波涛。他是平凡的，平凡得伟大；他很朴实，朴实得光辉。我作为后辈，只能记下与他直接相处的片断，铭记前辈的恩泽；但是，在超越个人恩怨之上，我们可以看到吕先生的品德和学问都闪烁着历史的光彩。

难忘师恩永记师训
——怀念恩师陈贻焮先生

葛晓音

时光真是无情，转眼之间，陈贻焮先生离开我们已经两个月了。他已经安息在金山的松柏之下。而我，却常常在恍惚之间觉得他还在镜春园和朗润园的书房里吟哦，在园子里的翠竹和芍药花丛间徘徊。总觉得他的人生之路应该很长很长，不会这样匆匆离去。尽管在他卧病的一年半里，我亲眼看着他的病体日渐衰弱，神志慢慢昏迷。在他去世之后，又亲手将他的骨灰放进墓园……但我仍然无法接受他已不在人世的事实。

两个月来，脑子昏昏沉沉，一直萦绕着一个难以解答的问题：陈先生对于他的身后之事，没有留下一句遗言。难道他对生与死竟没有一点思考吗？去年初春，几位老师去看望他，临别时祝他健康长寿。先生当时清晰地回答："恐怕长寿不了了！"可见他对自己的预后是了解的。但他始终没有对他的亲属、对我们这些学生流露过一丝绝望的情绪。每次去问候他，他总是说："我很好！不难受！"难道素来敏感的先生真的因为病在脑子而不觉得一点痛苦吗？我反复思考，觉得这个问题或许只有他在病中百听不厌的一盘音乐磁带能够解答。这盘磁带的题目是《回归大自然》——乐曲欢快的旋律将人带进一个远离尘嚣的世界，那正是先生喜爱的诗人王维和孟浩然所描绘的山水田园的优美境界……"生者为过客，死者为归人"，莫非是真正的彻悟使先生将生命的终结看做是回归自然？也许还是先生的女儿最了解他的心思，要求遗体告别仪式上不放哀乐，而是重放了《回归大自然》的音乐。我在报道文章里写道："陈先生在花香鸟语和潺潺流水声中安然长眠，他将在大自然中获得永恒。"我确信中国山水文学的精髓已化为先生的灵魂，使他从病痛和死亡的预感中得以解脱。那么这就是先生留给我们的遗言了：生，得性情之真；死，归自然之道。或许冥冥之中真有什么感应，或许先生的性灵已通上苍，否则为什么久旱的北京城在先生去世的那一晚纷纷扬扬落下了一场大雪？先生以前在上课时，曾花了很多时间给我们讲解他所激赏的岑参的两句诗："山回路转不见君，雪上空留马行处。"那时怎会想到先生最终也在大雪中走了！只是目尽青天，再也看不到一点行踪！

一

其实何必苦苦寻索先生没有留下的遗言？在我从学的二十年里，先生留给我的遗产难道还不够丰富吗？作为先生的开山弟子，我从先生那里所沾溉的恩泽，可能在他的门生中是最多的。我所走过的学术之路，每一步都离不开先生的扶持。可以说，没有先生，就没有我的今天。

记得1978年，我在边疆和农村耗费了十年大好时光之后，考回北大中文系"回炉班"。成绩虽是第一名，实际上学业已经荒废殆尽。当时既无大志亦无自信，只求学两年出来在北京城里谋个职业。但因这个班未得到教委正式批准，一年后同学们都准备考研究生。我也向陈先生"温卷"。送给他的是我翻译的一个英文剧本和已发表的一幅国画。而在古典文学方面则一无所知。先生问我打算研究什么，我回答说想研究徐渭，因为他能诗能画又擅长戏剧。现在回想起来，真是幼稚可笑。但先生并未在意我的浅薄无知，反而热情鼓励我争取考第一。后来我果然以全系总分第一的成绩考上了陈先生的研究生。

跟陈先生念硕士研究生的三年，改变了我的一生。是先生培养了我的自信，使我确立了人生应有的志向，懂得了安身立命的根本。陈先生招来的第一届研究生是我和张明非这两个女弟子。而且都已三十多岁，起步既晚，基础又不好。先生为了长我们的志气，特地写了一首题为《答问学，示张明非、葛晓音二生》的长诗，勉励我们"勿言蹉跎岁月久"，"失之东隅收桑榆"。诗里的热情和豪气深深地打动了我们。这三年里，我们拼命学习，努力把失去的光阴追回来。先生对我们的要求也非常严格，每两周就要交一次读书报告。他批改报告的方法是以鼓励为主。凡有新见，哪怕是微不足道的一点点,他也在旁边打上勾。勾有单勾、双勾和三个勾之分。旁批和文后的评语也写得非常详细。一般只有好评,极少批评。但我们自然能从他打勾和不打勾的地方看出他的褒贬之意。每次拿回读书报告,第一件事就是看看自己得了多少勾。如果得的勾多,一周的心情都好。如果得的勾不多,那就不免天天苦思冥想,问题出在哪里?那时我觉得自己学习的原动力几乎都是来自先生。有时心情沮丧,对自己失去信心,到先生那里谈谈,马上就能转阴为晴。这种习惯在我留校以后一直保持下来。"如坐春风"的典故,用来形容我十多年来听陈先生谈学问的感受,是最恰当不过的。

陈先生对学生是因人施教,分别指导。根据我们的长处和弱点,耐心地将他的治学方法和知识毫无保留地教给我们。讲评读书报告,虽是只对一个学生,他也要花费很多时间。他的谈话并不限于报告本身,而是往往就某个问题生发开去,给人许多启示。所以我每次都带着一个厚厚的笔记本,力争把先生的话一句不落地记下来。三年里,厚100页的笔记本记了两大本。这些报告和笔记成为我最重要的精神财富,直到现在,我仍然把它们放在书桌最常用的抽屉里,以便时常翻检。先生的指导具体细致,标点、格式、用词,都很讲究,错别字更是绝对不可有。记得以前写文章,常常"但却"二字连用,这在时下的文章里已很常见。但先生多次纠正我,说老舍最反对这样用!从此以后,我再也不用"但却"。刚入学的时候,我对诗歌艺术的领悟较钝,先生便用让我自己选诗的办法来训练我。我在研究生一年级时写的第一篇学术论文,能够在"文革"后的第一期《文学遗产》复刊号上发表,全靠先生的指点和帮助。这篇文章原有读书报告的基础。但在改成论文的过程中,我才体会到从报告到论文,又是一次飞跃。其中第二部分讲解陶渊明的三首诗,绞尽脑汁,总算讲出一点特色。其实主要是在先生的指导下,模仿先生的办法写出来的。最后一遍经先生逐字逐句细心修改才得以定稿。在读研究生的三年里,我一共写成十篇论文。每完成一篇,都要把先生修改的第一篇论文稿拿出来作为样板,仔细揣摩。这篇布满先生铅笔字的修改稿在我书桌里保存了很久,后来在一次搬家中连同其他文稿一起遗失,至今叹为恨事。

留校任教以后，先生对我的支持和关怀是无微不至的。1983年，霍松林先生约请陈先生撰写《八代诗史》。先生力荐我这个刚毕业的后生，并且向霍先生保证由他把关。我把这本书当做博士论文来对待，写了三年。遇到困难，我总是到先生那里求助。如有新见，也赶快到先生那里请他鉴定。书里还吸收了一些先生的观点。如其中评论曹植《赠白马王彪》一节，就是根据先生的文学史讲稿发挥的。书成之后，先生仔细通读了全稿，为我写了一篇书评式的序。这部书的完成，使我在学术道路上前进了一大步。先生常对我说："我保你到评上教授，以后我就不管了。"事实上，到先生得病以前，他一直在关心我的学业。每有论著发表或者得奖，先生的喜悦甚至超过我本人。他到各地讲学，总是到处宣传我的成绩。如果说，80年代我在同行中已经小有名气的话，一大半是被先生"吹"出来的。先生的这种精神激励着我，使我不敢有丝毫懈怠，经常想，就是为了先生，我也得好好干，绝不能给先生丢脸。

　　尤其令我感激的是，先生还在生活上给了我许多实际的帮助。我因"文革"中的种种磨难，到39岁时才有了一个儿子。家里老人无法给我们帮忙。孩子出世时，我还住在集体宿舍，儿子的户口没处上，便上在先生家的户口本上。孩子几乎就是在先生家里长大的。那时先生住在镜春园82号，我住在全斋，离得很近。虽然生活条件不算好，但那真是最快乐的一段时光！我有什么事分不开身，孩子就交给先生和师母。他们也特别疼我的儿子。每逢儿子生日，我还没想起来，他们的礼物就先到了。先生的礼物里常有他给梦鲤（我儿子的小名）的诗。有时因为过于烦劳先生和师母，我觉得很不好意思。先生总是爽朗地笑着说："那有什么，梦鲤是我们家的孩子！"先生最喜欢带着梦鲤在房前的竹丛里玩，自号"竹林二贤"。在梦鲤的心目中，"师爷爷"和"师奶奶"比自己的祖父母和外祖父母还要亲近。凡是先生的熟识朋友，几乎没有不知道先生和梦鲤的忘年交的。后来孩子渐渐长大，我家也越搬越远。每次去看先生，他总是反复叮咛我带梦鲤去看他。直到先生临终前一个月，他对我说的最后一句话依然是："带梦鲤来玩。"最近师母整理先生的遗物，在一本日记上，发现先生当年记录了梦鲤童年的许多趣事。其中有一条说，他买了一只小鸡等梦鲤来玩,但梦鲤没有去,他非常失望……唉!我现在只恨孩子背上的书包太重,在先生得病的这些年里,没能经常去探望他的师爷爷,给先生以最后的安慰!

在中国的学术界,古往今来有多少贤师和名师的故事流传!但我以为,像陈先生这样始终如一地以满腔热忱对待弟子的学者,实在少见。先生去世之后,我才深深体会到,先生在我们身上,寄托了延续他的学术生命的厚望。而我们对先生的感激,也不是一般的语词可以形容。"谁言寸草心,报得三春晖?"此时,只有孟郊的这两句诗能够表达我无穷的哀思。

二

陈先生不仅是我在学术上的引路人,而且在为人处世方面也为我们做出了表率。他对前辈师长的尊重和礼数的周到,给我的印象是最深的。早年他做过林庚先生的助教,此后一直在林先生跟前执弟子之礼,每周必定要去拜望一次林先生,已形成多年不变的习惯,坚持了半个世纪之久。林先生的学术有独特的个性,在五六十年代多次遭受批判。学术界也有一些人不能理解他那种诗人式的表述方式。陈先生却能敏锐地看出林先生许多创见的重要价值,在指导我的学业时,常给我分析林先生的学术路数,要我学习林先生"读聪明书"。他对林先生在诗歌艺术鉴赏方面的极高感悟力,最为钦佩,不止一次地说:"林先生所欣赏的作品,没有一首是不好的!"在历次政治风浪中,林先生总是成为批判的靶子,但陈先生从来没有写过批评林先生的文章。有一次,我和陈先生在林先生家闲谈,说起读本科时,我因为经常在课余向林先生请教,"文革"中被同学贴大字报的事。林先生叹道:"没想到连葛晓音也受了我的连累!一新,你从来没有批过我,倒没什么事?"陈先生说:"那是因为我特别小心。"确实,先生平时处事非常谨慎,这或许是他没有惹祸上身的原因。但他也从不做亏心之事,不肯说违心之话。所以他在良心上没有负担,能够终生坦然面对自己的老师。这在北大的环境里是颇为不易的。

林、陈二位先生的师徒之情,也令人十分感动。陈先生病后,林先生很担忧。说:"以后过马路,得我扶着一新了!"后来,陈先生不能自己出门,林先生穿过整个北大校园走到陈先生家里探望。须知此时林先生自己已是 90 岁的老人!陈先生去世后,我一直不敢告诉林先生,直到林先生焦急地问我:"陈先生究竟怎么样了?"才不得已说出实情。林先生听到噩耗,沉默半晌,才说:"自然规律不可抗拒,只是太早了点!"陈先生安葬前一天,我们捧着骨灰到林先生家门口,让陈先生向林先生作最后的告别。然后默默地离开,没有打扰林先生。那天的风太大,天太冷。事后林先生责怪我:"要是你们让我知道,说什么我也得出来迎接!"当他得知陈先生的墓离他与林师母(已于十年前去世)未来的合葬墓很近时,又转悲为喜,打电话安慰陈师母说:"将来咱们还在一起!"

与陈先生永远在一起的还有吴组缃先生。他的墓与林先生的墓是紧邻。而吴先生生前和陈先生同住镜春园 82 号,做了十多年的邻居,两家亲密无间。吴先生在"文革"后搬到朗润园以后,和陈先生家仍如亲戚一样来往。许多人熟知吴先生的大名,因为他是著名作家、冯玉祥的老师。但不一定知道吴先生为人的耿介和正直,更少有人知道吴先生的小儿子在唐山大地震时,为了抢救别人,而牺牲了自己的两个孩子。陈先生与这些品格高尚的先辈们生前意气相投,死后魂魄相聚。这种生死不渝的师友之情,为我们展现了人际关系中的崇高境界,令人肃然起敬,又令人无限歆羡!

与陈先生结下忘年交的前辈老先生还有很多。如夏承焘先生和无闻师母,80 年代前期住在北京时,与陈先生常有著作和书札往还。先生曾派我和明非到城里夏先生的住所去请安。我留校以后,也曾跟陈先生和师母骑自行车进颐和园,到藻鉴堂探望夏先生。南京大学的程千帆先生,也是陈先生最敬仰的老师。每次去南京,他的第一件大事就是拜望程先生。回来以后,便不厌其详地叙说他和程先生见面谈话的所有细节。正是因为听陈先生谈得太多,我在见到程先生之前,便对他有了一种亲近感。此外如缪钺先生与陈先生在四川一见如故;王瑶先生常请陈先生代写应酬的诗稿;季羡林先生更是常来常往的近邻⋯⋯这些先生似乎都把陈先生看成同辈。其实陈先生比他们小一个辈分。我想其中的原因,固然与陈先生擅长旧体诗词、国学功底扎实有关,更重要的恐怕是他温厚谦恭而爽朗诙谐、热情有礼而不失分寸、洞悉世情而超然洒脱，有古人之风和童子之心，这种气质和修养使他与上一辈的先生们能够融洽无间。

陈先生对前辈尊礼有加，对后辈则爱护备至，奖掖不遗余力。我原来学过画。刚跟先生读研究生时，他的《唐诗论丛》准备出版。先生请我为他设计封面。我并无美术设计的经验，却不过先生的坚请，勉力而为。印出的效果令我很不满意。但先生夸赞不已，逢人便说。后来林先生出《问路集》，也请我设计封面。其实他们两位先生何愁找不到好的设计师？这样做，当然是对我的鼓励，也是师生情谊的纪念。从1980年起，陈先生就开始了《杜甫评传》的写作。那时他的左眼视力已很差，我几次看到他倒茶时打碎杯子，因为看不清桌子的边沿。就在这样的情况下，他一边指导我们，一边写作。每天坚持工作到深夜两点，用五年的功夫完成了这部百万字的巨著。这是先生一生研究唐诗的结晶，也是20世纪杜甫研究的一个里程碑。可是这样一部重要的学术著作，他竟请我这个刚毕业的门生为他作跋。写跋文的那些天里，我每天在先生家看他的手稿，师母为我做可口的饭菜。真是神仙般的日子！通过这次写跋，我对先生的学术路数有了更深刻的体会，担心的只是自己不能把先生大著的精微之处充分表达出来。《杜甫评传》出版以后，我看到书里赫然印着"葛跋"的字样，大吃一惊，极为不安，对先生说我怎能当得起这样的位置！后来先生接到程千帆先生、傅璇琮先生等前辈的来信，都称赞这篇跋文写得好。我才明白先生的苦心，是要把我早早地"拔"进学术界去。十二年以后，先生的《梅棣盦诗词集》出版，先生又让我升了一级，用文言为这本书作序，请他的博士生钱志熙写跋。我没有直接评论先生的创作艺术，而是把我所了解的先生的人品和性情作为序文的重点。我认为自己是懂得先生心事的。当我把序文读给先生听时，他竟像孩子一样哭出声来。那时我又明白先生心里的积郁其实很深。这或许是他对学生的关爱和期望特别深切的原因吧！

在先生的学生中，我跟先生的时间最长，先生待我如自己的女儿。但先生并不偏心。无论是正式入先生之门的硕士、博士生，还是跟先生进修的国内外学者，先生都把他们当儿女看待。学生在先生家吃饭已是常事，师母也从来不嫌麻烦。学生进修结业或毕业远行，先生总是依依不舍，挥泪相送。外地大学请先生参加评议或主持答辩，他都是尽可能肯定别人的长处，同时又认真地给予指点。我近年来接触了一些中青年学者，见面时往往提及先生当年对他们的鼓励。先生去世之后，我们收到全国几百份唁电，其中有许多仍不忘先生的旧恩。

在做人的道德方面，先生对我们的言传身教更是难以忘怀的。刚留校的第一学期，教研室分配我教宋元明清文学史。我觉得非常为难，因为这不是我的专业方向。先生鼓励我努力完成任务。他说对于领导分配的工作，他从来不说二话。"文革"中，他在江西鲤鱼洲当伙头军，腰痛病发作，他还是挑着几十斤重的担子，坚持行军五十里。听了这话，我不但在留校的第一学期里写出了二十多万字的教案，而且在备课中发现了"太学体"的问题。此后我无论遇到多么难做的事，都能咬牙挺下来。

80年代中，在一次学术会议上，一位日本学者说，中国经过"文化大革命"已经没有文化了，提出要派日本学者来帮助我们。这事使在场的中国学者特别是一些老先生大受刺激。陈先生屡次对我提及此事，谈到应当成为国际学者，学术上要敢于攻坚，要为国际同行所承认，要为我们民族争气。先生提出的远大目标，使我在学术的追求上有了一股定力。无论学术界刮什么风，我只认准自己认为有长远价值的课题去做，不求一时的热闹，不图一时的浮名。二十年来，我在学术上没有走弯路，也逐渐得到了海内外学术界的认可，应当深深感谢陈先生在潜移默化中培养了我的独立精神。

先生对于在学术上占他人便宜的行为最为忌讳，常说成名之后，这类事往往难免，要特别警惕。以前教研室集体编写的事比较多，总有干多干少，不那么平衡。先生常常干得多，从没什么怨言，说宁可干得多，得的少；也不愿干得少，得的多。有一次，另一位老师带的一名研究生在李白研究方面有一点新见，向陈先生请教。陈先生很赞赏，让他写成文章，要帮他推荐给学术刊物。这位同学写了好多遍也没写成，泄气了，对先生说："我把这创见送给葛晓音，让她写吧！"先生不同意，但把这件事告诉了我，说："他的创见我不能告诉你，那是他的。"直到今天，我仍然不知那究竟是什么创见。还有一次，我把当研究生时听陈先生谈治学的笔记整理了一部分,发表出来;这篇文章很受欢迎,被多次转载,每次转载都有稿费。我把稿费交给先生,他无论如何也不收,说:"话虽是我说过的,但说过就完了。你记录整理了,是你的劳动,这钱我不能要。"先生的生活一直比较清苦。他曾告诉我,刚成家的时候,工资不够用,每个月都要向林庚先生借钱,还了又借,循环不已。80年代稍有好转,但仍觉拮据。他待人又慷慨大度,特爱留人吃饭,当然更加紧张。可是在稿费的计算方面,他始终不肯多沾一分一厘在他看来是不属于自己的报酬。先生最后主编《全唐诗笺注》,是他最无奈的一件事。当初有人来劝陈先生出面任主编,我任副主编,我和先生都认为这是一件大而无当的工作,坚决不同意。岂料牵线人到南方游说,说是陈先生已经同意。南方的一些先生来信热情支持,硬把陈先生拉上了马。后来由彭庆生先生和陈铁民先生任副主编,实际工作都是这两位先生做的。先生为此非常不安,多次对我说:"我上了贼船!"但我想倘若先生不病,他还是会勉强履行主编职责的。因为我深知先生不愿当挂名的主编,这不符合他一贯的处事原则。

先生平生最不喜争竞,常说:"人生犹如战场,只有老人和孩子不必参与,所以我最喜欢老人和孩子。"他又不喜学术争论,认为争论容易使人偏激,把话说过头。对于不同意见,他一般不太在意,总是说:"不要和人吵架!说你自己的就可以了。读者自会评判。"他当《文学遗产》编委时,编辑部曾寄来一篇与他持不同见解的稿子。他没有利用自己的审稿权压制别人,而是签署了同意发表的意见,也没有再写和人争辩的文章。由于先生宽宏大量,我也曾大胆地向他表示过一些不同看法,正确的意见先生常常是笑而纳之。

先生很希望我学习旧体诗的写作,而且也确实花了一些时间教我具体的作法,认真地给我修改那些不像样的作品。可我写了几首就没有再坚持下去。一方面是觉得好诗让古人写尽,再也写不出什么新意来;一方面是因为自己总在疲于奔命,对于生活没有陈先生这样高的兴致。其实先生饱经世变,对世事看得很透,但他随时都能从身边细事中发现诗意,他是那样热爱生活,热爱生命!追随先生多年,我很惭愧自己一直缺乏先生那种朝气蓬勃的精神状态。可是,这样一个鲜活的生命,天竟不假以年,命运待先生实在是太不公平了!

先生去矣!从此以后,那翠竹环抱的书房里再也没有他的身影。但他书房里的灯光在我心里永远不会熄灭。我相信,在金山的松风明月之下,北大古代文学教研室的先辈们还会照常开他们的学术讨论会。他们朗朗的谈笑声将穿过悠远的时空,永远启迪着后人的心智。

永远准备帮助你的好老师
——怀念叶蜚声先生

李佐丰

叶师去了。明知这是不可抗拒的,但仍禁不住悲从中生;尽管时光流逝,哀痛却仍是时时袭上心头。

叶师是一位学识渊博、循循善诱的好学者,又是一个和善诚恳、平易近人的好尊长,还是一位极善鼓励人、永远准备帮你的好老师。

二十年前,我入北大读书不久,就听绍年跟我称赞一位姓叶的老师,说他人极好,研究语言学理论,学问精深渊博,掌握多种外语,很爱帮助人;就住在29号楼后面的平房里。后来我刚好外语上有个问题,于是就去向他请教。那是燕南园58号,高树的掩映下,斗室发出黄白色的光——是台灯的光。一进屋内,就被他的学识和态度所感染:既有令人惊讶的渊博,更有令人惊讶的和善。因为他的缘故,室内的灯光似乎也分外柔和温暖,有一种家庭的气氛。请教完全是无拘束的,随便谈,决不必担心他不懂或厌倦。这使我想起孔夫子"学而不厌,诲人不倦"这句话。

以后就不时地去58号找叶师请教问题。后来,作藩师建议我翻译苏联雅洪托夫的《古代汉语》,于是向叶师请教的时候就更多了。当时我又正在考虑毕业论文的选题,于是古代汉语、语言理论、俄语语法、汉藏语系,想起什么问什么。我如果有怪诞不经的想法,叶师总是商量着纠正我,并且随之而来的是鼓励。当然,去的次数多了,也不止谈学问,什么都可以谈。以后,又认识了细心体帖的庄师和极其懂事的向阳,在58号就更随意了。有时谈晚了,叶师就会说:佐丰,陪我喝点酒。说是陪他喝酒,其实他是怕我在食堂吃得单调,为我改善伙食。而每次从他那里离开的时候,总会感到充实和信心。啊,那段生活可真愉快!

毕业之后，我到了内蒙古大学。人离开了叶师，可是我的心总是跟他在一起，叶师仍像在校读书时那样关心我。每次路过北京时见到他，他总是把国外语言学研究的进展情况讲给我听，就像当初在校时讲课一样。这使我增长了不少难得的知识。他知道语言学的稿子不易发表，一有机会，就帮助我。《语言学论丛》由叶师负责组稿时，他给我写来了信，嘱我写一篇给他。这就是那篇《〈左传〉的语、言、谓、曰、云》。后来，我写了《〈左传〉的使字句》，他又把这篇文章推荐给《语文研究》。如今文稿仍在，而为它的发表操过很多心的人却只能深深地铭记心中，实在令人泫然浩叹。

1993年，我赶写出《文言实词》。这是我的第一本书，出版社和我自己都很想请老师给此书写一篇序。叶师本在澳门大学任教，刚好假期他回北京。我到叶师那里请他写序时才知道，他一两天内就要回澳门。可是我实在想请他，于是就提出写序的希望。叶师毫不犹豫——就跟平时他对我的许多请求一样——满口答应了。我估计他在澳门忙，但可惜绝没意识到他有多忙，更没想到他后来的身体状况。《文言实词》印出后，他仍在澳门。由于叶师的偏爱，他的序对我和我的那本书都说得十分好，当然我知道自己没有叶师说得那么好。这篇序言，后由一位老师译成了英语，成为北京广播学院一些研究生学习英语的一篇主要文选。当他从澳门再回来时，我去看他。他更加和蔼可亲，可他的身体状况却给我心中带来了阴影和淡淡的凄凉：明显衰老，脚步蹒跚，说话时口齿不及以往清晰。看到叶师的现状，我已十分懊悔当初让叶师写序了，这只会给他本来已经够重的工作，又增添了许多负担。我不知叶师是在什么情况下写的这篇序，是在夜半灯下，还是在日分课余。但我却知道只要他还能挤出些许时间，这篇答应过我的序，他一定是要写的，而且极认真，把我的长处写足写满。唉，学生从老师那里索取的太多了。

我和叶师最后的一次交谈是在电话里。那是1998年他刚从上海回到北京。我正在思考先秦汉语的句型。我把我的一些想法跟他讲了。他嘱咐我说，弄句型时仍要注意两个问题。一个是要注意语义，另一个是要注意变换。然后仍然十分乐观地谈他在练气功的情形。后来得知叶师去世的消息，我脑子里几乎一片空白，只有一个沉重的念头：在这个世界里又少了一位对我关心、爱护备至的恩师！

叶师去了，他的很多话都永存在我的心里，其中有三次谈话在我脑子里刻得最深。第一次是我在校读书时，他说：汉语研究好像一座楼房，现在人们已经做的，只是打开了这座楼房各个房间的门；而门里面是些什么，正等着人们到里面去看。第二次是毕业分配时，我已经决定离开北京，离开我所敬重和热爱的先生和老师。心里多么不想离开他们，只有自己清楚。离开学校的那一天，竟在校门口碰到了极其亲切的叶师。他知道我要离开北京了，嘱咐我说，到外地后要好好读几本书，继续研究。还鼓励我说：你会为语言学做出些事的，以后有机会仍可回来。第三次是《文言实词》出版后，我已回到北京。叶师又对我说，实词搞出了眉目，只是划出了半个圈，以后你该把这个圈划圆。我力求按叶师的这些话去做，一直在认真读书，试图把他说的那个圈划圆。至于能做到哪一步，自己也不清楚。但我常想：只要我确实努力了，叶师在天之灵一定会知道的，他必然会安心和高兴的。

叶师，一位多么好的老师。

"啊！延安……"
——忆程贤策

乐黛云

1948年，我同时考上了北京大学和后来迁往台湾的中央大学、中央政治大学还有提供膳宿的北京师范大学。我选择了北大，只身从偏僻遥远的山城来到烽烟滚滚的北方。其实，也不全是"只身"，一到武汉，我就找到了北京大学学生自治会的新生接待站。接待站负责人程贤策是武汉大学物理系的高才生，却在这一年转入了北京大学历史系。相熟后他告诉我，他所以转系就是因为他认为当时不是科学救国的时机，他研究历史，希望能从祖国的过去看到祖国的未来。他体格高大，满脸笑容，有条不紊地组织我们这帮二十几个人的"乌合之众"，沿长江顺流而下，到上海转乘海船，经黑水洋直达塘沽，再转北京。他是我第一个接触到的，与我过去的山村伙伴全然不同的新人。他对未来充满自信，活泼开朗，出口就是笑话，以至后来得了"牛皮"的美称。记得那天黄昏时分过黑水洋，好些人开始晕船。我和程贤策爬上甲板，靠着船舷，迎着猛烈的海风，足下是咆哮的海水，天上却挂着一轮皎洁的明月。他用雄浑的男低音教我唱许多"违禁"的解放区歌曲，特别是他迎着波涛，低声为我演唱的一曲"啊！延安，你这庄严雄伟的古城……热血在你胸中奔腾……"更是使我感到又神秘，又圣洁，真是无限向往，心醉神迷。他和我谈人生，谈理想，谈为革命献身的崇高的梦。我当时17岁，第一次懂得了什么是人格魅力的吸引。

北京不如我想象中壮观、美丽，从山清水秀的故乡来到这里，只觉得到处是灰土。前门火车站一出来，迎面扑来的就是高耸尘封的箭楼，不免令人感到压抑。但是一进北大，情况就完全不同了。尽管特务横行，北京大学仍是革命者的天下。我们在校园里可以肆无忌惮地高歌:"你是灯塔","兄弟们向太阳,向自由",甚至可以公开演唱"啊,延安……",北大剧艺社、大地合唱团、民舞社、读书会全是革命者的摇篮。那时北大文学院各系科的新生都住在城墙脚下的国会街,就是当年曹锟贿选,召开伪国会的"圆楼"所在地,当时称为北大四院,今天是新华社的办公地点。程贤策一到校就担任了北大四院的学生自治会主席,我也投入了党的地下工作。接着到来的是一连串紧张战斗的日子,我们都在工作中沉没,我和程贤策也就逐渐"相忘于江湖"。

直到三年后,我们又一起参加了农村的土地改革。那时,北大文、史、哲三系的绝大多数师生都去江西参加革命锻炼,他们和很少几个地方干部一起,组成了中南地区土改工作第十二团,一些著名学者如唐兰、废名、郑天挺等也都在这个团,参加了与贫下中农同吃、同住、同劳动的行列,程贤策则是这个团的副团长,掌管着全体北大师生的政治思想工作。

我们这些全然没有社会经验,也全然不懂得中国农村的知识分子和青年学生突然掌握了近十万农村人口的命运,甚至有了生死予夺的大权!我们当然只有绝对服从上级命令,绝对按照《土改手册》的条条框框行事。我被派为一个拥有四千多人口的大村的土改工作组组长,我当时不过19岁,经常为如此重大的任务,内心深处感到十分茫然,十分缺乏自信,有时甚至浑身发冷!当时正值大反"和平土改",上级指示:要把地主阶级打翻在地,踏上一万只脚,农民才能翻身。我们村已经按《手册》划出了八个"地主",上级还是认为不够彻底;直接领导我们的、当地的一位副县长一再指出我们这个村是原"村公所"所在地,本来就是恶霸村长的"黑窝",一定要狠批狠斗。他多次批评我们这些知识分子思想太"右",手太软,特别我又是个"女的",更是不行。他多次指示当务之急是要彻底打倒地主威风,重新"发动群众"。由于总感到我这个"女组长"极不得力,后来终于亲自出马,突然带了几个民兵,来到我们村,宣布第二天开大会,八个地主统统就地枪决。我争辩说,《手册》规定只有罪大恶极的恶霸地主才判死刑,他说我们这里情况特殊,不这样,群众就发动不起来,又告诫我要站稳立场。我无话可说。第二天大会上,我亲眼看见好几个妇女在悄悄流泪，连"苦大仇深"的妇女主任也凑在我的耳边说："那个人不该死！"她说的是在上海做了一辈子裁缝的一个老头，他孤寡一人，省吃俭用，攒一点钱就在家乡置地，攒到1949年这一生死界限（土改以这一年占有的土地为标准划阶级），刚好比"小土地出租者"所能拥有的土地多了十余亩！这个裁缝并无劣迹，还常为家乡做些善事，正派老百姓都为他说情，但我们只能"按照规章办事"！我第一次面对面地看见枪杀，看见"陈尸三日"。我不断用"阶级斗争是残酷的"这类教导来鼓舞自己，但总难抑制心里说不清道不明的悲哀。好不容易支撑了一整天，晚上回到我所住的村公所，不禁瘫倒在楼梯脚大哭一场。那时村公所只住着我和废名教授两个人，他住楼下，我住楼上。不知道什么时候，他来到我身边，把手放在我头上，什么也没有说。我抬起头，发现他也是热泪盈眶！

  不久，工作团开全团"庆功会"，总结工作。我怀着满腔痛苦和疑虑去找程贤策。他已完全不是黑水洋上低唱"啊！延安……"的程贤策了。他显得心情很沉重，眼睛也已失去了昔日的光彩。但他仍然满怀信心地开导我，他说我们不能凭道德标准，特别是旧道德标准来对人对事。"土改"的依据是"剥削量"，"剥削量"够数，我们就有义务为被剥削者讨还血债。至于"量"多一点或少一点，那只是偶然，不可能改变事情的实质。恩格斯教导我们："认识必然就是自由"，有剥削，就有惩罚，这是必然，认识到这一点，你就不会有任何歉疚而得到心灵的自由。这番话对我影响至深，后来凡遇到什么难于承受的负面现象，我都努力将其解释为"偶然"，听毛主席的话则是顺从"必然"。程贤策又通过他自己的亲身经历告诉我他最近才认识到：由于我们的小资产阶级出身，我们应该对自己的任何第一反应都经过严格的自省，因为那是受了多年封建家庭教育和资产阶级思想侵蚀的结果。尤其是人道主义、人性论，这也许是我们参加革命的动机之一，但现在已成为马克思主义阶级学说的对立面，正是我们和党一条心的最大障碍，因此，摆在我们眼前最重要的任务就是彻底批判人道主义、人性论。他的一席话说得我心服口服，不知道是出于我对他从来就有的信任和崇拜，还是真的从理论上、感情上都"想通了"。总之，我觉得丢掉了多日压迫我的沉重的精神包袱，于是，在庆功总结大会上，我还结合自己的亲身体验和思想转变作了批判人道主义、人性论的典型发言。

虽然同在一个学校，而且他后来还担任了我所在的中文系党总支书记，但我再单独面对他，已是十年之后的事了。这十年发生了多大的变化啊！1958年，我已是人民最凶恶的敌人——极右派，被发配到京西丛山中一个僻远的小村落去和地、富、反、坏一起接受"监督劳动"。和我们在一起的还有到农村接受贫下中农再教育，并充当我们的监督者的"下放干部"。1961年，几乎全国都沉落在普遍的饥饿中，许多人都因饥饿而得了浮肿。程贤策代表党总支到我们的小村落慰问下放干部。那时，横亘在我们之间的已是"敌我界限"！白天，在工地，他连看也没有看我一眼。夜晚，是一个月明之夜，我独自挑着水桶到井台打水。我当时一个人单独住在一个老贫农家。这是沾了"右派"的光。下放干部嫌我们是"臭右派"，不愿和我们朝夕相处，让六七个男"右派"集中住到一间农民放农具的冷屋中，女"右派"只我一人，原和四位女下放干部挤在一个炕上，她们大概总觉不太方便。例如有一次，她们冒着严寒，夜半去附近村落收购了很多核桃，用大背篓背回，连夜在屋里砸成核桃仁，准备春节带回家过年。收买农产品是下放干部纪律绝对禁止的，她们见我这个"敌人"无意中窥见了她们的秘密，不免有几分狼狈，又有几分恼怒，没几天就把我赶出屋去和一对老贫农夫妇同住。我和老大爷、老大娘同住一个炕上，他们待我如亲生儿女，白天收工带一篮猪草，晚上回家挑满水缸，已成了我的生活习惯。我把很长很长的井绳钩上水桶放进很深很深的水井，突然看见程贤策向我走来。他什么也没有对我讲，只有满脸的同情和忧郁。我沉默着打完两桶水，他看着前方，好像是对井绳说："也难得有这样的机会，可以这样深入长期地和老百姓生活在一起。"过一会儿，他又说"党会理解一切"。迎着月光，我看见他湿润的眼睛。我挑起水桶扭头就走，惟恐他看见我夺眶而出的热泪！我真想冲他大声喊出我心中的疑惑："究竟发生了什么事？这一切究竟是为什么？这饥饿，这不平，难道就是我们青春年少时所立志追求的结果吗？"但我什么也没有说，我知道他回答不出，任何人也回答不出我心中的疑问。

时日飞逝，五年又成为过去。我万万没有料到我和程贤策的最后一次相见竟是这样一种场面！1966年"文化大革命"风起云涌，几乎北大的所有党政领导人都被定名为"走资本主义道路的当权派"，被揪上了"斗鬼台"。身为中文系党总支书记的程贤策当然也不能例外。记得那是6月中旬酷热的一天，全体中文系师生都被召集到办公楼大礼堂，这个大礼堂少说也能容纳八百人，那天却被挤得水泄不通，因为有许多外系的革命群众来"取经"。我们这些"监管对象"专门被强制来看"杀鸡"的"猴儿"，有幸被"勒令"规规矩矩地坐在前三排。一声呼啸，程贤策被一群红卫兵拥上主席台。他身前身后都糊满了大字报，大字报上又画满红叉，泼上黑墨水。他被"勒令"站在一条很窄的高凳（就是用来支铺板铺床的那种）上，面对革命群众，接受批判。我坐在第二排，清楚地看到他苍白的脸，不知是泪珠还是汗水一滴一滴地流下来。批判很简短，走资派、地主阶级的孝子贤孙、文艺黑线的急先锋、招降纳叛的黑手、结党营私的叛徒等罪名都在预料之中，但"深藏党内的历史反革命"却使我骤然一惊，接着又有批判说他是国民党青年军打入共产党的特务。我这才想起来，他曾和我说起过他十六七岁时，为了抗日，曾去缅甸参加过抗日青年军。他曾不止一次地和许多人聊天，当众夸耀他游泳的技术多么棒，如何多次横渡缅甸的伊洛瓦底江。这能是"深藏"的"特务"吗？我正在百思不得其解，又一声呼啸，程贤策被簇拥下台，一顶和他的身高差不多的纸糊白帽子被扣在他的头上，顿时又被泼上红墨水、黑墨水，墨水掺和着汗水流了一脸！革命群众高喊革命口号，推推搡搡，押着程贤策游街，我目送他慢慢远去，根本挪不动自己的脚步！

这一天的革命行动终于告一段落，我们都被放回了家。我家里还有幼小的孩子，急急忙忙回家买菜做饭，头脑里是一片空白！我去小杂货铺买酱油时，突然发现程贤策正在那里买一瓶名牌烈酒。他已换了一身干净衣服，头发和脸也已洗过。他脸色铁青，目不斜视，从我身边走过，我不知道他是真的没有看见我，还是视而不见，还是根本不想打招呼，总之，他就是这样从我身边走过，最后一次！我当时默默在心里为他祝福："喝吧，如果酒能令你暂时忘却这不可理解的、屈辱的世界！"

我们那时生活非常艰难，每天都被"勒令"在烈日之下趴在地上拔草十来个小时，同时接受全国各地来串联的革命小将的批斗（包括推来搡去和各种千奇百怪的"勒令"）。就在这样的情景下，全国最优秀的翻译家之一，曾为周总理翻译的吴兴华教授中暑死了；著名的历史学家，北大图书馆馆长向达教授被"勒令"收集革命小将们扔得满校园的西瓜皮，晕倒在地，未能得到及时救治，也死了。在这重重噩耗中，我的心已经麻木冻僵，似乎已经不再会悲哀。后来，我被告知我心中的那个欢快、明朗、爱理想、爱未来的程贤策就在我买酱油遇见他的第二天，一手拿着那瓶烈酒，一手拿着一瓶敌敌畏，边走边喝，走向香山的密林深处，直到生命的结束。当"大喇叭"在全校园尖声高喊"大叛徒、大特务程贤策自绝于党，自绝于人民，罪该万死，死有余辜"时，我已经没有眼泪，也没有悲哀，只是在心里发愁：程贤策的尸体差不多两天后才被发现，在这酷热的盛夏，在那人人要划清界限，惟恐沾身惹祸的日子里，程贤策的妻子怎样才能把他的尸体送到火葬场啊！？

1948年，我和程贤策一起来到北京大学，这里有我们的青春，我们的梦，我们的回忆，也有无数我们对生活、对苍天的疑问。这一切，连同那一曲迎风高歌的"啊！延安……"都将化为烟尘，随风飘散，再无踪影，只有那黑水洋上翻滚的波涛和那无垠星空中一轮皎洁的明月将永远存留在我心底。

又是丁香花开时节
——深切怀念朱家玉老师

欧阳周

在人文气息浓郁、景色旖旎的燕园，不论是在古色古香建筑物的四周，还是在学生宿舍楼下的空地上，也不论是在未名湖周围高低起伏的小山丘上，还是在校园内四通八达大小道路的两旁，都能看到一种植株高约三五米、树皮呈灰褐色、枝条光滑无毛的落叶小灌木，这就是我国北方常见的著名园林花卉丁香。每当春天来到的时候，丁香树细柔的枝条上就长出卵圆形碧绿的嫩叶，在韧枝绿叶间，萌生出一粒粒嫩绿的花蕾；到了春夏之交，单瓣或重瓣的丁香花就绽满了枝头。这种花顶生或腋生，呈圆锥聚伞花序，花色紫中露白，白中透紫；数不清的小花汇集到了一起，一簇簇、一丛丛，远远望去，如烟如霞，如云如潮，虽不如蔷薇、杜鹃的姹紫嫣红，却自有其素雅清纯的神韵。丁香花散发着一种独特的芬芳，馨香馥郁，浓而不酽，淡远怡人，沁人心脾。古人说得好："五月丁香开满城，芬芳流荡紫云藤。"正是这随处可见的丁香花，为燕园平添了无限秀色，把北京大学装点得分外娇娆。

我是1956年8月考入北大的，1961年7月毕业。在这毕生难忘的五年时光里，每当丁香花开时节，我总爱独自踯躅于未名湖畔，或踏上湖心的枫岛，寻觅丁香婀娜的倩影，一边欣赏她那秀美的花色、繁茂的花丛，嗅闻空气里到处弥漫的丁香花的芳馨，一边吟诵古代诗人所写的"丁香体柔弱，乱结枝犹垫"、"芭蕉不展丁香结，同向春风各自开"、"青鸟不传云外信，丁香空结雨中愁"、"殷勤解却丁香结，纵放枝头散诞春"等千古名句，从中感受到自然美与艺术美交融的审美享受，心醉神驰，开心极了。毕业后，我离开母校，来到南国某省会城市的一所著名高校工作，直到 1996 年退休，至今快四十七个年头了。每当我回忆在大学度过的青春年华时，总会联想起燕园那无处不在的丁香，勾起我许多美好的回忆，带给我无尽的思念和遐想。

当前，立夏前后，又到了丁香花开的时节。每当在我脑海里浮现出丁香那娉婷娴静的姿态，那素雅纯净的花色，那芬芳四溢的幽香，我不由得就会想起了一个人，她有着和丁香花一样的姿容、品格和气质，这就是北大中文系的朱家玉老师。

开学后听的第一堂专业课，就是朱家玉老师讲授的"人民口头创作"。当我赶到一教 102 阶梯教室时，大半个教室已坐满了听课的一年级新生。我在后排坐下不久，上课铃响，只见一位中等个儿、面容清秀、两眼炯炯有神、衣着朴素、气质典雅的年轻女教师走上讲台。她说话清脆悦耳，标准的普通话里不经意间带有几分软绵吴语的尾音，富有磁性和音乐美。她在黑板上写上"朱家玉"三个字，面露微笑，向同学们作自我介绍。我对照课表，才第一次将"人民口头创作"授课老师的姓名与活生生的老师本人连到了一起。朱老师对教学作了充分的准备，先在黑板上写下这堂课的总标题和分列的小标题后，转身面向同学，完全撇开讲稿，全神贯注、滔滔不绝地讲下去，在重点或疑难处，总是稍作停顿，或重复，或加重语气，或转身在黑板上写下关键词语。我清楚地记得，第一堂课朱老师主要讲了三个问题：什么是人民口头创作？人民口头创作的主要特点是什么？人民口头创作与文人创作是一种什么关系？她的讲课有一个明显的特点，论理部分讲得简约精要，纲举目张，然后举出大量的实例作为佐证，支撑和印证论理，二者水乳交融，真正做到了观点和材料的统一。朱老师专心致志，心无旁骛，充满自信，课讲得很投入，在流水般侃侃而谈中，不时辅以面部表情和手势；特别是当她举例讲到古代人民口头创作的名篇和典故轶事时，更是绘声绘色，眉飞色舞，完全将我们带入了一个非文字书写的艺术殿堂的神秘世界。

朱老师待人谦和，平易近人，没有一点架子。她的课堂教学比较开放、活跃，师生双向互动较多，同学们有听不懂的地方，可在课堂上举手提出来，她会尽量详细具体地重复讲述一遍；对同学们提出的疑问，能回答的在课堂上就及时解答，凡一时难以解答的，她在课后查阅资料后必在下一堂课详细讲解；如与老师的看法有分歧，不必顾及师道尊严，可大胆地提出来，在课后与她交换意见。我就曾对她讲的上古歌谣《蜡辞》"土反其宅，水归其壑，昆虫毋作，草木归其泽！"的句末读音，提出来与她商榷。她听后说："你这样理解也有道理，不必拘泥一说。"还勉励我说："你爱动脑筋，能独立思考，这很好！搞学问就应该这样。"

  我出生在湘中资水旁的一座中等城市里，父亲在一所师范学校教书，母亲虽读过爱莲女师，却不外出谋事，专心在家操持家务。母亲年幼时随经商的外祖父走南闯北，开阔了她的眼界，丰富了她的生活阅历，学会了各地的民间文艺演唱。我出生时，母亲身体纤弱，奶水很少，就专为我请了奶妈龙姨。我还是婴儿的时候，在摇篮里就常听到母亲和奶妈为我吟唱的《睡吧，小宝贝》、《美丽的小公鸡》等催眠曲；孩提时代，更是经常聆听到母亲为我讲的《狼外婆》、《鲁班学艺》、《牛郎织女》等民间故事，滋润了我的心灵，开启了我的智慧。这大概是我最早接触的人民口头创作吧。1944年到1945年间，日寇侵占了我家居住的城市，全家颠沛流离，逃难来到祖居地涟源塘湾的一个近山的偏僻村落里，这里保持了传统的楚风，无论男女老幼都爱唱山歌，巫傩盛行，生儿育女、婚丧娶嫁、四时八节、驱旱祈雨，都离不开独唱、对唱或合唱山歌、巫师作法、欢跳傩舞、表演傩戏，这些非物质遗产一代代传承下来，没有文字记载，成了一种民风民俗。我接触这些民间文艺后，对当地老百姓的生存和生活状态有了更深的理解，引发了我对人生的回味和思考。我参加工作后，1954年到1955年间，曾在太原一个大型国营兵工厂工会工作，同事中有两个奇特的女性，一个叫王秀兰，一个叫郭玉梅，是女工部的正副部长。她俩都来自山西抗日革命根据地，只有小学文化，十三四岁就参加了革命，当游击队员，16岁就都入了党。她俩当时20出头，已经是"老革命"了，会唱很多当地的民歌和革命歌曲，所讲的民间神话、传说、故事和她俩亲身经历的伏击鬼子、打顽军的事迹，使我们这些外地来的学生娃干部听得有滋有味，兴趣盎然。过去，我对人民口头创作虽有较多接触，但都是零碎的、感性的，自听了朱老师开的这门课后，我对人民口头创作的本质、特征、审美价值、社会作用有了全面、理性的认识，真切认识到它是一切文学的源头，离开了人民口头创作的哺育、培植，文人文学将成为无源之水、无本之末。这对我后来在高校从事语言文学的教学和科研，产生了深刻的影响。

与朱老师接触多了，同学们对朱老师的好感与日俱增。后来，我们得知朱老师是上海人，父亲是位大资本家，家境富裕，然而她在解放前的学生时代，却毅然决然地背叛了自己的家庭，追求进步，靠拢党组织，积极参加"争民主、争自由、反饥饿、反内战"的爱国民主运动。解放后，她来到北大工作，父亲一连打来十几封电报，催她立即回上海和姐姐一起经香港去美国念书，说在美国银行里早已为她姊妹俩存上了足供她俩念书的钱。她却坚决回绝，与父亲断绝了一切关系，报名参加土改运动，在土改中表现很好，被北京市委作为剥削阶级子女改造好的典型吸收入党。朱老师是我国民间文学和民俗学的开拓者和倡导者、国学大师钟敬文先生的入室弟子，是上世纪50年代北京大学中文系的第一位研究生。

她担任"人民口头创作"的教学，几年间做了几大箱卡片，还发表了好多篇很有创见的论文。当我们知道这些后，对朱老师就更加敬佩了。

在我五年大学生活里，朱老师只是在第一学期给我们开过这唯一的一门课。她的课讲得通俗易懂、生动有趣、亲切欢快，给我留下了深刻难忘的印象。当时，我有一个强烈的愿望，希冀中文系给我们开课的老师，都能像朱老师一样，那该多好啊！尔后，我竟如愿以偿，大喜过望，有幸陆续听了林庚、游国恩、王力、杨晦、吕德申、冯钟芸、季镇淮、唐兰、魏建功、浦江清、吴组缃、杨伯峻、吴小如、高名凯、朱德熙、周祖谟、王瑶、林焘、褚斌杰、金开诚、袁仁需诸位先生的课，还听了从外校请来的肖涤非、王季思、刘绶松等先生的课，到外系听过季羡林、汤用彤、朱光潜、宗白华、冯友兰、冯定、贺麟、张岱年、邓广铭、曹靖华、冯至等先生的课。他们之中，很多均属于大师级的人物。这些先生讲课的内容迥然有别，风格各异，个性独具，但都学识渊博，见解卓越，旁征博引，口若悬河，都是那样的精当、精辟、精粹、精美和精彩。我庆幸：我能来到北大就读，这是我人生历程中的金曲华章！母校北大，她成了我毕生的精神家园！

1967年6月，正是北大"反右"斗争轰轰烈烈开展的时候，我听到了一个惊人的噩耗，说的是德、学、才、貌四全其美的年轻女教师朱家玉先生,在工会组织的赴大连旅游返校时,获知自己将被划为"右派",接受批判,她迷惘惶恐,欲哭无泪,为维护自己的人格和尊严,竟深夜自沉于渤海湾。质本洁来还洁去,她化为了一缕青烟,永远与茫茫宇宙冥合为一!

朱家玉老师离开我们五十多年了。每当我回眸在北大度过的岁月,就难忘燕园那素雅馨香的丁香花,就会怀念可敬可亲的朱家玉老师,悲伤惋惜之际,不由得神色凝重地吟唱起歌手唐磊演唱的《丁香花》来:

> ……
> 多么忧郁的花,
> 多愁善感的人啊,
> 花儿枯萎的时候,
> 当画面定格的时候。
> 多么娇嫩的花,
> 却躲不过风吹雨打,
> 飘啊摇啊的一生,
> 多少美丽编织的梦啊。
> 就这样匆匆你走来,
> 留给我一生牵挂,
> 那坟前开满鲜花是你多么渴望的美啊!
> 你看那满山遍野,
> 你还觉得孤单吗?
> 你听那有人在唱那首你最爱的歌谣啊,
> 尘世间多少繁芜,
> 从此不必再牵挂!

我自认为,这首歌曲竟像是特意为朱家玉老师而谱写的、而歌唱的。敬爱的朱家玉老师,愿您在天堂摆脱凡世间的一切烦恼和悲伤,永远像丁香花那样美丽!那样纯洁!!那样芬芳!!!

2009.5.5 于长沙岳麓山下

怀念徐老师

陈保亚

2006年上半年，我正在日本，徐老师给我和北大语言学教研室其他几位老师发送了一封信，是齐国力教授谈保健的。我当时觉得奇怪，徐老师怎么谈起保健来了。2006年9月初，我负责的汪锋博士后出站报告论证会在中文系五院举行，徐老师参加了会议，论证会完了以后我们还在一起吃饭，当时我没有看出徐老师有病的迹象，我问徐老师最近身体怎样，他说还行。然后我又回到了日本。长期以来，徐老师从来不告诉我他的健康情况，见面总是说还不错，我也一直觉得他的身体很好，90年代坚持爬山，后来坚持散步。所以我也不在意。10月初我爱人何方打电话到日本来，说徐老师体检可能会有一些问题，没想到后来确认是胰腺癌，不久住进医院。我立刻在日本查阅了相关资料，知道胰腺癌死亡率极高，而且病情发展很快。我工作的日本大学12月中旬有一段时间空闲，我准备那时回去看望徐老师，没想到徐老师11月25日突然走了。临走前没有见到最后一面。

1985年9月作为刚入学的硕士研究生，我第一次到徐老师家，徐老师给我泡了一杯很浓很浓的茶，师母拿出了一盘水果。徐老师知道我是从学医转学文的，问起我为什么对语言学理论感兴趣，我告诉徐老师我一直是一个爱因斯坦迷，高考志愿填写的全部是理论物理，77级高考好像不太管考生自愿，结果阴差阳错被录取学医，大概是因为档案里记录我当知青时做过赤脚医生。后来转学文，读了维特根斯坦、索绪尔、布龙菲尔德和乔姆斯基的书，对理论语言学有了兴趣。徐老师先给我泼冷水，说研究语言学理论比较辛苦，难出成果，现代汉语和古代汉语分析材料找到规律就够了，语言学理论还要继续找更简单的规律，上升到普遍原则。徐老师告诉我，从我的考试试卷看，我读了很多书，但是没有怎么看北大的书。我当时觉得自己很侥幸，换一个老师，或许就不会录取我了。竟然连北大的书都不看还来考北大！顿时觉得碰上徐老师有知遇之恩，也觉得徐老师没有门户之见。接下来的一个谈话主题是，不要只读当前刊物上的论文，不要跟着杂志刊物跑，不要囿于所谓热点问题，而要抓住根本问题。徐老师让我先系统读索绪尔的《普通语言学教程》、萨丕尔的《语言论》、布龙菲尔德的《语言论》、W. Lehmann 的 *A Reader in Nineteenth Century Historical Indo-European Linguistics* 和 J.Lyons 的 *Introduction to Theoretical Linguistics* 等著作，还有徐老师的一些文章。尽管索绪尔和布龙菲尔德的书原来也读过，但很多都没有读到要害处，也没有读出问题，这次是在徐老师的指导下精读，一边读一边讨论，徐老师的很多读书心得也都融会到我的思路中了。这一招很管用，读完以后感觉到知识结构和以往大不一样，各种理论的来龙去脉和相互关系一下清楚多了。再回过头来看杂志刊物上的文章，好些是没有注明出处的转述或者是不熟悉早期成果的重复，好些热点问题并没有切中要害。徐老师说这就是学术史眼光，研究理论语言学必须要有学术史眼光，才能进入下一步的研究。这时我第一次领会到了系统阅读经典著作的价值。这大概是名师指点的第一个好处。经典著作是知识结构中的一些重要支点，要分清哪些是经典著作本身就是做学问的一大难关。我很庆幸能够站在徐老师肩膀上闯这个难关。不过当时我一直不明白徐老师的书单中为什么没有乔姆斯基的著作，是不是乔姆斯基的著作不够"简单"？

我做硕士论文期间，经常和徐老师、王洪君师姐在一起讨论语言的结构、系统、变异、音变原因等问题，我们也谈到语言以外的系统论，谈到耗散论和信息论，当时的"三论"是认识系统性质的三个视角。我们在徐老师那不太宽敞的家里分享着运思的乐趣，品尝着徐老师泡的很浓很浓的茶，无所不谈，气氛格外轻松。但是徐老师绝不让我们空谈，各种知识结构只是背景和借鉴的源泉，在关键的时候就要落实到语言事实上来。徐老师倡导字本位后，有人觉得缺少实证性，我想可能和研究的问题有关系，初始概念都是不太好实证的，所以词也不容易实证。但我在做硕士毕业论文的过程中注意到，徐老师对实证的要求非常严，一切都要从材料出发。我的任何一个想法他都要问支持的材料在哪里。看了我的几篇读书报告后，徐老师重点让我阅读了 U.Weinreich、W.Labov 和 M.Herzog 合写的 "Empirical Foundations for a Theory of Language Change"（1968）。当时徐老师和王洪君师姐正在研究汉语方言中的文白异读这种变异现象，对 U.Weinreinch 等的这篇文章很重视，认为对系统的认识很深刻。我读下来的感觉是，这篇文章最重要的原创点是把变异作为系统的本质属性，并证明了变异和社会因素是相关的。

徐老师指导我读书并不让我停留在总结别人的创新上，而要进一步提出经典作家未能解决的关键问题。我的问题是，U.Weinreich 等的文章没有解决语言内部结构和变异的关系。如果变异只和社会因素有关系，那么为什么变异只产生在某些音类上而不产生在另一些音类上。这时，徐老师又拿出了另一篇文章让我读，这是 A.Martinet 的 "Function, Structure, and Sound Change"（1952）。Martinet 试图论证音变原因和语音结构有关系。徐老师指导我研究不只是把关让我不犯学风、逻辑和材料方面的错误，而且能够在我提出问题时，引导我继续读哪些著作。这需要指导老师有深厚的学术积淀。徐老师对 Martinet 的理论很熟悉，后来国内研究音变中广泛使用的"拉链"、"推链"等分析办法，就是徐老师在 Martinet 文章的基础上率先启用的。

我对 Martinet 的文章提出的一个问题是，Martinet 没有从整个系统的结构来考虑问题，比如，一个声母在结构中的稳定程度是和韵母有关系的，而语音层面的稳定性和句法层面又有关系。Martinet 的另一个问题是没有从活生生的变异中来观察音变和结构的关系。问题提到这一步，徐老师认为可以展开研究了。

上面提到的两篇文章是上个世纪探索语言演变机制和原因的很有分量的文章。这两篇文章实际上代表了看待语言演变的两种态度：外部原因论和内部原因论。相比之下，我尤其不太同意 Weinreich 等在这篇文章中把音变原因过多归结为社会因素或者外部因素，其实 Weinreich 在更早的一部著作中是比较重视结构的，偏重社会因素不知道是不是 Labov 的想法。

徐老师当时从**叠置**音变的角度对音变原因也有很多思考，所以他同意我的分析，并同意我从结构入手展开研究。我的硕士论文题目叫《语言演变的结构基础》，是自己定的，徐老师一眼就看出了我的题目是针对 Weinreich 等的 Empirical Foundations 来的，也同意我取这个题目。徐老师认为，当时的社会语言学在某些方面把语言学搞成社会学了，有些偏离了语言研究的宗旨。徐老师在多次讨论中都强调，语言学的规律和社会学的规律是不一样的。徐老师让我重点阅读的这两篇文章，反映了当时徐老师的一种学术眼光。

怎样设计我的硕士论文研究方案开始提到日程上来了。徐老师平时言行随和谦让，讨论问题前总是要聊一下大家最近发生的趣事，看上去徐老师好像相信大家讲的故事，在听大家的意见，但思想深处厚重而稳定，不轻易改变自己的学术态度，尤其不肯在原则上让步。徐老师行不如风但可谓静如山，或许是他长期思考积淀的结果。我当时对 Chomsky 的理论比较感兴趣，多次在徐老师面前提到可以接受 Chomsky 理论的某些方面，徐老师也不反对，承认 Chomsky 的理论在形式语言与自动机理论方面的成功，但言谈中也流露出 Chomsky 的理论在方言调查研究方面存在问题。徐老师一贯坚持从方言分析中得出结论，也要求我这样做。我也努力这样做了，展开了对西南官话的一些调查。有一天我跟徐老师说，由于汉语方言中广泛存在接触现象，如果要研究一个系统内部结构和变异的关系，首先要从权威方言的变异入手，先观察在没有方言叠置的影响下或影响较小的条件下，一个系统内部有什么结果，然后再来找方法区别哪些是内部原因引起的音变，哪些是外部原因引起的音变。我提到北京话作为权威方言是比较理想的。我还提到论证一些重大的理论问题不宜用太偏的方言材料，这样才有利于大家来进行检验。没想到徐老师很容易地接受了我的想法，同意我从北京话这种权威方言中的变异入手展开研究，并介绍我找一下沈炯老师，说当时林焘先生带领北大师生对北京话变异进行了几次调查，有比较丰富的材料可以利用。

徐老师的理论研究路子和学术界通常想到的理论研究路子完全不一样，不太喜欢在概念的定义上兜圈子，更多的精力和时间是用在材料分析上。我的硕士论文需要整理出北京话变异的秩序，工作量非常大，我担心做不完。徐老师说，扎实的理论必须有扎实的材料，而且应该穷尽。他的宁波话百年演变的研究可以说是体现了这种态度。于是我只好先放下其他工作，把北京话变异材料全部用手工整理分析了一遍，有的磁带录音要花很长时间反复听才能听清楚，同时我还要展开很多专项调查。当时又没有电脑和数据库的帮助，材料和分析结果只能写在纸上，在纸上用表格计算。这是一项非常艰苦的工作，花了我很多时间。沈培君有一次告诉我他的博士论文材料光记录就是一纸箱，我暗自叹息我的硕士论文写得好亏，我的材料记录有两箱。这时我才第一次深刻领会到徐老师和我第一次见面谈话的涵义，从材料到理论的研究实际上比从理论到材料的研究要困难得多，你必须调查分析统计大量的材料，解释全部的例外，才能得到一个普遍的结论或一个全称判断。不过尽管很累，也乐在其中，因为后来统计出的变异起变部位和变异走向总是和算出的结构协合度有关系，不仅包括零声母变异，也包括儿化变异。当我拿出这些统计结果和数据时，徐老师也非常高兴，因为他早期的方言调查经验也让他感觉到变异的起变和走向不可能和结构没有关系。当然也有例外，但很多可以从另一个层面的结构上得到解释，比如聚合关系上存在的例外往往可以从组合关系得到解释，音系结构上存在的例外往往可以从语法层面上得到解释。还有一些例外则要进一步追问到方言或语言的接触。于是我们在变异从无序到有序变化这一过程中，加入了结构这一因素。不过徐老师还是比较谨慎的，让我继续观察活的变异走向，担心变异万一又倒回去了怎么办。直到现在，我还在不断关注北京话的合口呼零声母变异和儿化变异，其走向和当时统计出的回归直线是一致的，和结构的协合方向是一致的。即使我们不用结构协合的概念，用本音变音这样一些传统的结构概念，也可以看出变异容易在变音中起变，变音中的变异去向是朝本音走的。

　　跟徐老师做研究，一篇硕士论文就做得这样辛苦。但能够充分享受到智慧的乐趣：从材料分析中概括秩序。这给人一种很实在的成就感。在很多领域，理论园地的大门往往云集着不少亢奋的青年，但不久很多人就从后门悄悄溜走了，那是因为研究不实在。没有人会喜欢长期空谈。徐老师开垦了一块不同的理论园地，把我引上了一条通向实在的理论研究道路。就我现在初步掌握的情况，19世纪80年代开始徐老师带领一批学生展开的将结构和变异联系起来的研究，其广度、深度、清晰程度和严格程度在其他国家还没有见到。

"从事实出发"，这可以看成是徐老师带领我们研究理论语言学的基本原则。这本来是自然科学研究中一个非常简单的道理，但在语言学和人文科学中坚持这一原则却不简单，因为长期以来这里的评价标准不像自然科学研究领域那样完全根据事实、计算和逻辑。

1988年7月的一天，那是一个炎热的日子，我硕士毕业告别徐老师去云南大学任教，徐老师又泡了一杯很浓很浓的茶，我们讨论了一个下午，语言接触问题是讨论的中心。按照音系协合理论，一个语言系统的音系最后应该相当协合，但是徐老师和我都注意到，音系总有不协合的时候，比如汉语 fo35（佛）这个音节，就是一个不协合的组合，只有阳平调有这个音节。类似的情况不少，当时我们考虑是不是和语言接触有关系。讨论接触的另一个动力来自于我听徐老师历史语言学课的读书报告，是关于当时国内外汉藏语争论的焦点问题：汉台是否同源。这个问题可以具体落实到基本词汇到底能不能借用，借用以后对应规则的严格程度如何？而这两个问题实际上可以进一步通过语言接触研究来观察。看来音系协合和语源问题都要追问语言接触了。当时我已经对傣语有了一些追踪调查，徐老师建议我利用在云南工作的机会继续调查，系统展开这两个方面的研究，说有些关键性的材料可能还没有调查到，要我"但问耕耘，不问收获"。在汉语和侗台语的语源关系问题上，徐老师并没有表态，当时他认为还没有强有力的证据来支持任何一方。从我最初的动机说，我希望找出有力的证据来论证汉语和侗台语同源。徐老师说最好不要先入为主。徐老师提醒我往下调查的工作量和难度是很大的，要有足够的准备。临别时，徐老师把我送到楼下，送到车棚，最后目送我骑上那辆不断发出有规律响声的自行车，大有壮士离别踏上征程的感觉。后来我在云南调查，每当跋涉在崇山峻岭中时，就会回想起那种感觉。那个时候做学问的心境是很神圣、崇高和愉快的。

三年以后，1991年9月，我再回到徐老师身边做博士，徐老师已经托叶蜚声老师从美国和欧洲带回来一批关于语言接触的书，让我精读，其中有代表性的是 Weinreich 的 *Language in contact* (1953) 和 S.Thomason 的 *Language Contact, Creolization, and Genetic Linguistics* (1988)。这两部著作是上个世纪研究语言接触的代表作。徐老师让我参照自己的实际调查来阅读这两本书。我注意到语言接触中也存在内部原因论和外部原因论，或者说结构派和社会派。不过这时的 Weinreich 不是站在社会派一边，而主要是站在结构派一边。结构派认为语言接触改变不了内在结构，而社会派认为结构的因素并不重要，社会因素是决定性的。其实这两派只是对社会因素或结构因素强调的程度不同，我需要更进一步弄清楚社会因素和结构因素在语言接触中起到的具体作用。徐老师当然也不满意这种现状，希望我再扩大调查，找出更具体的答案，并让我利用自己会说傣语日常用语的条件和我爱人何方及其远近亲属以傣语为母语的条件，充分广泛展开专项调查。从徐老师那里我得到的田野调查精髓是：调查的材料一定要能用。这实际上是要求调查必须充分，条件必须严格，有实证性，有针对性。于是我继续展开对傣语的追踪调查和分析。每次调查过程中我都不断写信告诉徐老师一些调查结果。最后我注意到，社会因素决定接触的"度"，即接触的深度，结构因素决定接触的"阶"，即哪些部分先受接触影响。这一现象直接改变了我对几个重要问题的看法。傣语中的西南官话不仅出现在一般词汇中，也出现在基本词汇中，甚至出现在核心词中，更重要的一个事实是，这些借词的对应规则的严格程度并不弱于同源语言分化后形成的对应规则。于是我针对徐老师《历史语言学》以及课堂笔记中关于用系统对应判定同源的问题向徐老师提出，严格的语音对应只是判定同源的必要条件，不是充分条件，这就是说接触的"度"是无界的，包括成系统的语音对应。我给徐老师看了大量汉傣接触的例子，徐老师同意了。同时我进一步注意到傣语中越是核心的词和核心的结构，西南官话借用比例越低。其他可观察到的语言接触的机制也是这样。这就是接触的"有阶性"。而已知有同源关系的语言之间，分布正好相反。最后令我失望的是，汉语和侗台语之间能够建立起严格语音对应的早期词汇中，核心词的分布方式和西南官话的分布是相同的，即越是核心的词比例越低。和我的初衷相悖，我不得不选择这样一个解释：有很多人认为是汉台同源证据的一批对应语素，应该是汉台接触的结果。当时我担心徐老师不会接受这种观点，或者会犹豫，因为这会和国内主要观点不一致，和国外华裔圈的主要观点也不一致。华语圈中早期持汉台同源观点的人都是一些实力派人物，功力深厚，会不会是我的材料有误？我本人也有些犹豫，担心这会惹出很多麻烦，包括政治上的，尤其是担心给徐老师惹麻烦。于是我又几次回云南核对材料，徐老师又看了几遍我的材料和论证过程，最后说，"这是一个事实"。回答看起来是那么简单轻松。这件事给我最深刻的印象是，徐老师做学问，没有大量材料是不会让他在原则上让步的，但徐老师没有多少理论约束，理论观点可以随时修正调整，只要有足够的事实。在徐老师门下做学问看起来很顺便，你可以随时调整观点，但是不能顺便改变事实、歪曲事实，不能在思路上混乱，不能在方法上不严谨。其实这才是做学问最难的地方，也是最有乐趣的地方。有了严格的游戏规则，游戏才可能精彩。

无论是通过做硕士论文、博士论文还是做博士后论文，我感觉到徐老师无非是让我从材料中归纳方法和理论。现在看来，徐老师的这样一种看似简单的研究生指导思路实际上代表了一种鲜明的方法论态度。中国境内最早的语言学研究思路是从理论到理论，人们不断在概念上绕圈子，拿名家的说法来证明自己的结论。后来人们逐渐转向了从理论到材料的路子，更多的是接受西方理论来分析汉语或汉藏语，如果这种西方理论有不能解决问题的地方，再换一种西方理论，或者用几种理论来进行互补研究。这种态度的好处是大家都扎扎实实地做研究而不要争论理论，最后的结果也能解决不少实际问题。其弱点是如果理论模型概括力不够强，就可能给材料增添一些不存在的性质，甚至出现理论歪曲事实的现象。自从我返回北大读博士以来，在和徐老师的交谈中我发觉徐老师越来越强调汉语的特点，认为西方好些理论并没有充分考虑到汉语和汉藏语的情况，所以可以通过汉语和汉藏语的研究来修正甚至提出新的理论模型。徐老师关于字本位的研究是他这种态度的最典型的体现。徐老师在生命的最后十多年里致力于研究字本位，其中一个核心问题就是语法单位问题。很多人觉得奇怪，为什么要花那么多的精力去研究单位。其实索绪尔在《普通语言学教程》中就强调了单位的重要性，任意性是针对单位的能指和所指关系说的，线条性是针对单位的组合说的，索绪尔认为单位的提取问题还没有得到解决。现在看来，单位和规则是一个问题的两个方面，没有找出单位也就是没有找出规则。田野调查中最容易体会到这一点。我常常在想，为什么徐老师很少提到 Chomsky 的工作，也许是 Chomsky 没有解决单位问题，因此他的理论无法用来做田野调查。徐老师写字本位的第一篇文章的初稿给我和王洪君师姐读过，那时我正在云南大学任教，不太同意徐老师的观点，但徐老师也没有要我同意，仍然招收我做博士，也没有一定要让我研究字本位。后来我对字本位的观点有了一些转变。

我现在感觉到，先不论具体的研究是否已经达到目标，徐老师倡导的这种从材料到理论的方法论态度是中国上个世纪末语言学中一个非常有价值的转向。汉藏语无论从复杂性和使用人口的数量上看，在人类语言中都有举足轻重的地位，普通语言学理论如果不能涵盖这样的语言群体，就不算普通。不过后来有人说徐老师要搞"有中国特色的语言学"，当我和徐老师谈起这件事，徐老师对这种批评表示了微笑。当然可能也有行文上的误解。最近几年，徐老师对盲目尾随西方语言学理论的现象越来越反感，我已经多次听到徐老师用"假洋鬼子"这个词了。有一次汪锋告诉我，说国外有人认为中国人不懂历史语言学。我不完全同意。如果拿出徐老师《宁波方言的"鸭"类词和"儿化"的残迹》这篇文章来比较，世界上同时代能超过它的历史比较语言学论文真的还不多。

徐老师把做学问作为一种生活方式，研究语言学是他生命的主要部分。他很少去旅游和参加其他娱乐活动，即使是爬山也是为了锻炼身体。在语言分析中智慧地生活着，是徐老师最大的乐趣。徐老师有很多机会挣钱，比如出国去讲学、巡回作报告、编书，不过手头的钱已经够徐老师享受运思的乐趣了，所以他挣钱不积极。有人说徐老师是清贫的，这要看我们怎样理解富裕。有的人在生活上富裕，有的人在思想上富裕，这两类人还经常相互瞧不起。徐老师是在思想上富裕的人。徐老师也是幸福的人，幸福的人是那些做着自己喜欢做的事情而且生活还有保障的人。有的人喜欢语言学却不得不在行政工作和社会活动中奔忙，有的人不喜欢语言学却在做语言学的工作，比起徐老师来，这些人不是很幸福的。我每次到徐老师那里去谈学问，他都非常高兴，很愉快。到该走的时间了，他总说时间还早，可以多聊一会儿；真正要走的时候，总显出没有尽兴的样子。

最近十年来徐老师很少去开会，他在抓紧时间把思想写在纸上。每年总有几篇文章出来，多有创新，不炒冷饭，这在徐老师这样的高龄学者中已经是寥寥无几了。徐老师是真正靠自己的作品而不是靠社会活动赢得自己学术地位的学者之一。有一次维特根斯坦批评维也纳学派的成员，说一个学派的影响应该靠有分量的作品，而不是靠宣传和鼓动。徐老师可能没有读过维特根斯坦的材料，但他们的学术品味是那么相似。学术本位的价值取向是真理，多少年以后，人们回想起一个学者是因为他的作品而不是他的社会地位、头衔、兼职和收入。这才是永恒的存在方式，这也是徐老师的存在方式。

深居简出是这些年来徐老师的行动方式。很多人认为徐老师与世无争，但徐老师对社会和政治并不陌生，人情世故也都了解。他喜欢看历史剧，读史书，前些年上映的《康熙大帝》、《汉武帝》等，他都有兴趣。我有时候晚上去徐老师家，也跟着看上一两集。徐老师偶然点评几句，对历史事件和人物的分析深度让我吃惊。徐老师的政治和社会观察力比好些在位的人要深广得多，但他不轻易流露，所以很多人认为徐老师不谙世故。徐老师是很有眼光的人，他身边没有几个人的想法能越出他的视野。

徐老师做学问有大气，驾驭全局的能力比较出色。这是一种难得的能力，需要深厚的功力。生活上也是这样。有一次我吃他的笋子烧肉，配料很简单，以酱油为主，肉和笋子都切得非常大，这和我吃过的江浙菜大不一样。我当时的第一印象是徐老师连菜都不会切，怎么做？结果烧出来的笋子和肉特别有味道。不过徐老师没有把笋子烧肉的道理告诉我。后来我琢磨，作料太复杂会压过本味，菜切得太小本味容易融化在汁里，笋子和肉反而没有味道；大一些，烧透了，里面的本味还在。我用徐老师这一手曾让很多外国朋友赞口不绝。徐老师做学问的风格可以用他的笋子烧肉来概括：简单、块大而有本味。

徐老师平生做学问做人小心谨慎，反对大而化之，但不跟人论伎俩抠字眼，一切尽在心中，一旦水到渠成时敢于和重要理论模型交锋，可谓大勇若怯、大智若愚。

徐老师有忧有喜，不是为了钱财和地位，而是为了他的作品。徐老师在乎别人对他的理论的评价，但通常忧喜不形外人。把学术看做生命的人，总是在乎别人的批评。每当我谈起某某人在用字本位解决某个问题时，他的眼睛开始闪亮。我曾经写信告诉徐老师，说邵永海老师在日本大学用字本位展开汉语教学，效果不错，不知道徐老师收到这封信没有。对字本位的批评有的来自不同的观点，有的来自误解或其他方面，不知道后者是否影响过他的健康，但他还是努力去修正和完善自己的理论。被确认为癌症后，徐老师心情很平静，也很不希望有多少人去看他，我不知道这是徐老师的超脱还是对某些方面的失望。

2006年9月汪锋博士后论证会结束以后在畅春园临湖居的那一顿午餐，想不到是和徐老师的永别。在徐老师的弟子中，我大概是直接受徐老师指导时间最长的了，从硕士、博士到博士后（博士后挂名费孝通先生），但我一生还没有来得及和徐老师单独合过影，也没有在他临走前陪伴过他。现世好残酷，不知道来世是否会好一些。

徐老师从不乱给我写推荐信。他总是营造一种环境让我自己去努力。他从来没有让我给他写过书评，也没有让我帮他收集材料抄写东西。他不给我布置事务性工作。无论是硕士、博士、博士后期间还是留校工作以后，他给我充分的时间让我独立思考，研究真问题。徐老师不喜欢主持会议，我也不必为会议工作奔走。除了电大的《语言学概论》让教研室的老师各写一部分，就没有拉我编过什么书了。即使是那本电大《语言学概论》，也是让大家挣了不少钱。并且好几次稿费不是让我去拿，而是徐老师亲自送到我家里来。我逐渐感觉到徐老师用意所在。现在我们很难写出类似高本汉《中国音韵学研究》这样的代表作，不是大家没有能力和智慧，而是频繁的检查、交流、申报、评比让大家忙于应付低层次的规范，追逐短暂的虚荣，中断了打磨利剑的时间。学术偏离了永恒的评价标准。

很多人操心成果是否满足核心期刊的数量，但很少人着急追问《中国音韵学研究》这样的代表作为什么如此罕见。有人制定荒谬的规则是因为有人接受荒谬的规则。徐老师不接受，并用他的行动暗示我们也不要接受，他给我们开垦出一块潜心思考的家园。

  我欠徐老师太多。1985 年，在没有任何联系和印象的情况下，仅仅凭试卷成绩，徐老师把我招收为他的硕士研究生。1991 年，徐老师开始招收博士，他劝阻别人不要报考，把我招收为他的第一个博士生。1994 年，为了能让我安心把汉语和侗台语的语源关系深入研究下去，徐老师采取和北大社会学所交换博士后的方式，为我争取到了北大社会学所博士后的机会，我的家属也能够来到北京和我一起生活。1997 年，在徐老师的帮助下，我爱人在北大安排了工作，我因此能安心在北大中文系做教学和研究。记得在读博士期间，有一次邵永海跟我说，他发现徐老师把大部分心身都放在我身上了，我突然一楞，半天说不出一句话来。如果我的研究能够做得好一点，就会欠徐老师少一些。事情恰恰不是这样。

  1999 年下半年的一天，我从香港回来，徐老师特别把我叫到家里谈了一个下午，说汉台关系已经研究得差不多了，希望我把主要精力从汉台关系的研究逐渐转移到汉语研究上来。我想这里一定有很深的背景，徐老师通常是不这么说话的。我们当时还讨论到了对字本位的一些共同看法和分歧。我同意徐老师对词的看法。我们的主要分歧在于，徐老师主张直接以字为单位来研究语法，而我觉得字上面还应该有一种具有生成能力的单位，当然不是词。后来有好几次，徐老师问起我博士后研究论文出版没有，我说还没有，还在打磨。博士后论文也是徐老师指导的，仍然是研究汉台关系。我想徐老师希望我空出手来和他多分享一些字本位问题。再后来我做了几年中文系副系主任，耽误了不少时间，2003 年年底卸任以后打算好好研究一下字本位，还没有做出什么成果，徐老师突然走了。让人好遗憾。即使今后能够做出点什么，也永远摆脱不掉这种遗憾。想申辩想解释的对方再也听不见了，能够让双方激动的思路再也不能分享了。我恨我太匆忙，未能和徐老师单独度过更多的时光，未能做出一些像样的成果来。我恨我太粗心，没有多关心徐老师一些。

徐老师走了，一位经常在一起分享智慧的思想者就这样走了。走得好快。最近经常梦见徐老师。徐老师叫我名字的时候和其他人不一样，重音不在第三个音节，梦见徐老师就能听见那种独特的呼唤。我住北大畅春园53楼，徐老师住56楼。他经常去畅春园南边的公园散步，我经常陪儿子陈樾去公园锻炼。有时候跟徐老师打招呼，有时候看他自言自语地在运思，我就不打扰他，和他擦肩而过。陈樾还问我为什么不和徐爷爷打招呼。傍晚从徐老师窗前走过，看着窗户透出的灯光，常常想徐老师正在干什么，是脸上又露出了长时间思考后的倦意？还是想透问题后的喜悦？楼房是那么熟悉，我还得经常从楼下走过，可是再也见不到房子里的徐老师了，再也不能在那里喝很浓很浓的茶了。

他走了，他带走了我们共同分享智慧的家，带走了一种存在方式，一种精神的依托。我突然感觉到好累，尤其是想到我让他失望。

记忆的点滴
——忆张钟先生

计璧瑞

至少有二十多年了,还是忘不了师妹们妄自"评点"导师的话:"说到风度,要数张钟老师还拿得出手!"我听后窃喜,好像自己也沾染了导师的风度一般。不过,不要以为张钟先生是玉树临风、妙语连珠式的风流人物,他语速迟缓、声音沙哑,平日寡言少语,绝不轻易表露看法,但一旦发表意见,就是字字千金。这种印象其实来自先生的同辈和我的学长,余生也晚,没有太多机会感受这一点,因为除了读书的几年,留校后和先生共事的时间只有短短的一年。如今自先生辞世十六年光阴逝去,回想起关于先生的点滴,竟也与前辈和师兄们一样。在我看来,先生的风度除了来自他的鹤发童颜和清澈的目光外,也来自他不苟言笑、庄重沉稳的性格。

作为北大中文系当代文学方向的创建者之一,先生一直都以长者形象示人,与另一位创建者谢冕先生率性天真的才子性格截然相反。在美女挂历流行的年代,谢先生会直截了当地说"美人挂历好!我就喜欢大美人!"在八九十年代政治文化思潮风云变幻之际,谢先生也会高喊"我是死猪不怕开水烫!"这对张先生来说是绝对不可想象的。也因此,先生的故旧、学生一时竟想不起有什么生动活泼、能展示先生性格的细节,更不用提像谢先生这样在当时"惊世骇俗"的言论。然而两位性格反差巨大的先生却相处融洽、合作愉快,本着共同的理念和认知,他们不满足于当代文学作为现代文学"光明的尾巴",在全国率先成立当代文学教研室,一起筹划课程设置、拟定教材计划,一起培养学生、参与学术活动,按谢先生的说法,张先生"有责任感,行动冷静,思考周密"。那时的研究生讨

张钟先生

论课上,谢先生的高谈阔论和张先生的静默不语恰成对比之风景,实在难忘。记得一次课上有同学正在发言中,坐在先生旁边的男生兀自与他人讨论正酣,声音几乎盖过发言者,先生也仅仅顺手拂过男生的手臂,一言不发就中止了这场正题之外的讨论。

大师姐刘蓓蓓教授讲过这样一件事:她和一位师兄完成学位论文初稿后一起去访问先生,一路上十分忐忑,不仅因为论文还需调整,更因为平日先生绝不轻易表示意见、流露感情。这一次远远看见先生在门口迎接,脸上挂着灿烂的笑容,师兄说一看到先生的笑就放心了,知道论文应该已经获得了肯定,因为学生难得一见先生的笑啊。

由于嗓音受损,先生的讲课效果算不上一流,一句话讲到最后经常会发不出声音,每句话之间的间隔也比较长,我们听课常常会等待先生的下一句话,不必担心记不下笔记。然而先生似乎有某种辐射力,按照当下的时髦说法,就是"气场",他的出现会让周边的人不自觉地安静下来,等待他的安排,而先生的意见总是经过深思熟虑、中肯而缜密的。据师母讲,当时周围的同事有什么心里话、遇到什么问题,都会来找先生,无疑与先生的这种性格相关。赵祖谟先生回忆说,几十年前"开门办学",各位先生都还年轻,赵先生很快就和工宣队各位师傅和谐相处,一起打球聊天,张先生却不然,师傅们问起,赵先生解释说:张老师只是不善交际,我们虽然能言善辩,性情外向,但所有相关事宜都由张老师安排,张老师才是"掌舵的人"。

所以大师姐会将先生的性情概括为:严肃、严谨、严厉、严正;谨于言,慎于行。而在外表的严厉和严肃背后是严谨的处世态度和含而不露的关怀。师姐还引用当时人们的评价，即暖水瓶性格：外冷内热。内热的表现之一就是提携后进、爱护人才，尽力为他们的成长创造条件。他推荐年轻人加入刚刚成立的当代文学研究会，推荐学生到适宜的岗位工作，也为他们在特殊情况下不能人尽其才表示深深的惋惜。这些做法和情感的流露也是多年后在他人的回忆中才得以重现，当事人却从未直接得知于先生，因为他不会告诉别人：我为你做了什么。

那是不是说先生从来没有过诙谐幽默的一面？也不是，只是这一面实在太少见了。80年代末，教师节已经设立，但教师的地位比起今日尚且不及，"文革"时鄙夷教师的遗风犹存。就在一年的教师节次日，媒体传来了节日当天教师遭殴打的新闻，先生闻之说了句："他怎么不过了这一天再打呢？"我传给同学，大家边笑边说这话堪称经典。

作为新中国成立之初培养的知识分子，先生这一代人大都经历了思想与精神的多重历练，经历了从单纯向往革命、信奉主义、响应号召，到学习独立思考、反思自身，直至重新确立价值判断的历程。50年代初未进北大就学时，先生作为进步青年，就已投身于党的宣传组织工作，他的嗓音就是在抗美援朝的宣传中因过度使用而严重受损的。而历次政治运动带来的灾难性后果也在促使社会觉醒，不过直至"文革"末期，人们大都仍噤若寒蝉，不敢轻举妄动。赵祖谟先生回忆说，"四五"天安门事件前，组织上明确宣布不得前往天安门，赵先生因出身不好，更加小心谨慎，只得闭门不出，一日张先生私下相告："我有事去王府井，路过天安门，场面非常壮观。"寥寥数语，彼此会心。1989年5月的一天，我们按时来到教室，准备上先生的当代文学专题课，讲了一段，先生忽然沉吟道："现在我们还能安静地上课吗？"于是大家默默散去。6月风波之后，先生沿长安街东行，无奈遇阻而返，他想看看究竟发生了什么。凡经历过这段历史的人都能领会这些言行的意味，这与在当代文学课堂上先生真诚反思当年对"中间人物"认识的偏差，高度肯定巴金《随想录》的忏悔意识一样，表明先生这样真诚期待社会进步的知识分子从历史经验中汲取教训，勇于修正认识，关怀现实的精神。80年代初开放与保守的拉锯战中，先生也受到一些外部压力，但他始终坚持思想解放，对当时受到保守思想批判的文学现象均在课堂上公开表示肯定和支持,他追踪当时发生的重大和有争议的文化和文学现象,时常向学生问起又有哪些新作品和新论争出现,这固然是学科特点使然,但也表明在先生严肃沉稳的外表下有一颗充满活力的心,也因此他与谢先生目标一致,配合默契,共同为当代文学学科建设做出了开拓性贡献。

在那个知识人心灰意冷的时刻,先生说过这样一句话:"我能活过××就行。"这既是对现实的无奈,也是对未来的乐观。但是没有人,包括先生自己,想得到他居然没能实现这个看来是必然实现的愿望。在赴澳门大学任中文系主任、将只有三位学生和三位教师的中文系发展为有十几位教师、颇具规模的教学单位之后,先生回到北大,随即身染沉疴,很快就告别了人世。先生病重期间,我和师友一起去探望,还曾故作轻松地期待他当选抗癌明星,先生淡淡一笑,没有说话。十几年后我再去探望师母,看到先生的书桌还在原处,遮掩设备井的那块地毯还在,窗外依然草木葱茏。

我们是在校医院简陋狭小的太平间与先生告别的。在我当时有限的面对死亡的经历中,这一次印象深刻,我觉得非常不真实,好像是一出戏,期待着真实的生活不久就会复原。很久以前一位友人这样说过,年轻人意识不到死亡,是因为自己和死亡之间还隔着父辈的屏障,我们一时还见不到它。也许,只有父辈的离去才使我们有机会直接面对死亡,随即开始扮演父辈的角色。

在先生最后的日子里,没有人知道他究竟想了些什么,对身前身后事有什么安排;这些连最亲近的人也无从知晓,他一如既往地沉默,似乎不受丝毫的惊扰,然而,一切又尽在不言之中。对先生来说,那些岁月的流光碎影,留得下来就留,留不下来也无憾吧。

回顾和先生的交往,是从本科阶段就开始的,毕业论文做高晓声的小说,请先生做指导教师。那时的当代文学方向并非年年招收研究生,我毕业的那年恰好不招,工作几年后才有机会再回到燕园跟随先生读书。还记得考前鼓起勇气拜访先生,那时电话还不普及,为了和先生约定面谈,我还跑到距自己单位不远处师母的办公室去,请师母代为转告;考后我兴奋地再次拜访请教复试事宜，当时复试尚不普遍，先生只是说"那就不必了吧"。那个早春的下午是我有生以来难得的快乐时刻。

三年光阴过去，我却没有以一份出色的答卷回报先生，而毕业答辩就要来临了。在那个非常时刻，许多教师学生离开了校园，仓促间答辩只得在先生家里进行，答辩委员会只有三人，整个过程除了对论文的提问和回答外，还穿插着对时局的理解和判断，实在是一次特殊且不可再现的答辩会，我个人的论文写作在时代的巨浪中显得无足轻重。答辩结束后，先生提议一起吃饭，我和两位师兄弟兴奋异常，立刻申请采买和制作，天气很热，我们就在先生家里吃最普通的炸酱面，可这顿饭的记忆胜过此后的无数次聚餐，因为此前我们从未有机会和先生一起吃饭，这是第一次，也是唯一的一次。

如今回想起来，却发现居然没有一张与先生的合影，只有毕业时全系教师学生的合影中留有先生的影像，不过先生的形象从未在我脑海中模糊过，而同样难忘的还有单纯、平实的师生之谊。正如先生一贯的风格，我不记得曾得到他的直接鼓励或批评，唯有毕业时考虑工作之际，在系里的布告板上见到了先生手书的通知，要我与他联系。先生简单告诉我，在那次规定的教学实习课上，我看上去"能讲课"，因此建议我留校任教。我把这视为先生对我的肯定；而我也一定有让先生失望的地方，只是他从来没有说起过，我把这视为先生的宽容。我至今仍记得的令先生失望的事至少就有这些：当时中文系为中国作协鲁迅文学院作家班授课，授课地点在城东，每周的一个清晨，先生会搭乘校车途经北三环路去上课，而我当时的住处就在北三环路边，先生就说如果我有兴趣，可以中途载我去听课。我深感机会难得，于是每周一天在路边等着先生的车经过，可有一次却睡过了头，等我赶到路边时，已经错过了车子经过的时间。另一次是在先生家中的讨论课，本来上课时间就快到了，自行车却不翼而飞，那时丢失自行车还算是个事儿，我气恼之下任性不去上课。以先生的严谨，相信他一定会觉得我很不懂事，可他却完全没有责备我的意思，甚至没有问为什么。如今我也做教师多年，偶遇学生出现类似状况，就会自然想起先生和当年的我。

总觉得在这个日趋追求戏剧性的年代，平实与含蓄已经离我们远去，人们习惯于大声诉说自己的欲望和不满，好像不如此，生活就变得空洞和没有意义。可是我仍然怀念跟随先生读书的那段单纯平淡的时光，这种单纯平淡因为稀缺而引发怀念，而这种怀念又使人的心灵获得短暂的安宁。我只是不知道，当年在鲁迅文学院为先生倒茶，却将水垢一并倒了进去，本来咽喉不适的先生会不会更加不适？我没有机会问先生了，即便有，先生也不会回答的。

可能只有一个时段的亲历者才能真正体验和把握那个时段中的人和事，后来者如我，其实没有资格和机会去叙述大部分与我没有交集的时光，我能做的只是从师长的片段描述和我个人的有限经历中寻觅先生的片段影像音容，这些在先生的一生和我的经历中的意义肯定不一样，在我，意义要大得多。

语学楷模　道德典范
——怀念石安石先生

凌德祥

安石先生和高名凯先生主编的《语言学概论》曾长时期被国内语言学界尊为经典的"老三篇"之一。所以读大学时，我就仰慕安石先生英名。1985年我随安石先生学习理论语言学，徐通锵老师主持教研室会议，第一次郑重其事把我介绍给安石先生，安石先生朴实谦逊、平易近人，年龄比我想象的要年轻得多。

北大语言学专业的老师和学生之间关系融洽。安石先生主要上"语言学专题"和"理论语言学"课。当时，朱德熙先生上"汉语语法分析"课、叶蜚声先生上"外国语言学史"课，还有徐老师的"历史语言学"、陆老师的"语法研究"、郭老师的"汉语史"、唐老师的"音韵学"以及美国罗杰瑞的"方言研究"等课。这些课讲得都非常精彩。每周六下午，语言学沙龙一般由一个学生主讲，老师和同学一起参加讨论。讨论非常热烈融洽。每周五，安石先生还安排与我个别谈话，询问读书学习情况，也提出一些学术问题让我思考。后来大多引导我写成了论文。

记得刚到北大不久，有一天下午我正在打排球，先生来找我，我赶忙停下，先生说他喜欢看球，让我继续打下去。比赛结束后，他又到我的房间聊了一会儿，我这才知道，他是先找到寝室，接着到球场，最后又来宿舍，目的是为了约我第二天中秋节去他家做客。他走以后，同宿舍的同学异常感动，我也终身难以忘怀。就在这年中秋节，我认识了先生慈爱的母亲以及师母和他们的三个女儿。

先生与师母很长时间分居两地，先生的母亲在最困难的时候，一直在先生身边帮助带孩子，操持家务。先生对孩子倾注亲情，对母亲也充满深深的

石安石先生

爱。1986年12月25日先生在信中沉痛地告诉我：母亲11日因"医生注射降压的催眠药，睡过去就再也醒不过来了。太突然、太可惜了，老人一生操劳，没享多少福，就这样走了"。无疑，这对先生的打击是相当大的。

对同事旧友，先生充满眷恋之情。赵老师与先生共过事，后去了安徽，此后，在困难时期曾拎着老母鸡到北京看过老师，后到美国但不太顺心。很多年后，先生还一直记挂着他。一次，赵元任的亲属去美国探亲，先生要我回安徽老家时打听赵老师在美国的住址，好让人带些东西去看望他。我到南大外文系，先生得知我导师的爱人就是吴模信教授，他在信中充满深情地告诉我："我们是50年代同时在重庆考上清华的，并且是同船同车同进校门，后来长期失去了联系。"并让我转达问候，告诉住址和电话。

1990年3月，先生来信说到他的病，并要我不要担心，说他能够给我写信就证明他病情已经好转。1991年11月27日，先生说："在医院里，每天可以有几个小时的时间看书。当天上午，还投入了病房灭蟑螂的战斗，其乐也融融。"先生正是凭着这种乐观主义精神一边顽强地与病魔作斗争，一边笔耕不辍的。所以，在病中他还能够撰写《语义论》和《语义研究》等专著。1997年1月13日，先生在信中说："从去年10月起到今年1月初，我一直忙于检查和治疗。这回是对腰部放射性治疗，三十多次。每次放一分钟，但往返得三个小时，那时间（近两月）什么事也做不了。但经过这次治疗后，不会有两三个月再来一次大疼了。我会有较多的精力做点我愿做的工作。"我衷心地期待老师病情的好转，没想到，这竟是老师给我的最后一封信。

回忆父亲和我在鲤鱼洲的日子

张思明

我的父亲张雪森,1932年出生于上海,1954—1958年在北京大学中文系学习,毕业后留校工作。1969年10月开始,在北京大学江西鲤鱼洲农场工作、劳动。1970年12月5日,率第一届工农兵学员自农场赴井冈山修铁路途中,不幸因公牺牲。

1969年,在我12岁的时候,全家到了北大江西鲤鱼洲农场。这是一个非常艰苦的环境,当时还是血吸虫的重疫区。我们都住在四面漏风、漏雨的草房里。最艰苦的创业时期,一个冬瓜150人的连队要吃三天,盐水泡饭是常事。中文系在江西农场的编号为"七连",驻扎在农场的西北角,种植并管理着数百亩水稻和十几亩菜地,当然还有一些接受"再教育"的任务。

在农场,我先和父亲住在七连的草棚里,后来搬到了农场的"五七学校"这样一个由孩子组成的连队,母亲和妹妹住在农场的小卖部,一家分成三处。农场的路况非常差,"晴天一块铜,雨天一包脓",路很难走,因此全家团聚是件难事。我和农场的其他孩子们的生活也基本上是劳动,经常要种菜、种水稻、挑砖、挑瓦、盖房子。记得我第一次劳动是去挑瓦。我个子长得非常小,只有一米四左右。别的同学都可以挑10块以上,因为我去农场比较晚,所以我只能挑6块瓦。一块瓦只有七斤三两,我挑着6块瓦,走4里路就累得不行了,肩膀被磨得又红又肿。劳动结束后,我到父亲面前非常委屈地告诉他,我都累得受不了了,肩膀全磨破了。他看了看我的肩膀对我说:"孩子,这点儿苦都受不了,怎么能够锻炼下去,一定要挺住。"他给我找来了一个垫肩,告诉我,找扁担一定要找三节的扁担,中间没有节,才能减少压力对肩膀的刺激。在父亲的鼓励下,我又开始了劳动的锻炼。十天后,我就能挑到10块瓦,三个月后我就能挑起20块瓦的担子了。

1970年12月4日,父亲告诉我,他要带着工农兵学员去井冈山修铁路。出发前,他把我叫到身边,突然把他"贵重的奢侈品",一个只能装50片药片的小瓶里装着的一点点茶叶和小半瓶红糖,以及家里的钥匙都给了我。我觉得很奇怪。

第二天,从农场的喇叭里就传来了这样的消息:父亲带着工农兵学员去井冈山铁路的路途中,在鄱阳湖的大堤上,由于道路泥泞翻了车,他受了伤。那一天,我们也在修路,听到农场的广播要求所有的医生到指挥部去,我当时并不知道发生了什么,我的班主任缪老师叫住了我,对我说:"你父亲出发后,不小心在路上受了点儿伤,现在我和你一起去连队看看他。"

从我们的学校到父亲所在的七连,要走几里路。一路上班主任老师就问我,记不记得毛主席有一段非常著名的语录:"要奋斗,就会有牺牲……"我觉得老师是在考我的记忆力,我就很快地把这段语录背出来了。老师又说,你知道北京最高的建筑是什么吗?我说不清楚,他说是北京的军事博物馆,它90多米的屋顶上有一颗五角星军徽,当年在安装这颗五角星的时候,就有工人同志献出了生命。……老师在路上还给我讲了他作为一个志愿军战士在朝鲜战场上和战友生死离别的情景。我跟着他走着听着,其实我并没有意识到他在告诉我什么。直到走到父亲所在的连队,看到和他一起出去的学员们都回来了,看到每个人的眼睛都是红红的,看到他们正在找什么——他们在找我父亲的衣服和他的照片,我突然明白发生了什么。

我的老师用力捂着我的肩膀对我说:"孩子你要长大,你一定要坚强,从今天开始你必须长大。"我和母亲一起到百里以外的南昌向父亲作了最后的告别,在他额头上我看到了厚厚的绷带。他的同事告诉我,他们一起去井冈山修铁路的路上,我父亲因为是向导,坐在驾驶室里,忽然有一个老师晕车,我父亲就和那位老师换了位置,从驾驶室里出来站在了敞棚卡车的车厢里,和学员们在一起。雨后道路泥泞,十分的难走,卡车陷在了鄱阳湖的大堤上，怎么也开不出来。后来，清华农场的拖拉机上来帮忙，用一根钢丝把车从泥潭里拖出来。但是，钢丝是软绳，在拐弯的时候，拖拉机一拉，车就倾覆在鄱阳湖的大堤上，不少人跳出来了，我父亲却没能跳出来，经过抢救还是没有能够挽救他的生命。在南昌冰冷的殡仪馆，我看到了他最后沉思的冰冷的面容，我终于明白了他为什么要把这些东西给我，好像他是有先见似的。

后来，农场党委作出向优秀共产党员——我父亲学习的决定，那时我才了解到他一直患有严重的风湿性关节炎，但他坚持住在一个四面透风的小草棚里；他发现一位从南方来的学员没有厚的衣服，就把自己御寒的绒裤送给了那位学员。过节时分给他的两斤苹果、月饼，也都送给了其他同志。作为一名大学的老师，他没有留下什么像样的专著，却留下了几万字的在一盏小煤油灯下写下的教材。

当我和母亲还有幼小的妹妹捧着他的骨灰再次回到北京，再次通过天安门广场，再次回到燕园的时候，我明白了他对我所做的一切，那是一种深深的期待，是一种冥冥的预见，是一种伟大的爱。每当我在生活困难的时候，我总会想起他给我讲的贝多芬的故事：贝多芬在写《命运交响曲》的时候，实际上耳朵已经失聪了，一个钢琴家没有了听力，就像一个画家没有了画笔，一个战士没有了武器。贝多芬很痛苦，甚至写下了遗书。但是在那个时候，雷电使他真正明白了生活的意义，他发出了我要扼住命运咽喉的呼喊，他用自己的嘴叼着琴杆，放在琴弦上用振动感受到了音乐，就这样谱写出了《命运交响曲》。

虽然我和父亲仅仅共同生活了十三个年头。但这短短的十三年却在我的成长轨迹中留有最深的痕迹。他是一位北大中文系的教师，对我的教育的特点是，行为管理很严格，兴趣发展很宽松。比如，在假期里，他对我的作息时间有很严格的要求，每天早晨起床后，除了锻炼学习以外，要把一个很大的驻地四合院扫干净，然后才可以玩。他非常注意锻炼我的意志品质，要求我很小就能独立生活。他还要求我不坐车，走着去4公里之外的颐和园游泳。我的兴趣十分广泛，又时常变化，一会儿养蚕，一会儿养小鱼虾，一会儿刻剪纸……他都接受。我还做过一些很傻的实验,比如把橄榄核种下等待发芽,用盐水泡干电池看一看能不能充电……父亲也不戳穿谜底,而让我尝试"失败"。他也时常看我的作文,但并不改动一个字,错句和错字总是让我自己去找、去改。他常常问我,从别的同学身上发现了什么优点、什么地方比我强。有了矛盾,他不希望我表白和倾诉,而要求我自己努力想办法去解决。他从不给我买玩具,而鼓励我自己做玩具。我的玩具,像有轨电车、罗马钟表、有皮筋动力的飞机和船,都是自己动手做出来的。这一切使得我更加喜欢钻研。后来,我每看到一副新的棋,就一定自己把它做出来。现在,我给学生教课的教具里,还有我自己做的跳棋。记得第一次做跳棋的时候,我经常去商店看跳棋。一次,两次……每次我都到商店里看那副跳棋,才明白棋盘应该怎么画。我用路边的柳树枝剪成一段一段的,把一半的柳树皮脱掉,做成了棋子。还有很多飞行棋、四国大战的军棋,都是我自己动手做出来的。

在我成长的过程中,父亲对我的要求总体上说是非常严格的,批评和训斥常常会有。但我清楚地记得两件让他非常高兴的事。他有一本中国地图册,由于反复翻看,一页一页都脱落了,我就利用一个星期天,在反面非常仔细地把它一页一页地粘好。还有一件事情,我和他下棋,第一次把他赢了,我看到他非常高兴。

在《红灯记》里有一段著名的唱段,是李玉和夸赞李铁梅时唱到的:"提篮小卖拾煤渣,担水劈柴也靠她。里里外外一把手,穷人的孩子早当家。"父亲在鲤鱼洲的时候曾多次演唱过这段样板戏的唱段,没想到唱段里所描述的一切在我身上也变成了现实。

参加高等教育自学考试的几年中,我有好几次考试没有通过,自己感到非常痛苦的时候,我想起了他给我的鼓励,勇敢地面对挫折,经过五年的努力最终拿下了数学专业自学考试的本科毕业证书。后来又完成了硕士、博士学业。1996 年我被评为"北京市十大杰出青年",2004 年我当选"全国模范教师",2005 年我获得"全国十佳中小学教师"称号。当我站在人民大会堂里接受奖章的时候,我也会首先在心里感激他,希望我的成长对在天堂的父亲是一种告慰。

父亲留给我的真正的"财产",是他告诉了我应该怎样对待同志、对待事业、对待困难和挑战。

2008年重回鲤鱼洲拍摄的原农场指挥部旧址

鲤鱼洲新景——草棚变成了砖房

北大排灌站依然健在

父亲牺牲的地方——鄱阳湖抚河大堤

遥知水远天长外
——追忆金开诚先生

葛兆光

一

金开诚先生去世一年了。

听说金开诚先生患病,是在去年9月下旬的一次会议中。北大的顾歆艺女士告诉我,金先生患了癌症,已经住院,恐怕情况不妙,当时觉得不太相信,记得5月中我因眼疾住院,还接到金先生的电话,反复嘱咐我痊愈之后,务必抽空到浙江一个民办学院去讲演,口气还像往常一样恳切和平静。才短短的四个月,或许情况不至于太严重,抽空给住在北大医院的金先生打了一个电话,听到金先生的声音不算衰弱,而且还惦记着让我讲演的事情,便稍稍放下心来,觉得76岁的金先生一生都是"吉人",不仅自有天相能逢凶化吉,而且尚有天年可以终老。后来,因为眼疾未愈,加上杂事繁多,也没有机会到北京去,只是凭着顾歆艺女士不时报讯,才知道金先生病情的点滴,随着他的病情加剧,心情也一点一点地沉重起来。

终于在12月14日传来噩耗,可是因为早就安排了日本访问,内人和我不得不缺席遗体告别和追悼会,只好以两人的名义和同在上海的裘锡圭先生夫妇,委托北京的朋友献上花圈遥寄哀思。从日本回来后,老同学胡友鸣来电话说,逝世前金先生不仅一直是《文史知识》的编委,是《文史知识》最早的作者,而且也是最早推荐我们这批学生为《文史知识》撰文的人,希望我为《文史知识》写一篇追忆金先生的文章。

下面这些文字,就是应胡友鸣兄的嘱咐写的。

二

确实,在《文史知识》刚刚创刊时,金开诚先生就吩咐我给这个虽为普及规格却高的刊物写文章。1980 年代初,我在北京大学古典文献专业读本科,稍后又成为这个专业"文革"后的第一批研究生,照理说,还不是一个够格写"文史科普"文章的角色,在那个刊物还不多的时代,大学本科生或者硕士研究生给《文史知识》这样多少有些"传道解惑"的杂志写文章,恐怕还嫌稚嫩,特别是,当时《文史知识》提倡"大学者写小文章",翻开当年的

金开诚先生

目录就知道,作者大都是今天所谓的大牌教授。好在金先生一贯主张"不拘一格降人才",而且总是让学生先"看"再"想"还得"写",所以,总是鼓励我出手。他曾说,古文献专业的人读文献,当然是首要的事情,不过看得多了,得要有思想把文献勒出脉络理出头绪,而最终还是要把它写成文字,否则读书满腹却两手空空,他很不赞成所谓"五十岁后再写文章"的老教条,倒总是鼓励学生"把想法写出来"。因此,我可能是"文革"后最早在《北京大学学报》发表论文的本科生,那篇《晋代史学浅论》就是金先生推荐给周一良先生,经周先生的审查和推荐,发表在《学报》上的。由于金先生的鼓动,我成了当时杨牧之先生说的《文史知识》"救火队",所谓"救火队",就是刊物临时缺什么稿子,便让我立即赶写,如果某期哪一类文字少了,也会给我命题作文,所以,我不仅在创刊之初就以化名写过几篇小文章,到了 1982 年和 1983 年,更开始发表较长的文章,像以化名写的《现存两部最古的图书目录》,用真名写的《旧唐书与

新唐书优劣之比较》、《唐代文章总集全唐文》等等。

不过，说到金先生，还得提及我们初入大学的时代。

三

三十年前恢复高考，我成为北京大学古典文献专业77级新生。说是77级，但开学却是在1978年初春3月。从住了十七年的贵州回到阔别的北京，我丝毫没有毛主席回到韶山冲那种"红旗卷起农奴戟，黑手高悬霸主鞭"的豪情，相反，倒是经历"文革"十年突然换了天地，有些暗室久住乍见阳光的晕眩感，用现在流行话说就是有些"找不到北"，原来随心所欲乱翻书的爱好，加上信手涂鸦的习惯，似乎和学院训练格格不入，对于所谓"古典文献"，除了知道要钻故纸堆外一无所晓，对未来从事的职业，除了知道可以不再修理地球之外，也全然是懵懂浑噩。幸好进入北大之后，很快就有很多老师来关心，引导我们开始学习生涯，专业的那些老师，现在想来都是鼎鼎大名的教授，像仅仅见过一次的魏建功先生、游国恩先生，后来常常能够见到的周祖谟先生、阴法鲁先生，当然最熟悉的还是中年一代的老师，后来成为著名教授的金开诚、裘锡圭、安平秋、严绍璗等先生，那时都还是中青年教师。那个时候，老师稀罕学生，大学十年没招生了，老师对这些大大小小年龄悬殊的大学生既觉得陌生，又觉得好奇，更有些超出一般师生关系的重视，都觉得这下子可以甩掉"文革"阴影，"而今迈步从头越"，所以，学生心里揣了很多希望，老师心里也带了很多温情。

这些老师对学生恨不得倾囊相授，好多老师居然课余会跑到学生宿舍来，盘腿坐在学生的床上和学生谈天说地。这种古人所谓"亲炙"，比起在教室里分坐上下照本宣科要亲切得多。其中，金先生就是跑得最勤的一个。那个时候，金先生早已过世的夫人屈育德教授还没有从宁夏调到北京，他一个人蜗居在筒子楼的小房间里，所以，常常到32楼三楼我们的宿舍，一聊就是几小时。

四

　　金先生会讲课，这在北大是出了名的，当时中文系讲课有几大"铁口"，金先生就是其中之一，上课很吸引学生。原因很简单，一是他字写得好，板书忒漂亮；二是他节奏感好，常常在学生听得疲倦时来一两个笑料或故事，让你能精神一振；三是极其清楚，所谓条分缕析，头头是道。但是，和他在一起的时间长了，我就知道老师这种讲课，看上去举重若轻，其实处处艰辛。看他的讲义，不仅字迹清晰秀丽，而且往往是天头地脚补满了种种"插曲"、"噱头"和"典故"，所谓口才好会讲课，其实是用心用力备课，绝不像现在很多教师，凭着三寸不烂之舌信口雌黄，用无聊而无用的段子哗众取宠。

　　我至今还保存着他在硕士课程中讲《楚辞》时的记录。这大概是一学期的课，金先生从"屈原的生平"、"屈原的辞作"一直讲到"楚辞的流传及注本"，真是原原本本，清清楚楚，即使在我略为简单的课堂笔记中，也可以看出，他讲课实在不仅是很清晰，而且相当深入，比如第一部分有关屈原的生平，一开始就讨论《离骚》开头"惟庚寅吾以降"一句，他不仅要讨论邹汉勋、刘师培、郭沫若、浦江清、胡念贻对屈原生年的种种考证，还要讨论古历法知识，包括十七年九闰、超辰、太岁纪年的传统；在有关屈原流放的一节中，他又要从《史记》、《楚辞》王逸注、黄文焕、林云铭一直到游国恩等人的讨论中，结合历史地理知识，一一讲清屈原晚年从郢都到汨罗的流放路程。到了讲解《楚辞》的各种注本时，他更是从现存的王逸、洪兴祖、朱熹、汪瑗、王夫之、戴震、蒋骥诸家注释，讲到亡逸或残缺的贾逵、马融、郭璞、释道骞、陆善经的注释等。我就是在这一课上写下了《汪瑗考》作为作业，后来这篇小文和金先生对《楚辞集解》的论说合成一文，还以《汪瑗和他的〈楚辞集解〉》为名发表在1984年中华书局出版的《文史》第十九辑上。

　　就是在这样的课程中，我们渐渐地体会到了一种学风。那个时候的北大也许是中国一个最特殊的大学，在它的传统中，除了有对中国前途怀抱的那份责任和抱负，让人生出激扬文字指点江山的情怀之外，还有一种绝不等同流俗的学术风气，人多注意到这种学术风气的自由和开放，但也应当留意这里也有严谨和规范。虽然后来我并没有跟随金先生从事他所擅长的两个领域，即楚辞研究和文艺心理学研究，但是，从他和其他一些老师那里，却体会到了一种学术的严谨和规范。记得我曾经给《文史》投寄过一篇关于晋代学者干宝生平的考证文章，被他看到后，便指出好几处文献引证却缺少注释的地方，让我修改补充后重新投寄，这让我从此记住了文献注释清晰和准确的重要性。

三十年后，我常常重新回顾自己所学的古典文献专业，就很有感触，这些感触虽然不是"先见之明"，但总算是"后知之清"。因此我曾经在一篇文章中说，"古典文献专业现在好像已经面临危机，也许现在的学生会觉得古典文献专业很枯燥乏味，但是，当年的古典文献专业却很有魅力。特别是，它的训练很像武侠小说里面写的那种打通任督二脉的练'内功'，虽然没有花拳绣腿可以炫耀，也不能现炒现卖包管实用，但是，这些知识训练却让学生长久消受不尽"。

五

做到规范和严谨，也许不那么容易，按照金先生的说法，我们这些年龄不一的学生，有的很"嫩"，有的很"野"，还有的人会写一些随笔、散文、诗歌，甚至还有人写过戏剧小说，特别是在那个激荡年代，谁耐烦青灯枯坐点读校雠、一板一眼守着故纸如蠹鱼？谁耐烦读了几大卷书却来写形式一律的提要或说明？可是，记得金先生为77级上写作课，却用命题作文、互相批改、当堂点评的方法，让学生从天马行空回到准确整饬，大学毕竟是一个"研究学问"的场所，古文献毕竟是一个"整理国故"的专业。在那几年中，为了要养成既规范又严谨的学院研究之路，我们经历了重新给知识"洗牌"，用时尚的话说就是重新"整合"的过程。

不过，也许是因为我年纪较大，读书也多一些的缘故，从一年级开始，金先生就没有让我跟着他做楚辞研究和文艺心理学，也没有让我按部就班地按照古文献专业那种从文字、音韵、训诂、目录、版本、校勘的程序亦步亦趋，却总任凭我按照兴趣从古文献中自己寻找问题。那个时候，我一面读《四库全书总目》和《四库提要辨证》，翻遍了北大图书馆几乎所有的提要式书目，一面读《史记》，读《太史公行年考》，读《司马迁年谱》，并往下读《汉书》、《后汉书》等等，渐渐开始在中国史学方面培养了兴趣，开始了钻研。

记得那几年时间里，他常常和我一道在课余走到中关村大街那个朝鲜冷面馆去大吃冷面，我一直很奇怪，出生江南的他，为什么那么喜欢这种酸不酸甜不甜的冷面？不过，在陪他一起吃冷面的时候，我常常能够听到他天南地北地乱聊学术界各种往事，也聊到他在王瑶先生和游国恩先生门下的所见所闻。听了这些见闻，知道了学界深浅，读了一些专业的文献和论著，才觉得渐渐进入学术之门。有人常说，要看第一流的论著、做第一流的题目，可这还不够，只有知识并不能成为一流学者，第一流的学者需要有视野、境界和气度。当年读书北大的好处是，因为这里聚集了这些好学者，这些好的学者，不仅在课堂上讲授知识，而且课余常常与学生闲谈，而闲谈中不经意传授的那些见闻、经验和体会，常常让人在不知不觉中提升了学问的格局和境界。

六

在北大七年，也和金先生相处七年。有时偶尔听他讲他自己的故事，现在想来也很有感触。他是1951年考进北大中文系的，第二年就是全国院系大调整，清华、燕京和北大的中文系合并于新的北大，他那一班的同学分别来自三个大学，后来我熟悉的，有先于金先生去世的沈玉成先生和裴斐先生，还有健在的白化文、程毅中、傅璇琮、刘世德等先生，在古典文学这一领域，说起这些人来真是大名鼎鼎，让人感慨有时候天才一个也不来，可是有时候天才往往成群地来，不知道是风云际会，还是时运钟于一代。可是，他们中的大多数却在"反右"时被一网打尽，好在他们都熬过了那折磨人的岁月，在"文革"之后都成了那一代的名学者。他们彼此并不相同，有的思路敏捷如沈玉成先生，有的知识渊博如白化文先生，有的激扬如裴斐先生，有的沉稳如程毅中先生，正是因为老师辈中有这些出色的学者，能让我们77级学生受益不浅。记得金先生不仅常常请白、沈二先生来讲课，也让我们到中华书局去听程、傅二先生讲"唐代文史研究史料"及"唐代小说史料"。

在学问上我不算是守规矩的学生，正因为跟着金先生认识了这些不同的老师，便恰好有了"转益多师"的机缘，因此反而离金先生的领域越来越远。而在人生上我是一个亲历"文革"年纪稍大的人，常常走在学术边缘去关怀社会，因此选择的课题也和金先生从事的文学专业不同。好在金先生的政策，用他自己的话说，是"无为而治"，我可以"信马由缰"。可就是这种"无为而治"，反让我有更大的学术空间；也正是这种"信马由缰"，让我不再受学科和专业的约束。所以，可能现在的研究生会很奇怪，除了我和他合作撰写《古代诗文要籍详解》（北京出版社，1988；后改名为《古诗文要籍叙录》，由中华书局出版）那一段，也许讨论专业略多之外，在我和金先生那么些年的交谈中，内容涉及专业知识的少之又少，可是，在学问精神和风气上，却在这种不言中，得到了很多很多。

和金先生相处，前后差不多七年，七年中我也看到了他的多面人生：一个爱猫的长者，一个天真的文人，一个极其认真的教师，一个容易受伤的好人。现在，他虽然离我们而去，可是却给我留下了很多有关过去的温馨记忆。"遥知水远天长外，更有《离骚》极目秋"（朱熹诗），不知道为什么，现在想起他来，最清晰地浮现在我脑海的图景，却是他坐在蔚秀园宿舍那间狭小书房的椅子上，抚摸着那只白猫，在黑框眼镜后面，他睁大充满好奇的眼睛，和我有一句没一句聊天，讲了些什么，已经记不清了，印象中反复出现的，却是秋天阳光照射下在窗外摇曳的斑驳树影，那好像是在1988年，离现在已经二十年了。

如亲化雨，如坐春风
—— 贺褚先生 70 华诞

彭庆生

十年前，当褚先生 60 华诞的时候，弟子们欢聚一堂，为先生祝寿。那个会的规模不算很大，但气氛热烈融洽，洋溢着一种特有的亲和感。好像一大家子人，平日散处各地，难得一聚；适逢长者大寿，大家从四方八面赶来，既为长者祝贺，也彼此交流，畅叙亲情，陶醉在"家"的温馨之中。散会后，我陪褚先生走出会场，对先生说："今天的会开得真好！可见您的道德文章，使弟子们着实敬佩。"先生答道："我哪有什么道德文章呀！我只有四个字：与人为善。"我立即想起了《孟子》的名言："君子莫大乎与人为善。"褚先生正是这种传统美德的表率。

我是 1956 年考入北大中文系的，当时褚先生是游国恩先生的助教。第二年，游先生的嫡传弟子萧雷南先生给我们年级讲授中国古代文学史，褚先生给我们上辅导课，从此有幸成为褚先生的门生。但我知道褚先生的大名，却是在此之前。

那是 1955 年冬，我在长沙市一中读书，滥竽充数地担任着该校文学会的会长。这文学会的指导教师是彭靖老师，彭老师是当时湖南的著名诗人，酷爱唐宋诗词。在文学会的一次活动中，彭老师对我们说："有一位叫褚斌杰的学者，在《光明日报》发表了一篇文章，题目是《关于〈长恨歌〉的主题思想及其评价》，这篇文章引起了学术界的热烈讨论。我们文学社也应当关心这件事。"然后，他就布置任务：认真阅读《长恨歌》和那个"叫褚斌杰的学者"的论文，下次活动就讨论《长恨歌》的主题思想。但当时，还没有一种适合中学生阅读的唐诗选本，只好读《唐诗三百首》，陈婉俊的注释虽然详细，但全是文言，还有很多词语只注出处，没

左起曹道衡、褚先生、本文作者

有释义,我们都似懂非懂。好在褚先生的文章写得深入浅出,大家都看得懂,而且一致同意褚先生的观点。在我们这群中学生看来,那个"叫褚斌杰的学者"已经把《长恨歌》的主题思想说得清清楚楚了,还有什么好讨论的呢?我向彭靖老师汇报了大伙儿的想法,彭老师说:"那就换个题目。正好湖南人民话剧院在演出《雷雨》,我去弄些票,大家去看戏,看完戏,再跟导演与主要演员座谈。"这个主意太好了,大家一致拥护。《长恨歌》的讨论虽没有搞成,但褚先生的大名却已深深地印入了我的脑海。在我幼稚的心灵中,那位"叫褚斌杰的学者",肯定是个两鬓苍苍的老教授。直到上了北大,我才发现:原来,这位"叫褚斌杰的学者"并非"老教授",而是一位风度翩翩的青年教师。看样子,比我也大不了几岁,而比起我们班那几个"老资格"的调干生来,说不定还小几岁哩!

北大中文系历来人材济济,名师辈出。我入学之后,就逐渐形成了这样的印象,觉得系里教文学课的先生,大致可以分为三类:一类是高不可攀的泰斗。如游先生和林先生,历来是众望所归。第二类是令人敬畏的严师。如萧雷南先生,讲起课来,一板一眼严丝合缝,那板书尤为漂亮。每逢引用游先生的论著，必恭恭敬敬、端端正正地在黑板上大书"游先生曰"四个楷体字，并郑重地教导我们："这是家法！"他很注重仪表和服饰，头发向来是一丝不乱的；一年四季的衣服，也从来看不到一个褶子。他不苟言笑，也很少跟学生聊天。因此，我一直很尊敬他，但也很怕他。1958年夏天，为了"支边"，萧先生突然被调到内蒙大学去了。临行前，萧先生竟然到我们学生宿舍来辞行了，同学们非常感动，师生恋恋不舍。直到此时，我们才知道：这位严师，他内心是如此深深地爱着自己的学生。还有一位是吴组缃先生，我特爱看他写的小说，更爱听他讲小说——那已经不是听课了，而是一种美的享受。但不知道为什么，我就是怕他。从本科到研究生，我在北大上了九年学，却从来没有和吴先生个别交谈过，更没敢去他家拜访。当然，大多数老师是平易近人的。在这类师长中，老者有慈祥而幽默的杨晦先生；中年有风趣机敏、语必惊人的王瑶先生，老成持重的季镇淮先生，学识渊博而且讲课最生动的吴小如先生，还有和蔼可亲的冯钟芸先生；当时尚属青年者，则有热情豪放的陈贻焮先生、浑身充满青春活力的乐黛云先生和潇洒爽朗的褚先生。还有一位朱家玉先生，她是钟敬文先生的入室弟子，教民间文学，脸上总是带着一副大姐般的微笑，后来在"反右"运动中忽然失踪了，但她的音容笑貌，至今仍留在我的记忆中。

褚先生有学问，有才华，有名气，有风度，更有人缘，惟独没有架子；加以年龄和我们相近，因此同学们特愿跟他亲近。在当年文史楼的走廊上，在图书馆、大饭厅和哲学楼外的马路上，经常有三五成群的学生，围着褚先生，亲切地交谈。褚先生爽朗的笑声，极富感染力。可惜，天有不测风云，褚先生给我们上课那年的6月，一场无妄之灾从天而降。第二年，褚先生就调到中华书局去了。

算起来，褚先生教我们还不到半年，但我们年级的同学一直依恋着他。大约是1984年的春天吧，褚先生和我应广西人民教育出版社之邀，到南宁去参加审稿会。我们年级在南宁工作的胡冠莹、顾建国、卢东、关元光等同学，不知从什么渠道，打听到了先生来南宁的消息。我们下榻的第二天晚上，他们就急不可待了，结伴来到宾馆，拜访褚先生。见到阔别了二十多年的恩师，他们非常激动，纷纷向先生问候，追忆先生对自己的教诲。听说先生血压高，他们很着急，再三请求先生多多保重，按时服药。先生也很激动，一一询问弟子们的工作和家庭情况，言谈话语之中，透出一派长者的慈祥和关爱。临别时，他们再三叮嘱，要我好好侍候先生，不要使先生太累了。我牢牢记住了老同学们的嘱托。

人在少年时代留下的印象，往往终生难忘，乃至老而弥深。1999年12月4日，我参加了北大中文系主办的"游国恩先生百年诞辰纪念研讨会"。在褚先生的鼓励下，我也发了言。后来又在褚先生和游宝谅先生的鼓励下，将发言整理成文，发表在《文教资料》上。那文章的题目，就叫《高山仰止》。去年冬，方铭教授创意，为了纪念林先生从事教学科研70周年，写一篇《林庚先生著作系年稿》。这文章主要是方铭写的，我只作了一点补充。但在补充的过程中，我觉得林先生这座"高山"越来越高了。近二十多年来，我已养成一种习惯：每逢春节，必依次到林、陈、袁（行霈）、褚四位先生家中拜年。为什么把褚先生放在最后呢？那是由于，我拜了半天年，实在累了，想找个地方放松一下。褚先生家最合适。到了这里，不必太讲究坐的姿势，也不必考虑说话的内容和分寸，想到哪儿就说到哪儿，特痛快；况且，先生还纵容我的不良嗜好，每年必备有好烟款待。如此，不知不觉，一两个小时就过去了。头一回，先生一看时间已经过了十二点半，热情地留我吃饭。我只得实话实说："我是湖南人，生平就不喜欢吃饺子；但我妻子是山东人，按她们老家的习惯，大年初一的午餐，必须是合家团聚吃饺子。"先生很体谅学生，从此再也不强留了。

褚先生成名甚早，1955年7月10日在《光明日报》发表的《关于〈长恨歌〉的主题思想及其评价》，使先生名声鹊起。不久，又出版了《白居易评传》，奠定了先生在学术界的地位，其时先生才24岁。当年北大中文系的青年教师，人人都发表过论文，但有学术专著的却不多。而褚先生24岁时出版的《白居易评传》，恰好是二十四年后由人民文学出版社重版，时间已证明了它的学术价值。由于众所周知的原因，先生的学术生命被迫中断了二十余年。按林先生的观点，这恰恰是最富于创造力的二十余年。"四人帮"垮台后，先生回到北大，日以继夜地拼搏，论文一篇接一篇地发，专著一本接一本地出。1990年出版的《中国古代文体概论》（增订本），开新时期文体学研究之先河，其中的许多观点，不断被人引用。终于在去年，北大中文系建立了"古代文体研究中心"。先生"导夫先路"的功劳，已载入了历史。1998年出版的《先秦文学史》，是先生和他的得意门生谭家健合作主编的，是代表新时期文学史研究水平的力作之一。1999年，先生出了两本书：7月出了《诗经全注》，12月又出了戴震《屈原赋注》点校本。前者代表了我国近三十年来《诗经》研究的新水平，采撷既甚广博（除先生在《前言》中已说明的《毛诗传笺》等13种外，我从书中发现的就还有二三十种西汉至现代有关《诗经》的专著），抉择尤为精审，且时出新解，富有创见。近三年来，我查阅《诗经》，就拜读先生的大作，深感阅读极为方便，一册在手，凡遇疑难，无不冰释。

褚先生禀承游先生和林先生的优良传统，对工作认真负责，一丝不苟。近二十年来，北大中文系招收的研究生数量遽增，而论文答辩又几乎都集中在6月上旬。褚先生学识渊博，人缘又特好，自己带的研究生也多，因此，每年这个时候，就成了先生的大忙季节。记不清是哪一年了，那天安排了三场答辩，其中两场是褚先生担任答辩委员会主席。那天特别热，而中文系会议室还没有装空调，两把电扇扇出的也都是热风。第二场答辩开始后不久，褚先生就频频出入，我担心起来：怎么这样尿频？可别像我一样得糖尿病！下午第三场时，这种情况有增无减，我终于坐不住了，悄悄跟了出去。一到洗手间，发现他正在用凉水冲脸冲手冲脚，我问："褚先生，您干嘛？"先生答道："降温，降温！"我那颗悬着的心才算放了下来，但看到他浑身水淋淋的样子，我又难受起来。但他若无其事，擦干了水，又回到主席的座位上，艰难而坚定地支撑着，直到宣读完答辩委员会的表决结果与评审决议，才松过一口气来。这种忘我的工作精神，永远是我学习的榜样。

褚先生多才多艺。早在学生时代，他就选修了林先生的"新诗习作"课，从此成为林门弟子中新诗写得最好的一个。凡遇林先生大寿，他必作一两首"仿林庚体"新诗，既表达了他对林先生的敬爱，也表现了他的诗才。今年1月27日下午，袁先生和我去给林先生拜早年，谈起新诗，林先生夸赞道:"褚斌杰的新诗就写得不错。"褚先生还会写快板,说快板。那是上世纪70年代在文化部"五七干校"的时候,当时搞军事编制,褚先生所在单位中华书局算是14连,黄笃所在单位商务印书馆算是15连,我所在的单位人民文学出版社算是16连,再加上中国文联和作协那个连,四个连合编为一个大队。林彪摔死后,军宣队对我们这些"臭老九"的监管也有所放松,还时不时搞点文艺演出。每次演出,必有褚先生与李思敬先生合说的快板,那当然是他俩自己编的。我坐在台下,看着褚先生的演出,又依稀看到了先生50年代的风采;但接着是一阵悲怆袭上心头:这不是黄连树下弹琴,苦中作乐么!须知当时"干校"的体力劳动,就远非一般知识分子所能胜任,何况还有无所不在的精神折磨和前途茫然的思想苦闷呢!然而,先生的表演是精彩的,每次必博得热烈的掌声,终于赢得了"褚快板"的美名。

褚先生历来严于律己,宽以待人,事事总先为别人着想。1995年,詹锳先生来到北京,我陪他去看望过裴斐先生。后来我跟褚先生说起此事:"听说裴斐先生很各色,但这次我和詹锳先生去看他,倒是谈得很投机的。"褚先生赶紧解释道:"裴家麟(裴斐原名)是有点个性,但那也是逼出来的。当年我们十几个人被打成右派,大多数总算保住了饭碗;他是极右,开除公职,遣返原籍,从此流落江湖,什么活都干过,什么苦都吃过,性格怎能不变呢!"并叮嘱我:"如果今后有人再说裴家麟各色,你要向他们解释。这人的心地是善良的,又很有才华。"仅此一例,便可见出先生的宽容和厚道。正是由于这种难得的度量,使先生在学界人缘极好,口碑极佳。褚先生带我参加过屈原学会的三次活动,每次都是下榻伊始,来拜访和请教的人就川流不息,有时谈到很晚,褚先生仍热情洋溢,毫无倦意。但我想:您明天还得主持研讨会呢!记起老同学们"不要使先生太累"的嘱托,我就毫不客气地下逐客令了。在这些活动中,我都能听到楚辞学界老中青三代学者对褚先生的赞美,并亲身感受到他们对褚先生的敬佩。这个学会的各路诸侯,无不以能有褚先生这样的会长而感到庆幸。近两年来,褚先生不断跟我说起,这个会长当得很累,该让他们另请高明了!我心想:这事儿,恐怕还不容易办到哩!

褚先生对弟子的要求是很严格的，但又有无微不至的关怀和爱护。他善于运用启发式的教学，使弟子们逐渐悟到治学的门径。他一贯坚持身教重于言教，感化多于训诲。偶有弟子在学习或论文写作上走了弯路，他并不责怪弟子，而是先把责任揽到自己身上，然后与弟子一起，共同补救。如果时间紧迫，他就采用流水作业法，学生写一节，他改一节，学生完成一章，他就审定一章，师生全力以赴，取得较好的成绩。如今，褚先生早已桃李满天下，许多弟子都已学业有成，并成为了各自领域的专家、教授、博导。但无论弟子们在哪里工作，也无论弟子们年龄大小，莫不倾倒于褚先生的人格魅力。我和不少师兄师弟师妹谈起褚先生，大家共同的感受是：在褚先生身边，真是如亲化雨，如坐春风。

我印象中的汪景寿老师

黄卉

实际上由我来写汪景寿老师的纪念文字并不太合适。我虽然与他同事多年，但仔细想来，对汪老师的经历、思想、学术都了解得不深，而所能回忆起的点滴往事，也是只鳞片爪，不足以展现汪景寿老师的风采。

1986年夏天，是我来北大中文系的第五个年头，我第一次见到汪景寿老师。这之前既没有听过他的课，更没有机缘认识他。从他接替于效谦老师做编辑专业负责人到他退休，他一直是我的"顶头上司"。到他2006年去世，近二十年时间，从编辑专业到民间文学教研室，我在中文系晚辈教师中与他共事最久。

汪景寿老师为人豪爽、诙谐，办事利落、果断。他穿着随便，甚至可以说有点儿不修边幅。给我印象最深的着装是在夏天，他常穿一件白色圆领半袖针织衫，已经洗得很旧了，领口附近还有几个大小不一的洞，下穿或蓝或灰色的大短裤，赤脚穿一双圆口黑布鞋，手提一个黑色皮包。汪景寿老师体态较胖，动作却麻利，走起路来"咚咚"作响。他天生大嗓门，声音洪亮、浑厚，若想知道他的所在，不必找不用看，只听听便可确定。汪景寿老师笑声很爽朗，喜欢和人开玩笑。他所到之处，随时能听到笑声。他做事从不拖泥带水，一旦办完事，一边说着："好地！就这样！"人早已在院子外。

高声朗笑——汪景寿老师的个性风采

由于个人的性格、经历等原因，我乐意与性格爽快、做事利落的人共事，更欣赏胸襟开阔、睿智诙谐、不拘小节的人。汪景寿老师就是这样的人！他浑厚的高音和爽朗的笑声就是最好的招牌。和汪景寿老师接触多的人，回忆起他，也首先是他的高声和大笑，虽然说的内容和笑的缘由已然忘记。

刚和汪景寿老师共事时，尚不适应他浑厚的大嗓门，听他说话时常下意识地往后退半步，免得震得慌。后来我的先生也是大嗓门，汪老师到我家，他们二人聊到兴致勃勃时，汪老师便会开玩笑说："你看着点儿你家房顶吧，一会儿被我俩震塌了，咱们好跑。"汪老师的这种性格，在他的学生中，只有杨强颇能继承衣钵。当然，汪老师也偶尔会委屈一下自己的大嗓门儿，我记得

汪景寿先生

就有两件事。一是他的挚友胡双宝老师家养着波斯猫，非常漂亮却胆小异常，一旦听到陌生人的声音就躲到床下难睹真容。汪老师为了见上猫咪一面，到胡老师家时压低嗓门、蹑手蹑脚，终于看到猫咪，为此还颇得意。再一是我儿子几个月大的时候。第一次汪老师来孩子在睡觉，他在门外叫我一嗓子把孩子惊醒大哭不止。第二次他吸取教训压低声音和我说话，但说到高兴时一声大笑又惊哭孩子。再来时他干脆连屋也不敢进，低声细气、轻手轻脚。

汪景寿老师喜欢开玩笑，尤其是比较熟悉的人。他若觉得抓到了你的"把柄"，会不时拿出来调侃。我也觉得打打嘴仗很好玩儿，所以常没大没小地和汪老师斗嘴。一次，汪老师中饭时间到我家，碰巧那天多做了两个菜。他自以为抓到"把柄"，说国家可是提倡节俭，国宴才四菜一汤，你们俩人中午就吃三个菜！事后常常提起。不过，因为他也有"把柄"在我手里，所以我常能反唇相讥。一次他打来电话说要请我吃晚饭，有师母、藤田作陪。说我可以点两个菜，但单价每斤不能超过两元。我点了茄子和

苦瓜。汪老师菜做得不错。记得那天桌上摆着烧干贝、烧茄子、炒苦瓜、泡菜等菜，其中茄子他早已切丁炸好，只等我到了再下锅溜一下。他说这叫"不见鬼子不挂弦儿"、"不见兔子不撒鹰"。结果我一到他太过匆忙，忘了放盐。若再回锅味道又怕不好了。我们就吃一层撒一层精盐。吃完饭我还不忘往剩下的茄子里撒了一层盐，说免得第二天他又忘了。这也成了他攥在我手里的"把柄"。

真诚细致——汪景寿老师的情感特点

说起汪景寿老师十年如一日悉心照顾患肾衰竭的老伴，有人认为汪老师粗中有细，我不敢苟同。汪景寿老师不粗，他心思缜密，只是性格豪放才给人这样的假象。生活中也常有性格豪爽的人被认为不细致，其实不尽然，有一些看上去内向文静的人粗心得令人咋舌呢。

汪老师的细心体现在生活中的方方面面。他记忆力极好，很少忘记约定的事情，也非常守时。刚到编辑专业的时候，我们专业的一位男同事住在办公室，小伙子贪睡，经常到了大家约好商量工作的时候还没起床。汪老师就去买了一个闹钟给他送去。我有一次做一个门诊小手术，事先可能不经意提到过，那天中午汪老师顶着大太阳来看望，虽然他嘴上开玩笑说："我来看看你牺牲了没有……"但他的关心让我感动。

汪师母退休之前在平安里附近工作，离北大稍远，所以有几天就住在单位，免得早晚奔波。每到汪师母要回来的日子，汪老师都早早把事情处理完，说："今天我们老史回来，我得早回去买菜做饭犒劳她。"后来师母身体不好，病痛的折磨难免产生烦躁、悲观的情绪，汪老师不仅在生活上体贴入微，还常常用他的诙谐来给师母减轻压力。每到年末，他都当着师母的面给几位同事打电话要挂历，说："你那儿有没有字儿大的，图案要大美人的，我们老史就喜欢看大的、漂亮的。"师母总是被他逗乐。

汪景寿老师对人真诚，从不拿架子，很容易接近。他公安出身，调干上大学，在汉语中心和中文系任过教，"文革"时蹲过"牛棚"，教过留学生汉语、写作、当代文学、曲艺、台湾文学等。他经历丰富，交际广泛，五行八作、三教九流都能应付裕如。他的朋友除国内外学院的学者，还有演艺界人士、各级行政人员、司机等等，他都能以诚相待。他还在燕东园住的时候，与一位修车的邻居张师傅关系很好，张师傅定期为他的自行车作保养，因此他的车虽是很老的"二等"，却十分好骑，从不出问题。

汪老师虽然豪爽，却并不轻率。他心思缜密，眼光敏锐，出语谨慎。他不随意品评人和事，意见不成熟时也很少拿出来。这和他无关紧要的事打打哈哈、开开玩笑并不矛盾。就拿编辑专业的去留来说，1995年，汪老师已经征得系领导的同意，并和当时的图书馆系协商好此后由图书馆系承办编辑专业，并根据专业各位的研究方向安排好进相关的教研室，之后他才告知大家。至于我这个把十年心血全放在编辑专业教学和管理的人，没有教研室可归，他也替我想好，我可以选择随专业到图书馆系，也可以留下来跟他到新成立的民间文学教研室。

信任支持——汪景寿老师的领导风格

编辑专业，来中文系晚些的教员也许没听说过，即使对在系里时间超过二十年的很多人来说，它也早已销声匿迹。但在我则是至关重要的一段经历，蕴含着十年的青春和热情。作为编辑专业的第二任负责人，汪老师个人和当时的系领导一样，对这个专业的前景并不看好，但他还是接受系里的委托挑起领导编辑专业的担子。3个教员、20个学生、西校门外海卫小旅馆的两间办公室、空白的办学经验、两万元启动资金，筚路蓝缕呵！

北大中文系作为当时教委点名的编辑专业试点单位之一，只能摸索着去做。汪老师走马上任后，我们就作为主办单位召开了全国的编辑专业办学研讨会，尽管那时全国只有北大、复旦、南开三校开办了编辑专业。复旦大学的姚福申等老师、南开大学的赵航等老师来京共同研讨办学的宗旨、培养方案、开设课程等等亟待解决的问题。这次会议虽然规模不大，但对当时乃至以后的编辑专业办学极具意义。

开过研讨会后，汪老师让我来负责编辑专业的教学工作。他说：我做你的后盾。有困难、缺钱需要跑学校、找系里，我去办；办砸了、出问题了，我兜着。对一个二十三四岁的年轻人来说，汪老师压的担子以及他的信任和支持就是工作的最大动力。当时定的编辑专业必修课程有"编辑学概论"、"中国编辑史"、"编辑应用文写作"、"杂志编辑学"、"版权学"、"编辑学专题讲座"、"摄影"等等六七门课程，但我们自己暂时开不出来，所以只好先借助社会力量，从出版社、杂志社及相关机构聘请人来讲课。由于所聘人员无法按学校的课时按部就班上课，我就从可多人抬的"编辑学专题讲座"入手，请了人民出版社编审戴文葆、林穗芳先生，中国青年出版社总编辑阙道隆先生，中国出版发行研究所负责人叶再生先生，中华书局副总编辑傅璇琮、程毅中先生，三联书店总经理沈昌文先生，北京大学出版社副社长彭松建先生等从各自的角度来介绍编辑学。还请戴文葆先生为我们开设了"中国古代编辑史"，请当时的国家版权局局长沈仁干先生为我们开设了"版权学"。1988年，我们招了第二届编辑专业的学生，他们的"编辑学概论"、"中国编辑史"、"编辑应用文写作"、"杂志编辑学"课程就由我现学现卖开设。这期间，我奔走于新闻出版署、中国出版科学研究所以及各大出版社、杂志社，与一些年高德劭的老编辑联系，汪老师真的成为坚实的后盾，办相关手续、要钱、用车都有赖于他。他还对能请来这么多重量级的人物，对我赞赏有加。如今戴文葆、林穗芳、阙道隆、叶再生四位先生皆已仙逝。

80年代末，相继有十几所大学也开办了编辑专业，一般由教委高教司、新闻出版署、中国出版科学研究所牵头，各高校编辑专业的交流也日渐多了起来，一年中要开一两次交流会。我几乎承包了这些会议，成了编辑专业的开会代表。会议通知来了，汪老师就把它往我面前一拍，说：你去开吧。

因为我是第一届编辑专业1985级的班主任，汪老师把带学生实习的事也一并交给我。编辑专业不同于中文系的其他专业，实习的时间比较长。虽然由于经费原因，我们把实习由两个月缩减到一个半月，但一个人带实习，我还是觉得责任重大。我们联系了湖南省出版局作为我们的实习地，把20个学生分到湖南人民出版社、湖南文艺出版社、湖南美术出版社和岳麓书社。那是一届非常出色的学生，懂事、能干、团结，我们顺利、安全地完成任务。

上课、开会、学生管理、实习，汪老师都放手让我去闯，从能力的锻炼和人生经验的积累角度来说，汪老师是一个好"头儿"。

情有独钟——汪景寿老师的曲艺情结

汪景寿老师的教学、科研范围都比较广泛，但最能代表其学术、教学水平的，我以为还是曲艺。汪老师在曲艺的教学和研究中投入的时间和精力是最多的，也是取得成就、得到推重最大的。

汪老师是北京人，他的研究也以北方曲艺，特别是相声、山东快书为主。曲艺方面他专门的著书我知道的就有《相声溯源》（与侯宝林、薛宝琨、李万鹏合作）、《相声艺术论集》（与侯宝林、薛宝琨、李万鹏合作）、《高元钧和他的山东快书》、《山东快书概论》（与刘司昌合作）、《中国相声史》（与王决、藤田香合作）、《相声艺术论》（与藤田香合作）、《中国曲艺艺术论》、《马季传》（与曾惠杰合作）等。

汪老师和许多曲艺界人士都有很好的交谊，而这些人士也都把汪老师看成研究曲艺卓有建树的学者，尊敬地称他为"汪教授"。他和侯宝林先生的交往和合作尽人皆知，和高元钧先生、刘司昌先生、马季先生也有著述上的合作。从80年代起，汪老师就为留学生、中文系本科生开设"曲艺研究"课。这门课汪老师主讲，并结合艺人们的现场演示，精彩生动，非常受学生的欢迎。那时把演员们请到大学校园来，基本上没有报酬，只象征性地给一点车马费。而这些演员之所以乐于到学校来演示，一是源于他们传播民间文化的责任感，二是汪景寿老师和他们保持的良好关系。1986年后汪老师到编辑专业做主任，他的"曲艺研究"课每逢要请演员来学校，他都先和演员联系好，再从车队要一辆车，由我替他去接人。我那时虽然对曲艺了解甚少，但跑腿接人的事还能胜任，何况还可以跟着听课。我记得的来曲艺课上的演员有相声的马季先生、姜昆先生、唐杰忠先生、李金斗先生、陈涌泉先生，山东快书的高元钧先生、刘司昌先生、秋林先生，京韵大鼓的孙书筠女士，快板书的李绪良先生、梁厚民先生、孟欣先生，单弦的张蕴华女士，河南坠子的马玉萍女士，评书的连丽如女士、田连元先生、刘朝女士，乐亭大鼓的王桂玲女士等；有的已经记不得了。

汪老师的讲课风格也十分风趣，常常是斜倚在讲课桌边，"站没有站相"。他喜欢用歇后语，喜欢抖包袱。有学生在下面悄悄说："这老师讲课真有意思，好像在说单口相声，下次课带录音机来录下来回去听。"

汪老师的文字很有特点，一是结构清楚，长于归纳，这可能要归功于他的公文写作功底；再就是生动，像说评书一样。他 2004 年 3 月 17 日发表在《光明日报》上的短文《相声现状八问》就很能代表他的文风："有客来问：相声真的要死吗？不妨用一种花名作答：死不了。""俗话说：哀莫大于心死，相声还没到那地步，也就是哀莫大于心烦。……老百姓用自己的乳汁养育了相声，谁家孩子谁不爱，哪能容许往死里踹？死不了！"

汪老师因为对曲艺的钟爱和研究，也结交了不少国外的热爱中国曲艺的学者，并通过这些学者到国外去介绍曲艺，也曾经带曲艺演员去国外演出。我见到过或听他说起过的就有俄罗斯的李福清、美国的白素贞、加拿大的石清照、瑞典的莫大维等等。

可以说，曲艺是汪老师关注时间最长、取得成就最高的领域。在这里汪老师得心应手、游刃有余；在这里更能展现汪景寿老师谈笑风生、诙谐旷放的风采。他是属于曲艺的。

拉拉杂杂写下来，一直担心有愧于汪景寿老师的真性情，总是由于心笨手拙，勉为其难罢。

2010 年 7 月 17 日

我的屈老师

陈连山

在我的大半生中，1989年是一个不堪回首的年份。原因有若干，三言两语说不清楚。只就个人情感而论，那一年的4月，导师屈育德先生在北京离开了人世，而奉师命进行田野作业的我却独自一人远在云南西双版纳的热带雨林中⋯⋯

屈老师身上有很多谜，她智力超群，却成果甚少；她出自钟敬文门下，却长期改行。对于其中原因，当代民间文学民俗学界所知不多，连我这个入门弟子也是在老师去世之后才慢慢了解的。所以，事情还是得从头说起。

一、决定命运的两次人生选择

屈老师1934年出生，祖籍浙江宁海。她身体瘦且小，是典型的江南弱女子模样。可那副瘦小的身躯却包裹了一颗智慧、孤傲而且坚韧的心。

1955年，21岁的她从北大中文系毕业，并考取北京师范大学研究生班，师从民间文学泰斗钟敬文先生。三十多年以后，钟先生为屈老师的论文集《神话·传说·民俗》作序，回忆当年："⋯⋯每次在讨论课上，听了你的发言，却总使我惊异。你想得那么深！我常常向同学或同事说，你脑子的灵活是许多同学，不，连我自己在内所比不上的。"老师夸自己的学生，很常见；可是，夸学生夸到这样的程度，却是十分少见。钟先生这话，也许有一点奖掖学生的成分，但基本事实应该不虚。后来，我又从北师大朋友那里得知，钟先生多次称赞屈老师是自己"最得意弟子"。这正好印证了前边的评价。钟先生的识人能力是超拔的，而且是得到公认的。他把屈老师当做最得意弟子，其中意味很深。我体会其中不仅包含了智力

屈育德先生与女儿在家中

评价,而且包含了学问、德行等方面的评价。

　　这评价是经受过、也经受住了严峻考验的。1957年,北京师范大学组织了三次揭发批判"右派分子钟敬文"的座谈会,后来中国民间文艺研究会也组织了一场公开的批判会。组织者使用了各种方法,其中堪称一绝的招法是:让钟先生的学生揭发批判自己的老师。座谈会的内容,现在还能在当年的报刊上看到。发言揭发批判钟先生的人不可谓不多,该发言的、不该发言的,都发言了。众人罗列的罪名从"宣扬资产阶级学术观点",到"用资产阶级名利观腐蚀学生",千奇百怪,五花八门。可是,我反复核查发言人名单,没有"屈育德"三个字!稍稍有点历史知识的人都知道,在那个年代,拒绝批判将面临多么巨大的压力。而20刚出头当时还是研究生的屈老师拒绝了。这是屈老师在命运面前做出的第一次拒绝。她用沉默,为自己心爱的先生奉上了无言的安慰与支持。她当得起钟先生的评价!

　　祸不单行。同年,屈老师的男友金申熊(即后来的丈夫金开诚)在北京大学被划为右派,领导要屈老师断绝跟金老师的关系。这种现象在当时实在是"天经地义"。当时的政治逻辑是：你是被培养的人，总得对得起自己的培养人吧？那就跟右派分子划清界限！这种流行一时的政治逻辑搅乱了大多数人的思想；可是它在屈老师那里失效了。我想，在屈老师心里，这种逻辑是经不住一问的，也不值一驳。于是，屈老师做出了决定自己命运的第二次拒绝。

这两次拒绝，使她在思想和立场上脱离了那个时代的主流意识形态，成为了特立独行的异类。于是，社会就把这个异类送到了在它看来适合异类生活的环境——距离北京数千公里之外的宁夏。五十多年前的宁夏，生活条件和工作条件跟首都北京相比，差距何止千里！把一个江南弱女子，孤苦伶仃地"分配"到大西北，与故乡分离，与政治中心分离，与学术中心分离，并与爱人分离。这是不是过于严酷了？1987年，钟敬文先生说这是"不合理的分配"。在今天的我看来，这如果还不叫政治放逐，那我们就无法理解这个名词的正确涵义了！

中国民间文学、民俗学本来就不发达，到了宁夏，更是无从谈起。在那里，屈老师只能放弃自己热爱的民间文学、民俗学事业而转行。一直到1978年，屈老师回到北京大学，才重新捡起自己的本行工作，开始撰写民间文学民俗学文章。这样，我们就明白，为什么屈老师智力超群，工作勤奋，但成果甚少；出自钟敬文门下，却长期改行的主要原因了。

今天，我为自己的老师抱冤，感慨老师时运不济，生错了时代。可是，我知道老师自己是不后悔的。在决定个人命运时刻的两次拒绝，使她真正达到了俯仰人世而问心无愧的境界。人生在世，要做到问心无愧，很难；在那个时代，要做到问心无愧，难上加难。她失去了很多应有的成果，但是成就了一个独立、自尊的知识分子人格，而这是更加值得珍视的成果！

二、致命的疾患

俗话说，天妒英才。政治打击之后，疾病也不请自来。未及中年，屈老师就罹患喉癌。接下去，手术、放疗、化疗。经历了无尽的痛苦，老师顽强地闯过了鬼门关。但是，病魔在老师的身体留下了多处创伤。面部的紫癜，破坏了老师的容颜。对于女性，这种伤害是男性的我难以想象的。可是，令屈老师最痛心的却是声带受损，理由很简单，她是一名教师，声带是她最重要的劳动工具。另外，屈老师的唾液腺被大剂量的放射线破坏了，不能像正常人一样分泌唾液，所以她说话时得频繁喝水，才能维持口腔的湿润。记得1984年我读本科三年级的时候，屈老师给我们上民间文学课。她声音不大，但是不自然，有些发音不清，有些尖利。一些同学逃课，原因就是无法接受老师讲课时的声音。当然，同学们都不知道老师是个喉癌患者。自尊，使屈老师从来不向学生谈论自己的疾病。如今的我也做了教师，又得了教师职业病——慢性咽炎。平时还将就着，可是有了咽炎这个"底子"，只要感冒，必然咳嗽，而且一咳就是十天半月，时常影响教学，让我十分苦恼。回想当年屈老师的情况，我想她的内心一定是痛苦不堪！

刚刚回到丈夫和女儿身边的屈老师，生活条件非常艰苦。一家三口住在筒子楼里一间只有10.5平方米的小屋。唯一的书桌给丈夫金开诚教授，屈老师只能和女儿一起在饭桌上读书、写作。即便如此，这时的老师仍然快乐。生活上，终于全家团聚；工作上，终于回归民间文学民俗学教学与研究。曲老师觉得自己的学术生命"真正开始"了。在短短七年间（80到87年），屈老师抱病完成了28篇论文，包括《日月神话初探》、《论巧女故事》等著名篇章，结集出版《神话·传说·民俗》。这是屈老师唯一的专业著作。没有坚忍不拔的毅力，没有如火的事业心，是不可能取得这样成就的。可是，老师的生命蜡烛就这样被病魔和事业从两头迅速地消耗着。

1987年，我和万建中、张黎明两位师兄进入师门的时候，屈老师的身体已经很虚弱了。本来就不大的身躯，现在更加瘦小，大概只有80斤左右；头发脱落得很严重。这时候，老师刚刚搬入畅春园新居，一套三居室，生活条件大为改善。可是，屋子里总是弥漫着浓烈的汤药味。我们知道，屈老师的身体又出现问题了。到了1988年，老师走路出现困难，课堂就搬到她家里。老师的嗓音越来越难懂，我们建议老师指定阅读书目就可以了，不必再讲课。但是，屈老师坚持讲，并由丈夫金开诚教授逐句"翻译"给我们听。已经被病魔侵入膏肓的老师，声音微弱但又尖利，含义难明；随后是金教授响亮而浑厚的男声把前者的意思传达出来。这样的课堂，对于绝大多数人来说，恐怕是闻所未闻的吧？作为教师，不能说话，是痛苦的。类似的痛苦，二百年前的贝多芬大概体验过。他是音乐家，却罹患耳疾，丧失听力。贝多芬用小木棍支在钢琴和耳朵之间，以扩大音量，辨别声音，继续创作；我的屈老师则依靠"翻译"替自己说话，继续教学。在这个意义上，金开诚老师就是屈老师的"小木棍"。

今天，在回想屈老师授课情景的时候，我觉得老师的声音有点像大兴安岭森林中伐木的钢锯声，都有点尖利，都没有明确的意义。那声音，总是在我心里引发共鸣，让我的心脏发出一阵阵痛苦的震颤……

三、我和屈老师

屈老师对学生的爱护是无微不至的。1985年毕业，我被分配到北京外国语学院。报到之前，由于父母年事已高，作为独子的我反悔了，要求回老家河南。几经周折，居然成功了。我想回河南找一份民间文学方面的工作。因为不了解河南情况，就去找屈老师询问。其实在此之前，我从来没有在课外跟老师谈过话。屈老师听了我的情况，马上向我详细介绍了河南民间文学研究界的情况，并写了一封推荐信，推荐我到河南大学中文系张振犁老师——她的师兄那里，他是河南民间文学研究最好的教授，正从事民间活态神话的调查研究，将对中国神话学产生重要影响。于是，我进入河南大学，并在张振犁教授指导下愉快地工作、学习了两年，打下了从事民间文学研究的基础。

屈老师还替我顶住了单位的压力。1987年，我未经河南大学批准报考屈老师研究生，并被录取。但是，录取通知书被河大扣发。中文系领导告诉我，学校缺人，必须改成"定向培养"（这意味着我硕士毕业之后还要回到河大工作）才能把录取通知书发给我。人在屋檐下，不能不低头，我表示："只要北京大学同意改变录取性质，我没有意见。"我说这话，当然是打了埋伏的。埋伏就在我同意的前提上。因为没有电话，当天晚上，我就坐火车赶到北京，直奔屈老师家。屈老师见到我，大吃一惊："我已经签字免除你的面试，直接录取。你为什么还要跑来？"我讲了自己的困境和请求:"河大很快就会函请北大改变我的录取性质,老师能否拒绝对方的要求?"对于自己的这项要求,现在想起来很感惭愧。自己软弱,不敢对抗单位压力,却把压力转给自己的老师。没想到,老师当即表示:"你回去吧,我来办。"我当晚返回开封。不久,我终于拿到了被扣押的正式录取通知书。在最关键的时刻,屈老师以一己之力保住了我的前途。

到1989年初,我已经基本修满学分。3月底,病中的屈老师批准了我到云南去的田野作业计划,并仔细叮嘱了注意事项。等我5月初完成田野作业返回北大,已经再也见不到我亲爱的导师了。

才如江海命如丝
——回忆赵齐平先生

韩敬群

说起来真是惭愧，现在我已经想不起位于朗润园的赵齐平先生家的准确楼门号了。12楼204房间？也许吧。只记得这是在北大的最北端了，隔着围墙那面，就是从清华西门通到蓝旗营的马路，西边就是有名的北招，这座有些神秘的其貌不扬的小楼，闭锁着赵先生的一段灰色记忆。多年之后，我曾经有些好奇地走进去，除了感受到一点冷清破败，其他终究不得要领。历史，也正是这样，经常是人去楼空的。我另一个记忆深刻的地方是楼前的自行车棚，几乎每一次我骑车来看先生，总能在车棚前看到那位神情怪异的清洁工。他干干瘦瘦的身子缩在空空荡荡的衣服中，显得没有一点儿分量，常常，他就把这点儿分量倚在从袖口中探出的笤帚把上，眼睛痴痴地看定来人，口中永远在喃喃自语。

楼前就是后湖，比起未名湖，这里当然更加幽静些。不过北大的校园恋情向来是被外面叹为观止的，一个未名湖当然挤不下那么多相偎相拥，所以后湖就成了很好的替补。记得有一次，我照例来看赵先生，骑车悠悠从湖边经过，突然发现，湖边长椅上忘情相拥的两位，原来我却都认得，一位是我同专业的师姐，一位已经是今天的名师了。我赶紧低头屏气，匆匆驶过，好像是自己干了什么亏心的事。

有一回，说到当今的学风，赵先生很为我们这一茬学生痛惜。身体原因，他虽然不便出行，但每月有三分之一时间要到医院做血液透析，他还是有机会看到外面的包括这些湖边的风景。"大好时间，不去发奋读书，跑那里卿卿我我。"二十年了，先生说的这话，他说这话的神情、语气，我几乎还能原样复现。先生或许没有注意到我当时的尴尬，因为我虽然从

80年代赵齐平先生在朗润园寓所

不曾,也不敢在"那里"流连,但也的确已经陷入"卿卿我我"之中,夕阳芳草,耗时无数,不是令先生满意的心事单一的学生。

我应该算赵先生的关门弟子吧。在我之后,先生名下还招过两个学生(其实是因为别的导师不想要,先生替系里善后分忧),不过到底因为体力不济,转到了其他导师门下。儒雅醇厚的张鸣先生,是先生的开山弟子,比较起来,这一头一尾,反差也忒大了些。不过对于先生,我该算一个特殊的学生。顾虑到他的身体情况,我自觉地要求自己不拿学业上的事烦扰先生,每次见面,只是陪他聊天散心。这种随意家常的气氛,让我在先生家的出入,看起来更像是家庭一员。有一年,与先生的儿媳、曾经和吕丽萍一块考过演艺学校的良军女士陪送先生担架上的老母亲去渭南,我还客串过良军的同事呢。我本科的时候,喜欢孙静先生的授课,也还得孙先生喜欢,想考他的研究生,不过我当时想学的是宋词,而孙先生是只招第二段的,所以孙先生就把我推荐给了赵先生,他特别告诉我,在第三段的诸位老师中,论才情,论学养,论为人,赵先生都是最突出的。我后来知道,因为赵先生授课风格毕肖吴组缃先生,他被称为"小吴组缃"。一位当年的老学生曾经回忆:"赵齐平老师总是风度翩翩的,衣服穿得很整齐,而且不是特别热的时候,他的中山装最上边的扣子也总是扣紧了。他讲课也是眉飞色舞，尤其是在讲诗歌的时候。有一次，他甚至把家里的录音机提了来，一边放古乐，一边朗读诗词。他的情绪化的讲课方式，对同学们很有感染力。他对学生的考试很不以为然，所以听他的课，你常常能得到5分。"从这一段中，略微可以想见先生为人师表的风仪。我还知道，先生是浦江清先生1955年特别从四川大学招来的研究生，而那一年，除了北大本校，浦先生在全国似乎只招了先生一人。以我后来在系里与老师们交往的经历，梳理一番老师们的议论，吴组缃、季镇淮先生之后，第三段的老师中，学养深沉、才思清发，堪当领军大任的，公认的应该就是赵先生。

论到先生的才华、学识，当年的学生们，可以从课堂记忆中翻寻对老师的记忆，我因为在先生最后的那几年，陪伴追随他时间最久，也还有一些直观的感受和印象留存。但是记忆与印象都抵不过时间的磨砺和淘洗，会一路模糊脆薄下去，终究成为靠不住的证词。比如说先生书法、诗词兼擅胜场。我记得先生书房中就挂着一幅他自己手书自撰的五言律诗，俊逸洒脱，具见功力，但我今天已经只能从网上才能搜到先生手泽的只鳞片爪（孔夫子网上有一幅先生写给李易先生的信札拍卖）；我曾经特别小心收藏了一本《中华诗词》，只因为其中收录了先生的一首七言律诗，混在书堆中，现在也无从翻找。先生的诗词，我能记得的，只有这么一个句子：贾生恸哭空多泪，屈子狂歌枉断魂。这个句子，作于89特殊时期，我还记得先生向我吟诵时的沉痛迫切。今天看来，自《史记·屈原贾生列传》将两人并传之后，贾生、屈原就总是被牢骚太甚的文人们牵扯到一起，自抒愁怀，自我写照，使得那"恸哭"与"狂歌"也仿佛古人枯骨闪出的磷火，失去了它的感染力。我觉得这个句子不能真实地代表赵先生的诗词写作水准，当然，它也未必能写出先生当时的心声。

天不假年，赵先生只活了59岁。佘树森先生也是在同一年去世的，同时在那前后，北大、中科院还有另外一些中年学者英年早逝。记得我的同学刘洪涛还专门为此做过专题。与先生同时或前后的许多学者，是在那个时期、在那个人生的节点上，开始了学术的跃进与喷发。而赵先生逝于1993年2月25日，他甚至没能看到他一生最重要的学术著作《宋诗臆说》

的出版。

也就是说，除了一些合编的教材、文学史参考资料，赵先生生前唯一出版的学术著作，也就是所谓专著，只是一本薄薄的小册子《谈谈三国演义》。这本小册子可以说明赵先生领军人物的才具吗？毋宁说，它更像命运与先生开的一个诡异的玩笑。凑巧的是，这本小书恰好是我今天供职的出版社的前身北京人民出版社出版的，所以我还能找到一本，赋予它不同寻常的意义珍爱护惜。对一般人，甚至对于专业的学者，是否还能知道或想起它，这就大有疑问了。它的出版时间是1973年7月，只有薄薄51页，字数不过3万字，也就是今天研究生一篇毕业论文的长度吧。不过，短短的3万字中，引用毛主席著作的地方就有11处，包括了《新民主主义论》、《中国革命战争的战略问题》、《中国革命和中国共产党》、《在延安各界庆祝斯大林六十寿辰大会上的讲话》、《论联合政府》、《实践论》、《反对自由主义》等多篇文章，显示作者是一位多么虚心虔诚的可以改造利用的好对象、好学生，尽管在那大体拘谨刻板的遵命学术的外套之下，学者的趣味与性情也会在底注中倔强地露出狐狸尾巴。

1990年，在陕西渭南赵先生哥哥的家，听到他说起赵家的一些往事，我因此知道，赵家在四川崇庆当地，是殷实的大户人家，而那个年代，这样的出身，当然只会成为追求进步者的原罪和负累。周一良先生《毕竟是书生》中曾说到："我生性小心谨慎，加之解放后'原罪'思想沉重，认为自己出身剥削阶级……运动开展后则诚心实意努力紧跟，以后历次运动无不如此。"这段话，可以代表建国后许多知识分子的共同心事，猜想赵先生的情况大抵也是如此。就像周先生一样，一生追求进步的赵先生后来也被选入了"梁效"，显示出那个时候，他已经成功改造成为了组织信任的笔杆子。以他一贯的清节自律，"梁效"从一时的群英会，乾坤倒转而为群帮凶，对他心理的创痛会有多么巨大，可想而知。我听说，他的身体，就是那个时候落下了病根。

因为严重的尿毒症，80年代后期开始，先生就离开了他心爱的课堂，一个本来正值盛年、可以大有作为的学者，不得不把他最主要的精力与体力交付到与病魔的生死缠斗之中。每三天一次，他就要到301医院进行一次全身血液透析，而每一次透析的头一天，我见到他，他都是脸色暗红发紫，显得极其难受。北大人，北大之外的人，再次记得先生这个名字，是在1989年的夏天，北大八教授联名写信给校领导，呼吁同学们复课，八教授之中，先生的名字排在第二位。在这之前，我听先生吟诵过那两句"屈原"、"贾生"的诗，知道病榻之上的先生，其实一刻也未忘怀现实，我知道他在这个时候的表态，与他一生的立身行事，其实正是一脉相承，"不要把爱国与为祖国刻苦学习对立起来，请珍惜自己的青春年华吧"，这样的主张，是多么典型的赵先生的句式啊。只是这样一封情词恳切的信，发端在书生"位卑未敢忘忧国"的心态与师者传道、授业、解惑的职业立场，却会引致学生们那么大的敌意和反感，一时间让先生似乎成为燕园中让人指戳的一个名字，这恐怕是先生百思难解、百口莫辩的。

《人民日报》的头版标题，三角地不分青红皂白的责骂，这样的事情终究也会成为历史的"空楼"被人遗忘，就像不过二十年，我已经记不起先生家的门牌号码。但先生毕竟还是留下了一本《宋诗臆说》，对于热爱与研究宋诗的普通读者和专业研究者，这是一本真正的厚积薄发、举重若轻（张鸣先生说是举轻若重）的著作，它在宋诗研究史，甚至在整个中国诗歌研究史上的价值，正在为越来越多的人越来越清楚地认识到。其中虽然只谈到了14位诗人29首诗，却完全可以当成一本有史有料、有识有味的宋诗史来读，无怪于有读者会这样评价：20世纪宋诗鉴赏家，除陈衍、程千帆外，可称一流者有钱锺书、赵齐平。有的时候，我会禁不住想到，假设天假其年，又假设赵先生能够更圆融通透一些，他在学术上会达到怎样的高度呢？

贴着墙根走的教授
——回忆倪其心老师

冯永锋

一

我总是无法摆脱一种印象，我甚至不愿意承认这样的现实。倪其心教授在我的心中，一直保持着的是四十几岁的形象。我上大一的时候，他不像个快60岁的人；我毕业工作了七年后，他不像个快70岁的人。是的，他的身上有一种让你感觉年轻的东西。

那是些什么呢？是什么给我造成了这种印象？2002年5月，当张天鸽同学到北京来，建议说90级文献班的同学应当聚一聚，于是我们在北京的都来了。我们聚会的地方是北大东门外蓝旗营边的一个饭馆。严蓓雯说，倪老师搬家了，新家就在对面，他就住在北大清华老师公寓中的某一座楼的某一户里头。

那为什么不上他家看看？我们有好久没有看见他了，有些同学毕业后就没有见过倪老师。严说，我打过电话了，他接了，但是拒绝了。他向来是不肯的。

我记起来了，1998年北大百年校庆时，我们能够聚在一起的文献专业的同学，在一个夜晚来到承泽园，我们喝了酒，我们身上带着一定要见见倪老师的念头，我们来到了承泽园的传达室，我们给倪老师打电话。

他不同意，不愿意我们去看他，他不肯告诉我们住在哪座楼。承泽园就那么几座楼，每家每户都有灯光，我们在楼下东张西望，希望能看到某种标志，能得到某些启示，以便我们不需要经过他的同意，就可以直接到他的门前，推门进去。

倪其心先生

我们说什么都不行,我们都快哭出来了,也不行。他说,你们回去吧,我没有什么好见的,长得什么样,你们上学的时候已经见得多了,现在除了老一点、病一点之外,没有什么区别。看我这样的人是没有意义的。

我们说,我们不是要看区别,我们也不要什么重大意义,我们只是想念您。

他就是不答应,我们没有办法,只好离开承泽园。

这一次呢?肯定也不行。只知道电话,却不知道楼号和房号。严说,我下午已经打了两次电话,他都不肯。

已经夜里九点多了,我们想再试一试。不管他是不是休息了,也不管他是不是在养病。

在手机上摁了号码,拨通了,电话那头传来一个小伙子的声音,我说,我找倪老师。小伙子撂下电话,喊爸爸,那就是倪申了。倪申好像是猴年生的,倪老师原是上海人,上海简称申,所以,倪老师的这个儿子的名字,取得颇有意思。

倪老师过来接电话,我说我们是90级文献班的同学,现在守在他家小区的门口,想看看他。

倪老师说，天晚了，家人身体又不好，我该洗澡然后睡觉了。你们的心意我领了，以后再找机会吧。我退休后，从来没让学生到家来看我。

我说，不行，我们今天一定要见见您，我们已经好久没有见到您了，我们全班同学都非常想念，上次在承泽园你就拒绝了我们，这次您不能再拒绝了。

他还是不答应，说自己身体不好，要休息了，你们也该回家休息了。你们能够记得我，在电话里说说话，我就非常感激你们了。谢谢你们还记得我这个老头子。

我坚持不放电话，我知道，唯一的让他松口的办法，就是坚持，不能后退半步。我说，我们有些同学从广州赶来，有些从上海来，就是在北京的，也难得碰面，今天我们聚得算比较齐的了，工作了这么多年，没有为古籍整理事业作出什么贡献，我们于心不安；大家在学校时，非常敬佩老师的人品和学问，尤其喜爱老师的率真性格，我们真的非常想念您。

倪老师语气稍微松动了些，但还是没有答应。我说，这样吧，您就告诉我们楼号，告诉我们住在几层几号门，我们今天就先打搅您几分钟，见上一面，我们就心满意足了。以后，我们中间哪个同学有时间了，哪怕今天探望不了您，以后也可以随时再拜访。

倪老师终于松了口，他说，6号楼1305。

查九星同学说，买束花吧？问小区的保安，正好超市边有个花店。我和冷霜去买了花。小冷还在北大读博士，他工作三年后考回学校了，但读的不是文献方向，而是当代文学。

姚师母给我们开了门，倪老师出来了。座位不够，我们有的坐在沙发上，有的坐在小凳子上，有的干脆站着。倪老师新搬的房子也不算大，但也许比起以前，已经算是改善了。

我们说了不一会儿话，倪老师脸上就开始冒汗。我们知道他得的是肺癌，似乎他的一边肩膀，比另外一边要高一些。他总是这样，像斗牛一样，有一股子倔强劲，随时在发起冲锋。喜欢他的人，就是因为这股子倔强劲；不喜欢他的人，也是因为这股子劲吧？

我们坐了十来分钟，所有人他都记得，包括大家毕业后在什么单位工作。时间无情，我们越发没有拖延下去的理由。倪老师送我们到了电梯口。电梯正好装得下我们全部。我们带着一点点满足，也带着深深的遗憾。我们同声祝愿他健康长寿。

而两个月后，7月27号，他就去世了。

二

如果某个你认识的人、某个你尊敬的人不在了，你开始回忆他，你是顺着时间往前寻找，像倒录音机里的磁带一样，还是从你们认识起开始历历数来？

也许我的头脑是混乱的，我的记忆在很多地方都已经模糊，我的思维甚至发生了严重的错乱。我还年轻，但已经显出了老态，我已经无法记得太多的严格意义上的细节。

所以我的回忆像是垃圾袋里的线团，胡乱地纠缠在一起。

1991年9月，我们结束一年的军训生活，开始正式进入北大。可能因为军训，所以专业不是填高考志愿时就报定。参观完校园后，第一件事，就是分专业。我们这一级共设了三个专业，文学、汉语、文献。在一教一间简陋的阶梯教室里，各个专业的教研室主任开始向新生介绍各个专业的方向和特点。然后再让大家自己填志愿。

古典文献专业在全国只有三所高校开设，主要方向是为了培养古籍整理和研究人才，每年顺利的话，全国这个专业的本科毕业生不过三四十号人。古典文献专业是中文、历史、哲学、考古四系联办的，学生毕业后主要的去处，是全国的古籍出版社和全国各高校古籍整理委员会，所以，像中华书局这样的地方，有相当一部分的编辑人员，毕业于北大中文系古典文献专业。

我们国家有大量的文献古籍还像土豆堆在麻袋里一样随便堆放在各地图书馆和散乱民间。但这个专业向来是招不到太多人的，虽然进来学习四年后，会觉得这个专业非常好，能够弥补我们这些从小到大只读现代汉语编写的教材的学生很多古代文化的知识。但我们并不懂得各个专业的优劣，绝大多数人都只凭字面上就进行了选择。虽然我们的选择，往往是错误的和胡乱的，并不适合自己。

仅仅是"古典文献"四个字，足以吓走一大批刚刚考上大学、以为进了中文系就该当作家的人。他们说，这是故纸堆，只会消耗青春，一辈子过着青灯黄卷的生活。有一次还闹过笑话，有个学生在高考的志愿里就填了文献专业。进校后不久就想改，他的理由是当时看花了眼，把古典文献看成了古典文学。同样的例子也在招聘会我找工作时发生了，当时在学校的五四体育馆，我把简历递给一家要人单位。办事员看了一眼后，就找了他的领导，说这个人不错，"古典文学"专业毕业，古文的功底应当非常强，加上他在校时写了这么多东西，到我们那儿工作应当不成问题。

倪老师当时只有57岁，担任着古典文献专业教研室的主任，自然，古典文献专业该由他来介绍。每个人只有几分钟，他当时介绍了什么？我已经完全记不起来了。一般来说，每年的文献专业，只能招到14个学生左右；而且绝大部分都是从其他两个方向尤其是文学方向调配过来的。但我们这一级学生，却招得出奇的好。我并没有掌握很多的古典文献专业知识，但我在志愿表上的附注栏里，还特别写上了一行字："我无论如何都要上古典文献专业，请老师考虑我的请求。"

并不是倪老师当时的演讲对我们有多大的影响。严格地说，我们这个年级有这么多人选择古典文献专业，跟卢伟老师在军校有关。在石家庄陆军学院的时候，可能是上面的安排，北大给每个学生中队派了一名青年教师。他的工作可能是为了考察学生在军校的待遇，也可能是为了让部队的军官与学生能够进行更好的沟通。反正当时中文系女生所在的十九中队，派来的青年老师，是刚刚从北大中文系古典文献专业本科毕业的卢伟。他在一年中，让所有的中文系学生都开始看重古典文献专业。

所以，我们这一级全部14个同学，7个男生7个女生，全都是自己主动选择文献专业。几乎所有的人都以为我会选择文学专业，所以结果出来后，不少人还表示过惊奇。

我也是在充满惊奇之中开始了我的正规的专业学习。那时候，我是一个多么无知的少年，从小学起的十多年几乎封闭的学校生活，让我学会基本的数学知识、基本的语文知识外，到底还让我学会了什么呢？

第一堂课，是顾歆艺老师给我们讲"古籍整理概论"，自然，她是我们专业毕业的，古典文献研究所的几乎所有的老师都是我们专业毕业，设在系里的全国高校古籍整理工作委员会的老师，也几乎是文献专业毕业。

她为了摸一摸我们的底，给我们出了一小张卷子，记得里面有一道题，是"我国古代典籍一般分为四类，请说出这四类是什么？"

我回答得牛头不对马嘴。好像其他的同学也回答得牛头不对马嘴。答对的人都是碰巧。还有一道题，是"请列出十三经的名字"。少年无知、头脑空白的我哪里知道什么五经六经九经十三经？我当时完全被这个专业镇住了。我想，这正是我所缺少的，我能在这里学到我在其他专业根本学不到的东西。

头一两年倪老师没有怎么给我们上课，只是有时候参加我们班的联欢会和座谈会。据说按照北大传统，应当是大一大二的基础课由老教授来讲，大三大四的专书课由年轻一些的老师来讲，这样，学生能够学习得更加的虔诚，也可能会更加的扎实一些。但专业里人手不够，由于所谓的历史原因，各个专业青黄不接现象非常严重，加上当时《全宋诗》整理正在紧要关头，分不出太多的精力来照顾我们。但我们学识又太差，想到专业帮点忙，也不太够标准。但这个专业就是这样，大家都非常的友好。老师跟学生，就是大哥大姐带着小弟小妹。刘瑛老师一边感叹着我们的年轻，一边给我们上"古代汉语"，用的是王力教授编的全套四本教材。我们当时不知道她说的年轻是什么意思，觉得自己已经很大了，同时觉得她们年纪并不大，不过比我们高个七、八级，大个五、六岁。

知识的巨大诱惑并没有让我那颗粗糙的心安分下来，大一大二我一边上课，一边在胡思乱想胡作非为。直到有一天，这种青春的躁动给我带来了警告。

那是1993年的夏天了。期末考试已经过去，马上就要放暑假。一天下午，系里紧急把我叫到四院，负责教务的王淑兰老师同情地看着我说，你捅了漏子了，但你们专业的主任把你给保了下来。

然后我到了文献所（现在改为中国古文献研究中心，搬到了哲学楼），倪老师在那里等着跟我交谈。他的面前，放着我的一份政治考卷的复印件。

这已经是我重修的补考了,但我生来对政治考试充满厌恶,觉它有伤我的人格,让我即使面对只要背诵答案就肯定能过关的考试产生了巨大的排斥感。应当说,学校政治教研室的老师是客气的,他们在黑板上列出了几道大题,都是从小学到大的内容,只需要答个八九不离十,不说得个优得个良,得个及格的六十分是不成问题的。但我当时不知道是哪根筋出了毛病,带着一种莫名其妙的"深深的屈辱感"开始在两大张白纸上胡写乱划,用大大的字体,对政治课教学说了很多大逆不道的话,字里行间挟带的是一个年轻人的猖狂和对其他人的不尊重。

这些老师生气了,他们把我的卷子复印了几份,送到了学校的教务处。学校的教务处说,这样的学生应当开除,就是不开除,也不能给他学位。

倪老师知道了,他说,这事让我来处理。于是,我站在老化学楼一层北面文献所那间小小的办公室里。里面有两张办公桌,里头一张是崔老师的,靠门口的一张就是倪老师的。

事态的严重让我张口结舌。我低头认错。倪老师说了不少严厉的话,但到最后,还是对我表示了充分的信任。他说,你的性格要改,否则以后就是到了工作中,也要出问题。"我的下场就是活生生的例子。"听到这话时,不是去推测他的人生中到底发生过什么,反而在那里美滋滋地想:好像细细对比起来,我跟倪老师的性格,真有几分相像。

三

在学校的时候,同学间一起出去玩随时能够组织,但与老师进行联欢活动却往往要有一些借口,自然,这些借口多半是逢年过节的时机。联欢活动请老师自然尤其要请本专业的老师参加,如果专业老师不参加,我们甚至可能取消活动。

善待学生是北大的美德。北大的一个很重要的特点,在于对于学生的看重和爱护。所以,一旦接到我们的邀请,老师们都会尽量赶来,以免扫我们的兴。有一次好像是过元宵节,还没有什么经验,我不假思索地租到了三教的一间教室作为联欢活动的场地。三教是繁忙的教学楼，不上课时显得异常清冷，加上离宿舍远，教室里的课桌又是固定的，不太适合进行娱乐。但当时我傻呼呼地以为所有教室都有其他的班级搞联欢，等到晚上一看，全楼只有我们租定的房子亮着灯。为了活跃气氛，也为了炫耀"专业技能"，我在黑板上装模作样地用小篆写了古典文献四个字。班主任沈培老师是著名古文字学家裘锡圭先生的高足，他对我写的那几个烂字不以为然，同时还指出"献"字写错了。倪老师说，今天是过节，大家快快乐乐的，不要那么较真，他们现在还早，等他们想学的时候，他们想错也错不了了。我们在这间教室里包了一阵元宵后，觉得实在不太像过节，于是老师们商量一阵后，干脆让我们搬到文献所的一间办公室里过。这间办公室有一张大桌子，大家围在大桌子周围，玩"大西瓜小西瓜"之类的游戏，玩得非常高兴。

1994年的夏天，我们开始实习了。如果能够联系得上，专业一般都安排去西安和敦煌。因为西安有碑林，有博物馆；敦煌研究院有两大方向，一是壁画艺术，二就是文献。敦煌藏经洞发现的文献材料，虽然大部分都被伯希和之流卷走了，但现在已经有了胶片传回来，敦煌学的研究还是能够在中国开展的，所以，有一个专门的敦煌文献研究所。

倪老师是我们这次实习的负责人。他和崔老师、刘瑛老师一起带领我们的实习。说是带领，其实是当联络官和保护者。临行前，讲了不少注意事项，比如在西安，不要乱上街，西安的民风不好，旅游把这座城市的人心带歪了，所以卖东西的人品行很坏，强买强卖，有时还捅刀子，说得我们一阵阵紧张；西安缺水，街上的小摊，碗底套着塑料袋，吃完了揭下塑料袋就算洗碗了，不卫生，所以不要乱吃东西，我们保证不乱吃。敦煌呢？我们能够吃住在敦煌研究院里，跟倪老师有直接关系。当时的敦煌研究院副院长（现在是院长了）樊锦诗好像是北大历史系的毕业生，倪老师是1952年考上北大中文系的，可能樊先生她也大概差不多同时期进入北大。正是因为这个渊源，我们在敦煌看了不少东西。

我当时还萌生了到敦煌文献研究所工作的想法。我跟所长李正宇教授联系。他说行啊，只要你把毕业论文给我看一看，同时让你们专业给你写个推荐信。后来由于我去了其他的单位，这事最终没有成。当时我把想法告诉倪老师时，倪老师说，推荐信？我帮你写就行了。

四

我总有个感觉，按照倪老师的性格，他不太适合在文献专业。他太有激情，也太敏感，所以，当他把自己的著作《汉代诗歌新论》送给我们，我仔细地阅读这本书之后的感想，更加加深了我的印象。这本书出版的过程好像非常困难，从成稿到出书拖了很长时间，好像教授们出书向来是困难的。但不管如何江西的百花洲文艺出版社出版了这本不太厚的书。

我想，显然倪老师也不是要把它拿来作评职称用的，这本书里寄托的是他的一种理想。他写的，是汉代的诗歌评论。他说汉代的诗歌，有一种被大家长期忽视的东西，那就是血性，是质朴、纯真，以及自由挥洒不受拘束的精神。这恰恰是诗歌所以存在的理由。汉代诗人为后来所称道，因为他们顺承人的天性而生活，所以，在汉代什么样的诗歌格式都存在，不像唐朝兴盛的是整齐的律诗。

倪老师的行文非常的张扬，我很少看到一本学术著作有这么任性的。所以它很得我的喜欢。可能是实在跟学术无缘吧，我自小就讨厌所谓的学术著作那种不得已的假惺惺的论文体，这种论文体是扼杀论文中思想的闪耀点最有力的武器。学者们发明了论文，可是他们没有想到，最终让他们的文章影响范围缩水的，也恰恰是这种文体。

倪老师的字里行间还有一种汉诗似的悲愤，他好像把毕生的激情和愤怒，把个人的遭遇与悲伤，都堆放在这本书里了。倪老师直至逝世，个人的著作似乎只有三本，一是《校勘学大纲》，二是《汉代诗歌新论》，三是《古典文学自学指南》。第一本是文献专业的基础著作，古籍整理首先要学的是文字、音韵、训诂、校勘、辨伪、辑佚，某些方面的教材没有，所以就需要这样的填补空白之作。其他的两本，显然跟文献没有太多的关系，而是文学方面的。我相信，倪老师本质上是个文人，他研究文献时，也一定非常喜欢直读原文，首先把文献材料当成文学作品来阅读。至少，首先要把《诗经》还原为诗，把《春秋》还原为文字美妙的历史，把《论语》、

《孟子》还原为传奇色彩极浓的笔记，然后再来勘查它们的文献功能，否则，研究会走向偏锋。

五

要是在路上遇到倪老师，他往往会跟你聊上半天。文献专业在研究生有两个大的方向，一是古典文献学，二是古文字学。天鸽同学上研的时候，有一次与另外两个同学在去导师家的路上遇上了倪老师，那是个雪后的天，倪老师跟他们几个在雪地里，一说就是一个多小时。说专业说"文革"说其他方面的什么事，总之说得非常的宽泛。所以有些同学，不太喜欢倪老师的这一点，以为他有点老糊涂了，怎么说起话来没完没了？

然而他是多么愿意和年轻人交谈。他身上充满的就是年轻人的那种活力，能够消亡这种活力的，我想，只有死神了。（据说他肺癌的重新严重起来并最终导致去世，是因为他自己停了药。如果这是真的，我想，就是因为病痛堵住他青春活力的散发出路，由于无法容忍，从而做出这样的决定的吧？）

我工作三年后，有一次回专业，正好倪老师在。我坐在他的办公桌边，接受了他一个多小时的训导。他对我们总是充满信任的，说了那么多话，最后落到一句话里，还是对我的鼓励。他说，我坚信你能够获得大的成就的——只要你改一改你的性格。他深知我这样的性格会给自己的人生之路造成很多不必要的麻烦？还是他回首自己的过去，深深地觉察到了性格常常是一个人命运悲剧的根源，不管外边的环境如何变化，你的性格仍旧是你命运的主宰？

写了这么多仍旧没有跟我的标题有什么关联。我的脑海中有一个意象是如此的强烈，以至于我非常清楚。其他的细节我可能忘记，所以回忆起来后就得赶紧写下来，但这幕场景像刀子一样一直捅在我身体的某个部位，让我时刻清晰地感觉到它发出的强大的辐射。

那是1998年春季的一天，我沿着紧贴着蔚秀园南边的小路往校园的方向走，一抬头，看到倪老师从我对面走来。但这次他的头不是昂着的，所以没有看见我。他穿着一件俭朴的衬衫、一条灰褐色的裤子，裤子上满是灰，脚上的皮鞋也满是灰，裤脚一条挽得半高一条就那么垂到脚面，头发还是那样自由地乱着。他默默地顺着墙根行走，仿佛要把所有的道路都让给其他的人；他几乎是蹭着墙往承泽园的方向走去，没有一点点的威赫其他人的愿望，没有一点点的得意之情。他像一束光一样在我眼前缓缓移动，他的浑身上下既有一种对苦难的强烈的蔑视，又有一种深深的痛苦，他似乎要让自己不被任何人注意。

我一时没有从震惊中醒过神来，我刹时明白了更多的道理。当你在青春活力绽放的最好时光，你的生命却由别人掌控；当你足够老的时候，年龄开始显示出它强大的威力；当你看到自己的后半生即使无论付出什么样的努力，也只能进行一点点修修补补的时候——你，只能是顺从，你只能尽量让自己处于卑微，否则，你将更加的渺小。

也许我写的只是我一厢情愿的东西，我的行文里充满了编造、谎言和刻意放大的细部，但是，我兑现了我的一个诺言：那就是当我听到倪老师逝世的消息传来的那一刻，我发誓要写一写他的故事，虽然我和他的遭遇只是他和所有人的遭遇中极为短暂的几个瞬间，虽然我的愚昧和狭隘以及混乱可能会让这篇文字显得极其的缺乏说服力。但我管不了那么多了。

2002.8.2 夜

我们的记忆

梅敬忠等

2010年6月17日,周强老师病逝于北大校医院。虽然不能说没有心理准备,但毕竟太突然。痛定思痛中,回望在周老师指导下学习、生活的点滴,处处是周老师以身作则的身影,处处是周老师严厉与温和并在的指点。满怀敬意与感谢,献上这些片断的回忆,寄托无尽的哀思。

梅敬忠:周强老师的最后一课

周老师最后一次住医院前几日,我去家里看他,见他消瘦至极,气力不支。我不忍多呆,而周老师却破例挽留,长达一个小时,话语叮咛,嘱咐再三,似诉平生高论而句句真切感人。他最后"赶"我走说:"我累了,你走吧!"本不信所谓感应故事,却竟成他不久辞世的谶语。岂不令人悲痛唏嘘!

这次谈话不过是多年以来周老师对我教诲的再次强调。联系多年来恩师所论,总括起来有三点指教:

一是做人要诚实。多少年来,周老师为人坦坦荡荡,真诚待人待事,见不得别人不以真诚待人待事。面对社会政治风云变幻,他从不随波逐流、朝三暮四,而是坚守底线,坚持原则,以真理信仰为旨归,既有老共产党人铁肩担道义的风范,又有知识分子拯救世道人心的社会担当。正所谓"肩上纲常千古重,眼前荣辱一毫轻",多年流行的以"左"或"右"评价人的政治术语,不属于周老师其人。他晚年对我多次说过:在干部教育重要岗位工作,更应该对共产党的事业多几分真诚、忠诚、热忱。他经常关注社会政治形势,关心反腐倡廉事业,心忧党的命运前途。有时激动起来,让师母担心不已。我后悔挑起话题,但也为这位老党员的真诚与忠

周强先生

诚而感动不已。

二是做学问要扎实。周老师对古代小说戏曲的研究成果,再朴素不过,而又再扎实不过。那天我夸夸其谈自己对古代小说经典的解读,他似乎是看出毛病,语重心长地批评我,说做学问还欠扎实,要思改进。回想上世纪80年代初登师门之时,满眼是学术新潮、欧风美雨,不禁心生向往;而对周老师朴学风格的治学教诲及课程安排,时有不以为然之感。而今真为当时自己的浅薄感到可笑!当年周老师教我们研究中国戏曲史,从梳理元杂剧本事和流变入手,比如"《窦娥冤》本事演变"、"古代婚变剧本事演变"等,督促写读书报告,不容偷懒,颇费心力。周老师所教"戏曲研究"专业课程,课堂风格朴实,学术气氛浓厚,条分缕析,材料扎实,新见迭出。回想当年他批准我做硕士论文《论蒋士铨的历史剧创作》,几乎是白手起家,连文本也是线装未整理,目的是让我进一步训练学术基本功。毕业后,我还跟着他校注古代小说,出版《中国大众小说大系》相关卷册,其朴学式学术训练功夫,使我至今受益匪浅。前些年,周老师还信守承诺,也是发自内心地想为民族社会留存大道正气,抱病参与整理校点《中华大典·哲学典》，主编《诸子百家分典》，高质量地完成所承担的任务。我多次拜访，他都在伏案工作；为了加快进度，方便使用相关软件，他连电脑也更新了数台，赶了一回科技新潮。近些年来，我面对党的高中级领导干部（包括民族干部），主要从社会政治人生哲理的角度，讲解中国戏曲和《三国演义》、《红楼梦》等古典名著，颇能引发学员对祖国优秀文化遗产的兴趣，增强对国家的文化认同感，得益于周老师的言传身教和学术影响。有时我对学员不无自负也不无自豪地说明：我没有"忽悠"名著，我有我的北大导师周强教授的扎实考证做基础。然后是幻灯打出课件列出周老师所著的《三国演义考评》、《铁马金戈话三国》、《三国演义丛考》等，让学员感受到学术的真诚和我的"所见不虚"！

三是讲好课要厚实。对课堂，对学生，周老师有一种特殊的情感。临终前半月，周老师还坐着轮椅，逼着护工推他到北大学生食堂，最后一次看看学生，最后一次体验一下他毕生热爱的校园生活！周老师常常告诫我，当教员要对学生负责，认真备课，厚积薄发，让材料说话，不能想当然。课讲得好，靠的是内容厚实，举一反三，有新见也要有切实的依据作支撑。当年他给我们讲课，非常讲求研究心得，讲求材料依据的丰富性和引证严谨，甚至让人感到有些"啰嗦琐碎"。这也是听过他授课的本科生同学的普遍感觉。周老师总是找机会让我们观摩戏曲演出活动（包括各种地方戏晋京表演），甚至督促我们参加一些文艺实践活动。也许是他预料我后来还是从事教员职业，刚上研究生时，周老师就"逼迫"我和师妹参加"京昆研习社"活动。有一阵子，几乎每个周六下午都到燕南园朱德熙先生、林焘先生家里唱昆曲，有时还有北昆的演员和笛师来指点伴奏，让我们感受到了古典戏曲的内在神韵和艺术魅力。二十多年来，我讲"中国戏曲与中国文化"相关课程，能够引发一些党政军干部学员的雅趣，也得益于当年的唱曲经历。时至今日，我给党的高中级领导干部讲"《牡丹亭》与昆曲艺术"课，介绍"青春梦"文化现象，欣赏雅部经典名剧，甚至唱一曲"游园"名段"皂罗袍"，取得较为热烈的课堂效果，不由得怀念起周老师当年的"逼迫"之功来，只是后悔当年为何只是清唱而最后拒绝了舞台表演。

差点忘记写上一个细节。那一天,周老师听说我最近讲"《三国演义》与中国智慧"讲座课,特地嘱咐说要讲出历史根据,讲出厚实的内涵来。他在从前已经送给我他所著相关研究书籍基础上,又特地找出一函珍贵的线装本《元刻讲史评话集》来,赠送给我研读留存。我知道,周老师还是在继续教诲我,要满怀真诚对待职业,扎扎实实做学问,认认真真讲好每一堂课。我要算是周老师的开门硕士研究生,虽然没有达成他的学术期望,但有愿继承他的遗教,把他的"最后一课"变成人生"新的一课",才不愧对恩师的在天之灵!

张国风:杂忆周师

虽然已有精神准备,但周师的去世还是使我感到有些突然。与此同时,点点滴滴的往事也渐渐地涌上我的心头。

我与周老师的第一次见面,是1978年夏天的研究生入学面试。当时古典文学专业有十人通过了第一轮考试。要通过面试与复试进行第二轮淘汰,还得淘汰一半。竞争残酷,心中不免忐忑。

面试由周师主持,而吴组缃先生"主问"。全是有关古典小说的问题。周师以外,尚有季镇淮、冯钟芸两位先生。林庚先生因为临时有事,没来。吴先生是我后来的博士生导师,冯先生是我的硕士生导师,而周强老师是我的博士生副导师。硕士生阶段,周师作为教研室的主任,负责研究生工作总的协调。面试的问题基本上都是吴先生来问,但第一个问题,却是周师提的:"你是学理工的,为什么想着来考文科的研究生?"是微笑的、聊天似的提问。平和、友善,这是周师给我的第一印象。

入学以后,我才知道,在录取的过程中,有的老师反对录取我,因为我不是科班出身。但冯老师和周老师都主张收我。惟其如此,我对冯老师、周老师一直怀有一种知遇之感。对北大的风气之正,也有了深刻的印象。录取的5名研究生中,只有已故的全宇兄是北大毕业的,其他4个都是来自外校。更不用说,我是学理工的。

周师为人平和,性格诙谐,爱说笑,没有架子,从不以居高临下的态度来对待我们。"文革"后的第一届研究生,平均年龄偏大,从年龄上看,周师比我只大了10岁。所以,在周师面前,我就比较放松。不像在吴先生面前,敬而畏之,如履薄冰。当然,逢着吴先生心情好的时候,我就可以放开一点。

周师虽然很随和,但在学术上却并不随和,应该说是非常严厉,毫不客气。周师目光犀利,衡文的标准与吴先生一样近于苛刻,使我们不敢稍有懈怠。他对语言文字的要求也非常严格。当然,作为"文革"后的第一届研究生,我们是最勤奋的学生。师生之间,相处和谐。老师一心要把自己的知识传授给我们,我们也如饥似渴地从老师那里汲取营养,希望早日成为一个学者。

硕士生阶段,与冯先生、林先生接触多一些。博士生阶段,与吴先生、周先生接触多一些,对周师的了解也多了一些。周老师最反对形式主义,不是一般的反对,而是非常彻底的身体力行的反对。周老师对言之无物的空泛的议论文章,非常反感。

周师虽然在学术上对学生要求很严格,但在生活上却非常关心。在这些问题上,周师更像是一位朋友。

我与周师的最后一次见面,是在周师的家里。大约是一年前。当时听说周老师身体不好,详细情况并不清楚,只是隐隐约约地听说比较严重。于是,我和井玉贵一起去探望周老师。周师显然是瘦了很多,脸色也不是很好,但精神很好。我和井玉贵海阔天空地聊了起来,从社会新闻到学界现状,周师不时插话,兴致很高。谈了一个小时,我们怕老师劳累,便起身告辞。周师开心地说:"我和社会又连上了!"那种渴望与社会、与生活保持紧密接触的态度,深深地打动了我。

刘勇强:老师·先生

很长一段时间以来,在大学里,年高望重的老师往往被尊称为"先生",而年轻一些的,比如50岁以下的,就通称为"老师"了。这种习惯的形成可能有一定的政治性,由于共产党在党内称同志,对党外民主人士称先生。"文革"以前,人们对从民国时期过来的老师,似乎就多称为"先生"。所以,当年的一些"先生",并不一定年龄很大。"文革"开始时，吴组缃先生也就50出头，但那时，他早已被称为"先生"了。吴先生曾说起过，"文革"受批判时，红卫兵都直呼其名。有一个人却依然称他为"先生"。这遭到了红卫兵的质问："为什么还把资产阶级学术权威叫先生？"这个人坦然地说："他教过我，就永远是我的先生。"

这个人就是周强老师。吴先生在说起这些事时说，周强是真正的共产党员。我只听吴先生这样评价过一个人。

我1985年9月入学北京大学中文系，师从吴组缃先生攻读博士学位。由于吴先生年事已高，当时还有两位副导师，一位是赵齐平老师，一位是周强老师。因为赵老师当时已身患重病，周老师便要我们不要去打扰赵老师了。虽然没有机会当面向赵老师请益，但有时看到赵老师在两次透析中间的日子，还坐在自行车后，由赵师母推着去图书馆查书，心里便由衷地产生一种对老师的敬意和一种求学的动力。

与周老师的接触就多了。说多，其实也并不泛。因为第一次去拜访周老师时，周老师就说："以后，如果有什么问题可以随时来，但不要作礼节性拜访。"周老师说话很和蔼亲切，他这样说的时候，我一点没有感到拒人千里之外的冷淡，反而觉得是一种超越世俗的情怀和自己在老师面前的轻松。

不过，我交给吴先生看的读书报告，都先要交给周老师审阅一遍。那时没有电子邮件，一栋学生宿舍也只有楼门口有一部公共电话。所以，我总是写完后，就直接去周老师在燕东园的寓所。过一周后，再去取原稿，听他的意见。这样一来二去，到周老师家去的次数并不少。

周老师的指点以鼓励居多，如果有什么批评意见，也总是用提醒的口吻说的。我想，这主要是出于对吴先生的尊重。那时中文系刚开始招收博士生不久，一些规章制度还在形成中，我和同门张国风几乎是一入学就开始考虑学位论文的选题。记得我最初提交的计划是《明清通俗小说中的伦理道德问题》，周老师看了我的选题提纲和样章《礼法解体的长镜头》以及为做此课题作的理论准备《文艺伦理学研究的反思》一文后，温和地对我说，选题的想法是不错的，但涉及的作品文体、题材各不相同，礼法的性质也各不相同，恐怕是不便笼统地讨论的。对于那篇理论性的文章，周老师则要我首先搞清什么是"伦理"、什么是"道德",在小说的描写中又有什么区别,不要空发议论。我没有多作修改,又冒失地交给了吴先生,结果两篇东西都受到了吴先生的严厉批评。吴先生直斥那篇《文艺伦理学研究的反思》是在"发宣言",让我感到无地自容,暗自后悔没有认真思考周老师的意见。

那以后,我就变得规矩些了,记得在另一次交的读书报告中,我用红色圆珠笔作了一点修改。周老师看过后,说:"你用红笔写字,我这里没关系,但有的老先生可能看不惯。"于是,我立刻拿回来重新抄写了一遍,才交给吴先生。当时没有电脑,稿子要改,往往都要重写一遍。后来的博士论文写作,也是一章要这样手写几遍的。

周老师喜欢戏曲,有一次,刚到周老师家时,他正在欣赏电视里播的名家唱段。见我来了,便说,先把这出戏看完了再说。我便跟着周老师一起看起戏来,待看完了戏,又听他介绍演员、演技、流派等等。不知不觉中,我竟仿佛是上了一堂戏曲课。读博期间,到周老师家请教,大多数时候,其实就是这样不拘一格的谈话。现在想起来,收获很大。这种收获可能不只是某一种知识的传授,更是随时随地表现出来的清爽无碍的为人与治学态度。

留校工作以后,与周老师接触的机会更多是在教研室共用的办公室。那时候虽然已经没有早年传说中那么多的政治学习了,但89年下半年以后的一段时间,教研室一起开会的次数似乎还是比较多的。应名是学习,但上面布置下来的材料顶多是一个由头,很快就转入大家感兴趣的话题,而听周老师畅谈时事,便成为一个热点。周老师一生追求真理、坚持原则,在大是大非面前,敢于发表独立的见解,对现象的洞察和观点的犀利,都足以引发大家的思考。待到周老师退休后,教研室再开会,就好像平淡了许多。听张鸣兄说,他在周老师去世前不久看望他时,周老师说,他现在"看透、放下、清静、自在"了。我相信会是这样的。但又不免想,要让周老师这样的人"看透、放下、清静、自在",本身该是一个怎样艰难的过程啊。

在日常教学工作中,周老师也是一个一丝不苟的人。论文答辩时,他常常会让学生感到紧张。其实,他并不问些刁钻古怪的艰深问题,而总是追究一些最基本概念的理解,但恰恰在这些概念性的问题中,让学生意识到思维的不严密与漏洞。虽然学生有些怕周老师,但他从来不正言厉色,我只看过一次他真的动了怒。那是在一次期末考试中,有一个学生在考试时耍小心眼儿。大约是中间的难题不会做,他就在交卷时只交了第一页和最后一页,藏下了中间的部分。待分数下来,想借查分为由,称老师丢失了部分答卷,以便蒙混过关。这种不诚实的品格,让周老师十分生气。事实上,诚实也是周老师衡量学生的一个重要标准。我在与周老师一起参加研究生、博士生面试时,不只一次看到,他对朴实的学生印象往往好于那些乖巧的。

算起来,我刚进北大时,周老师50岁,而我现在的年龄也正是他当年的年龄。那时,在经多识广的吴先生面前,我不免惊叹先生在我那时的年龄思想与写作早已十分成熟。而当我现在到了当年周老师的年龄,却又感到没有他那时的稳健。

这些年,陆续也听到人称周老师为周先生了。我想,这大约也不只是年龄的原故。

周老师生病以后,曾嘱咐我不要声张他的病情。其实,在他走之前,我已很长时间没见到他了。不过,我知道,他还在。二十五年前,为吴先生在外就医时竟然受到了无礼的待遇,周老师曾开玩笑地对我说,他将来就在校医院走。他连这也说到做到了。

我在代系里草拟的周老师的讣告最后,写下了"周强老师永远活在我们心中",这可能只是讣告中一句套话。但在我,不是,永远不是。

李简:回忆与怀念

6月17日接近中午,我正在医院陪护母亲,意外接到张鸣老师的电话,说周老师走了。虽然一年多来周老师始终在病中,但还是无法接受,毕竟周老师这段时间身体情况有所好转,可以和白老师去未名湖散步了,检查的结果也不错。4月份在病房见到周老师时,周老师让明年元旦后再去看他。尽管瘦骨嶙峋,可是言语背后对生命的自信,还是给人不少的希望。然而，周老师竟这样匆匆地走了。

21日从墓地回来，茫然地翻出读书期间周老师开给我的阅读书目、教学实习时周老师批改过的讲稿……手泽如新，老师却已仙去，如今只剩下记忆还可以重温！

师从周老师，是从本科做毕业论文开始的。我的论文题目是"明人论南戏说略"，回首当年，依稀记得在周老师指导下对材料进行爬梳、归纳的情景，记得周老师温和的鼓励带给我的欣喜。85年秋天从文学专业本科毕业后，我正式开始跟随周老师攻读硕士学位。因为以中国古代戏曲为研究方向，所以周老师除了要求我阅读文献、关注研究前沿外，还一再强调研究戏曲必须了解舞台，了解演出，于是或者在周老师的家里看电视播放的录像，或者在城里的戏院看现场演出，成为我硕士生活的重要内容之一。而80年代后期正是戏曲演出颇为兴旺的一段时间，不少名角活跃在舞台上，现在回想起来，很多剧目我是在硕士期间看的。不光是看戏，周老师也要求我们学习演唱，那时每到周六北大有个曲社，大家一起拍曲。正是在这个曲社，我虽然很惭愧没有学会唱昆曲，但却有幸目睹一代学者的风流，朱德熙先生、林焘先生都是曲社的常客。每当笛声响起，老先生的清唱总是让我们陶醉不已。那是一段"被迫"学曲的日子，但正是这些日子，让我对传统戏曲的表演有了更多真切的了解，让我更加热爱、理解戏曲，并始终给我今天的研究以帮助。每每回想起这些，在感谢周老师的要求和督促的同时，我也憾恨自己当年太不自觉，毕业后也没有坚持习曲，否则我的收获一定会更大。

在学术问题上周老师向以严格著称，对于研究素来反对空论，但对理论学习，周老师非常重视，强调研究中理论高度对研究层次的影响作用，而对论文写作中理论概念的运用则要求甚严。记得我曾在交出的作业中使用"本色"一词，周老师马上向我指出："本色"一词，古人在使用上颇多歧义，要了解清楚，使用时要小心。也正是因为这种一丝不苟、这种对学问的严肃追求，周老师总是要求学生不要轻易发表文章。周老师曾经说文章写完了，放到抽屉里，过几个月拿出来看看，修改修改，再放到抽屉里。时间会让你发现你的不足。

对于教学，周老师同样一丝不苟。当年留校任教必须经过教学实习的考察。实习开始前周老师用红笔在我提交的教案上逐一批改。在这些涂抹批注中，有关于文字表达的，有关于标点的；有删节，有建议，比如"此曲似可全引"、"引文改用叙述的语言"等等。字里行间呈现的是周老师对于课堂语言严谨的要求、对教学效果的关注，凝聚着老师对教学的重视，对学生的关爱。

而在教学实习正式走上讲台前，周老师给我提出了三点要求，一是要提前五分钟到教室；二是讲完课要把黑板擦干净，以示对后面讲课老师的尊重；三是如果发现自己讲课中有错误，要在发现的第一时间，在所有听到的人面前纠正。可以告慰老师的是，二十多年来，我始终遵守着这些最初的约定。

周老师对学生是严格的，而在这严格的背后其实正是对学生的爱护，所谓爱之深，责之切，说的就是周老师吧。

但周老师对学生又不仅是严格，还有一份默默的关心。这关心从事业到家庭，无所不在，不求回报。去年10月，我结束在日本东京大学的工作回国，去看望病中的老师。周老师很瘦，说话也不像原来那样底气十足，但周老师依然是如此的平易温和，缓缓地和我谈起我的研究、我的生活……那是一些人生的忠告、事业的忠告。周老师嘱我要认真做事，但也感慨自己就是太认真了。呜呼！一个一生认真的人，感叹自己太认真了，这是如何的沉痛。那天，我在周老师不要再去看他的叮嘱中离开，一种心酸的感觉自此萦绕于心际，或许周老师知道自己的时间不多了，所以要把对学生的期望和嘱咐抓紧道出吧。

周老师不只是关心学生的学业，更希望学生们既事业有成，也生活幸福。所以他对学生的恋爱和婚姻从来都非常关心。记得我怀孕时，周老师曾很认真地向我推荐了一套育儿的书籍。虽然今天我已经记不清楚书的名字，但就像在学术上周老师总是推荐经典、有价值的书籍一样，这套育儿书也让我受益匪浅。

周老师走了，但那些郑重的教诲、温暖的关照，将陪伴我们继续前行。

马东瑶：怀念周师

6月17日，一个普通的日子，虽然一大早就下了雷阵雨，但在夏天这是最平常不过的了。上午11点，突然接到井玉贵师弟的电话，说周老师病危了。匆忙地拦了一辆出租车赶到北大校医院，一进病房，就见师母带泪说道，周老师刚刚已经走了。我"啊"了一声，望向病床，静静躺在那儿的瘦骨嶙峋的老人，就是我已经认识了十七年的熟悉的老师吗？泪眼朦胧中，"今天光线不错啊，不用开灯"，耳畔突然响起了这样一句话……

十七年前的北大。进入金秋，新一段的古代文学史课又开始了。离上课还有几分钟，我们愉快地说着笑话，互相嬉戏打闹着。那时，年轻气盛的我们，自以为可以"指点江山，激扬文字"，对来上课的老师总要自信满满地暗地里品头论足一番。这次来的老师又会是怎样的呢？于是一边笑闹，一边好奇地在心里猜测着。不一会儿，一个身材不高的五十来岁的老头儿走进教室，在讲台上放下了他的包，抬头看看窗外，对我们说出了见面后的第一句话："今天光线不错啊，不用开灯。"便走下讲台，将教室里的日光灯一一关掉。那时年轻气盛的我们，互相看看，不以为然地耸了耸肩。

在北大上学的日子，教过我的老师不在少数，他们各有各的特色，有的儒雅，有的率性，有的眼光敏锐，有的思虑深沉……他们的气质品格，他们的博学多思，都鲜活地存在于我的记忆中并影响着我的人生和学术之路，而对于后来成为我的博士导师的周老师，当我回忆起他的往昔时，不知为何，首先想到的竟然是关灯那样一件小事。

大三的时候，系里有了新规定，必须要写学年论文。尽管因为在一个学期的文学史讲授中总是执著地关灯而被我们认为是不好亲近的老师，但由于我已经决心将来要继续深造、学习宋元文学，所以还是硬着头皮投入了周老师门下，请他指导我的学年论文。当年的学年论文写了些什么内容，现在已经记不清了，然而却非常清晰地记得一个场景：周老师拦住刚从教室出来的我，在三教有些昏暗的一楼大厅，拿着我的论文细细地讲解了很久。论文上用红笔批改得密密麻麻的地方，大多是周老师圈出删掉的。现在想来,以我当年刚刚怯生生迈上"研究"之路的懵懂,大约并没有很好地领会周老师对我学术上的指导,不过却有一点突然领悟并至今对我影响甚深,就是学术论文的写作,套用欧阳修的话来说,应当是"简而有法"的。如今,我在指导自己的学生时,还常常会拿我当年的"顿悟"来启发他们。

攻读硕士和博士学位期间,因为一直是张鸣师指导我,对于周老师其实是有些敬畏而远之的,印象较深的只有关于周老师参加我的开题和论文答辩的一些片段的记忆。现在想来,这些记忆虽然零碎,却正如同三教的场景一样,对我影响甚深。硕士论文答辩时,我问张鸣师:"答辩老师有周老师吗?""当然。怎么了?""哦,那个,没什么。"我没敢告诉张老师传闻中的"大灰狼"的故事。听说系里某位老师这样吓唬他的学生:"好好念书!好好写论文!不好好写,答辩的时候把周强老师给你请来!"因为这学生姓杨,从此在同学当中背地里都戏称周老师为"大灰狼"。——而这称号的来源自然是因为周老师答辩的时候一向以严厉不留情面著称。轮到我答辩时,因为外审老师对我的论文评价颇高,现场老师也颇多谬奖,我不禁有些放松起来。突然听到周老师的声音:"你说说'存天理,灭人欲'到底是什么意思?"这还不容易吗?我滔滔不绝地说开了。"不要人云亦云!你是要读博士继续深造的人,要有独立思考和判断的精神!"周老师的话如当头冷水,将我的那一丝小小的得意冲到了九霄云外。答辩完后,我泡在图书馆恶补了一番,明白了周老师说的是对的,这"对"绝非仅仅是一个具体问题的答案,而是他说的那句"独立思考和判断的精神",这在以后的学术之路上时时警醒着我。

三年之后,我的博士论文答辩会上。周老师说:"你的论文,还不错。不过,不要仰视古人。"这场答辩现在已经过去八年了。在三个多小时里,答辩委员会的老师们针对我的论文提了很多中肯的意见和建议,但是至今印象最深刻的竟然就是周老师的"不要仰视古人"这六个字。仔细想来,周老师所指导我的,总是学术研究当中的一些核心要义,它往往不是有关于一时一事,而是使我受益终生的醍醐灌顶之语。譬如这"不要仰视古人"便时时提醒我,文学研究,虽然须对研究对象抱有"同情之理解",但不可陷溺其中，而要有客观冷静的立场，才能努力贴近文学的真实面貌。

6月21日，我们最后送别周老师时，师母感叹了一句："他活得太认真了，要不然也不会得这个病……"是啊，"认真"这两个字，概括了周老师一生的为人为学。从关灯这样的细末之事，到传道授业解惑当中的一点一滴，都印证着周老师是个"认真"的人。在我的印象里，他唯一的一次"不认真"大概是在我的考博复试当中。99年4月4日下午，我考完博士入学考试的最后一场，父亲病逝。想到父亲怕影响我的考试而一直不让家人将我叫回的苦心，我没有立即回家而是咬牙坚持完成了第二天的复试。我现在清楚地记得更久远以前的硕士复试的细节，却完全不记得博士复试的情景了，一定是语无伦次不知所云的吧。我只记得周老师完全没有批评我，记得他并无过多言辞的背后温暖的人情味。——当然，给予我默默温暖和关心的还有我的恩师张鸣师，那是另一个永远也说不尽的话题。——我在博士三年以及毕业后至今，在学术之路上从不敢懈怠，正是源于老师们"温暖"的鞭策而怕辜负了他们。

宋代文学是我的专业，我天天在故纸堆里与之为伍的宋代文人也总是鲜活地存在于我的脑海之中。那些人里，乐观旷达的东坡先生是人人都喜爱的，坚毅执拗的王安石则似乎有些不好亲近，然而，越是熟悉他，越能感受到他的蒿目忧世之心，他的可敬的执著与理想主义，以及他的看似不近人情背后的脉脉温情。古君子们，都有"只有三更月，知予万古心"的孤独与寂寞吧？而"认真"的周老师，不正是在繁华浮躁的21世纪独自坚持着的"君子"吗？！

吾虽不能至，而心向往之。

井玉贵：我心目中的"刚者"

2010年6月17日，雷雨交加。业师周强先生默默地、安详地离开了这个世界。作为他的年龄最小的学生，我有幸送周老师最后一程。从昌平的德陵公墓返家后，与周老师交往十二年的点点滴滴涌上心头。

回想与周老师的第一次见面，是博士生入学考试前的98年的一天，地点在北大中文系会议室。周老师给我留下的第一印象是气势逼人。那天他一连串地向我提出了如下几个问题：攻硕期间读过哪些重要著作？这些著作有哪些主要观点？你对其中观点有何看法？这种单刀直入的谈话方式让准备不足、反应迟钝的我一下子就懵了，回答自然是磕磕绊绊、不成条理。而多年后我才慢慢地体会到，周老师这种干净利落、直指本质的提问方式，正是他在为人和治学特点上的自然表现。因为第一次见面就吃了"下马威"，加以入学后师兄姐对周老师严厉作风的不断描述，天生胆小的我对周老师的畏惧可用"与日俱增"来形容。特别是在博士论文开题报告因极端粗疏而遭到一致批评，被迫改换题目另起炉灶的两年多时间里，我简直是在一种恐慌的情绪中熬过来的。周老师说："写博士论文是要蜕层皮的。"这句话的严重意义我算真正体会到了。在那段最困难的日子里，我有幸从周老师那里获得了严父般的温暖关怀。我的博士生同学各有自己的电脑，而我却无力购买，是周老师把他的电脑送给我，让我从爬格子的旧式写作中解脱出来。我要去上海、南京查阅善本资料，却苦于路费没有着落，是周老师的慷慨资助让我成行。

从北大毕业、参加工作的六七年来，随着我与周老师交往的日益密切，我对周老师严厉的本质有了更深的理解。曾闻见过不少关于周老师严厉作风的典型表现：在硕、博论文答辩会上以追根究底的方式"难为"学生，有时竟因观点分歧与答辩委员争辩起来，而最"严重"的行为是给答辩人投反对票。在这个风行"你好、我好、大家好"处世原则的年代，周老师如此作为自然难免不合时宜之讥。可是周老师全未想到有改变自己的必要。因为在周老师的心中屹立的是不可妥协的原则，而没有丝毫的个人恩怨成分纠缠其中。我的硕士导师张国风教授曾以"不将就"三字，来概括他的博士导师吴组缃先生的个性。深受吴先生影响的周老师也是无愧于"不将就"这三个字的。拿《论语》中孔子不轻易许人的一个词来说，周老师就是一个不折不扣的"刚者"。

周老师在《三国演义》的研究上取得了中外公认的成就。他的由十五篇论文编集而成的《三国演义考评》一书，是历史小说研究者无法绕过的典范性著作。他对《三国演义》三种复杂成分的分析，对《三国演义》通俗小说性质的认定，对《三国演义》版本源流关系的梳理，是其精深的学术成果的荦荦大端。周老师的学问可用"有境界的考据"来概括。正如"三国演义考评"的书名所显示的,"考"只是得出"评"的手段,"评"才是达成真知的终极目标。"有境界的考据"必定是"有趣味的考据"。每学年我给本科生讲《明清文学史》的《三国》一章,都会郑重地推荐周老师《罗贯中误解史书二十例》一文。经过周老师一番细密的比勘,我们才霍然明白这样一个事实:罗贯中是一个连史书都读不太懂的下层文人,他怎么可能是宋末理学家赵宝峰的门人呢!而周老师所列举的罗贯中误解史书二十例,几乎个个都能让人忍俊不禁。我相信读了这样的考据文章,那些以枯燥的单一标准看待考据的人也会一改其偏见的。

周老师曾经向我感叹:现在的学术刊物太青睐那些宏观性论文,扎扎实实研究具体作家作品的文章被挤压得太厉害了。可见周老师对当今学术现状是深怀忧虑的。我敢断言,在不会太长久的将来,当那些或云山雾罩、不知所云,或以艰深文浅陋的宏文失势后,我们会更加地怀念周老师那种"有境界的考据"的。"德不孤,必有邻",让我们拭目以待。

周老师曾经跟我说过,当代学者中他读得最多、也最让他信服的是程毅中、陈翔华等先生的著作。程、陈二先生都是与周老师私交甚笃的老友。可是,无原则的称扬与周老师是绝缘的。在周老师引起广泛影响的重要论文《"话本"释义》中,他便在话本的概念问题上质疑了程先生的观点。而这难道不是对程先生超越世俗的更高境界上的尊重吗?

"不理想"、"太平了",这是周老师对我的博士论文的评价。我至今仍以此为确当不移之论。周老师锐利的眼光早就看出,我是一块锈铁,殊难锻造成好钢。但周老师并未因此而唾弃我。在我去中青院任教后,他总是这样勉励我:首先得把书教好,要对得起学生,然后做一些力所能及的学术工作。人得掂量出自己的斤两。周老师的教导,我将奉行终生。

有一件事我永难忘记:有一年,我在山东的老家要翻盖旧屋,多年积攒的资金还有一定缺口。当我嗫嚅地向周老师表达求助的意愿后,周老师当即拿出一张存有一万元的银行卡,任我取用。周老师知道我在为人上比较诚朴,经济状况又一直很困难,而我们又正好是山东同乡,所以在生活上总是尽量照顾我。

我没毕业周老师就退休了。我发觉退休后的周老师变得越来越温和了。记得 08 年的一天，周老师、白师母、张国风老师、我爱人和我一起去清华，在任继愈先生和冯钟芸先生当年旧居旁合影。那天周老师兴致很高，畅谈了许多学界掌故。孰知这竟是我和周老师唯一的一次外出活动。无情的病魔在这两年里缠住了周老师，直至今年 6 月 17 日那个雷雨交加的日子。

6 月 17 日周老师离世那天，照料周老师多日的护工小王对我说，周老师在端午节里曾向她乐观地承诺：等我挺过这一关，一定请你吃大餐！周老师从不愿麻烦人，而对于那些稍微帮助过他的人，他却总是念念不忘。我终于明白：表面严厉的周老师的内心其实是热情似火的，这就注定了在我们这个重人情胜于一切的社会里，他不能不长期遭到世俗的误解，而周老师的孤独感即由此产生。

刘勇强老师曾深有感触地对我说：周强老师是我所了解的人中最正直、最讲原则的一个。

周老师，我们永远怀念您！不仅因为您专深的学问，更因为您高尚的人格。

远去的灵魂

曹文轩

佘树森先生的墓地在塞外。

他的夫人没有用那种千篇一律的质地很不可靠的骨灰盒来装敛他的骨灰。她跑了许多工艺品商店，购得一只古色古香的中国味极浓的瓷罐装敛了他的骨灰。送骨灰去墓地，是我陪着他夫人去的。那天天气一般，不晴朗，也不阴晦。小车越过长城，一路斜下，直往塞外的荒野开去。不知为什么，当小车一越过长城，我心里顿起一股悲凉之情：他真的离开我们远去了。仿佛那长城是一个限度，一旦越过它，那时空的距离便会一下子拉开了，使人感到了一种不可挽留、永不能达的遥远和荒古。

车在那起伏不平的路上，以均匀的速度孤寂地往那荒凉深处行驶着。在车轮磨擦地面而发出的单调无味的沙沙声中，我们默默地守护着一颗灵魂——一颗并未衰老的灵魂。我们为这颗灵魂的远去而感到一种难以言表的悲切。这悲切并不那么深重。准确一点说，不是悲切，而是一种犹如在萧疏的秋天之黄昏观看落叶飘零时的伤感和无奈。

他走得似乎太早了一些。他远远没有活够。他太想活下去了。在他离开我们前的好几个月时间里，他一直在想夺回自己的生命。他努力着，用了全部的毅力、智慧与含辛茹苦积累下来的钱财，想换回那本属于他的生命。他还年轻，生对于他，有着太多太诱人的魅力。他的事业刚刚获得成功。在漫长而又韧性的拼搏之后，世界向他闪现着迷人而辉煌的光色。他正雄心勃勃地拾级而上，走向那大成功的殿堂。他已经用血汗打下了一片江山。他的言语，已使这个世界不敢置之耳后。他有相濡以沫的妻子、聪颖透顶可爱之极的女儿。他还有那么多推心置腹见面总是无话不说、谈笑风生的朋友和同事……值得他留恋的太多。他对这个世界没有怨恨——他

佘树森先生与家人

这样的人不会有怨恨，更不会有怨毒——不怨恨不怨毒的人是决不会放弃生和这个喧嚣而动人的世界的。于是，他大碗大碗地喝着苦药，相信一切类似于神话的医疗方式。他在夫人和友人的帮助下，寻找着哪怕只有一线的希望。每次我去看望他时，我都能感受到这一点：他想活下去。他就这样以他瘦弱如秋草的身体抗争着，虔诚地祈求着生命。他肯定在心中无数次地保证过：如果我活下去，我坚决好好地干，千万倍地爱我的妻子，爱我的女儿，爱我的友人，爱我的文学，爱一切的一切。可是生命却一寸寸地从他的躯体内消失着。那种抗争在他最后的昏迷时表现得格外强烈与感人。他的心脏有力地搏击着。医生说他早该走了。可是他在我们中间硬是弥留了许多时刻。这种抗争使我们为他感到了痛苦，甚至包括他的夫人在内，都希望那海潮般起伏不宁的胸膛早一些像黑夜一样宁静下来。

他走得确实太早了。他还没有真正开始享受生活。在此之前，他对生活只是一味地付出、付出。他们这一代知识分子，只知道付出。无数个荒唐岁月，荒废了他们生命中最宝贵的一段时间。70年代末，当他们已经面容憔悴，不能再长久地熬夜，并需要吮吸一些营养液才能保持精力时，却是与那些十七八岁的年轻后生站在同一条起跑线上。他们干出的那份成就，要比年轻人付出十倍二十倍乃至更多倍的劳动和代价。首先，他们必须打败自己，拆除那些被拙劣畸形可笑的知识所铸就的低劣的思维模式。他们有沉重的负荷，而年轻人却身心两轻，沐浴在清风之中。他们残酷地打败了自己，用清新而锐利的学术思想挤走教条、僵化和沉闷。赡养老人、抚育后代、住房、煤气罐……他们还有连绵不断的生活压力。他们在生活的齿轮的咬噬中旋转着，一日一日地支撑着。佘树森先生生前曾写过一篇许多人都叫好的散文，叫《爬坡》。"爬坡"——便是这一代知识分子的一个最典型也最恰切的心灵意象。它概括了他们的全部感觉。他们用疲软的双腿，在那永远的坡上，日复一日，年复一年，吃力而执著地行进着。那个精神贫穷而怪诞的时代，还损害了这一代人的心理健康。与现在的年轻人大不一样，他们没有任何排遣苦闷、消除疲倦的途径。他们不会打牌，不会打麻将，不会跳舞，不会喝酒，面对不能反驳的谎言，面对种种不平，面对几乎是接踵而来的坎坷与不幸，他们只能坐在桌前生闷气，在那些形形色色的会议上发牢骚，说一种知识分子的恶毒而诙谐的俏皮话。他们压抑着自己，还要超负荷运转。当我在佘树森先生去世后列写他的成果时，我惊讶得目瞪口呆：他在这些年，竟然写了编了那么多那么多书！他透支着生命，透支得太厉害了。他似乎已经意识到了这一点，准备开始享受生活了。就在他病倒的前几日，他开始想着铺地板砖了。并在更早一些时候，有点铺张地打了一辆"面的"出租车，带着妻子与女儿去了一趟"燕莎"商场。尽管什么也没有买，只给女儿买了一块面包，但这一举动说明，他确实想轻轻松松享受享受生活了。然而，他终于未能开始真正的享受。

　　无论从哪一种意义上讲，他走得都太早。即使苦难，他都未能经受到一种高贵的苦难。捷克的米兰·昆德拉曾将那些具体的、可感的、物质性的东西称为"重"，而把那些抽象的、无形的、精神性的东西如孤独、寂寞、虚无称为"轻"。这"轻"自然是在那"重"已经不成问题或者说已经被唾弃和瓦解之后才产生的。佘树森先生活着时，得不停地为住房、为养活老人与孩子、为自己的事业的发达而操劳，并为许多责任感所纠缠——随着这没完没了的"重",他都未能来得及去享用"轻"的折磨。当那些已经从"重"之下释放出来的人感叹着"轻"的难忍时,他还在想着用自己的手去将地板砖铺到坑洼不平的地上。这就是他显得有点惨的地方。他就要尝到"生命中不能承受之轻"的味道了。然而,他却在把女儿的成长托付给友人、把扩充住房的难题留给夫人之后,永远地走了。

并且是走得那么远——到塞外的荒野上。

墓地离康西草原只有几里路。人们都爱在山青水秀处找一块墓地。然而,这里的山却瘦弱而坚硬地裸露着,满眼的巨石,仿佛随时要滚落下来。水则无,自然更无从谈起水之秀。这里只是山脚下的一块乱石滩。这里的山民想将生活搞得富裕一些,便将这里辟为公墓。虽在春季,但只见稀稀疏疏的野草和一些酸枣树之类的植物。即使在这样的地方买一块墓地,也还是他的夫人好不容易才买得的。那些墓倒井然有序,但造型总透着农村瓦匠留下的土气。

我随意看了看周围的墓碑,觉得佘树森先生走得绝对早了些。那些墓碑上刻着的死者的生卒时间告诉我,在他的周围,大部分都是一些活够了的人,像他这么大岁数的并不多见,心中不由得又是一阵伤感。那伤感与远望塞外荒野的苍凉融和在一起,生出许多感叹。

埋在水泥槽里的是他的骨灰和他费了多年的心血写成的《中国现当代散文研究》一书的清样,还有一小块女儿喜欢的玉片。两个苍老疲惫的山里人,用水泥很粗糙地将水泥槽封上了。我们把花篮放在上面。那花篮在四周的破乱与荒枯中显得分外的艳亮,也分外的凄清。

我们就这样将他留在了塞外。

两天后的一个阴雨涟涟的早晨,他的夫人给我打来了一个电话,伤心、恐怖,带了几分神经质地对我说:"文轩,我夜里梦见大雨将老佘的墓淹了,淹了,那两个山里的人,将他的墓扒了,取走了那只瓷罐……"我对她说:"快别多想了,绝对不会的,绝对不会的……"

对于一个好人的死亡,活着的人极容易怀疑这个世界:到底有无神灵?到底有无彼岸?一些细节,至今仍在我脑海里飘忽:他的老父亲去世之后,家人去派出所销户口,回来一看,才发现销掉的不是他父亲,却竟然是他。在他去世前不太遥远的一个时间里,中文系曾举办过一个庆祝60、70岁教员生日的活动,他代表当代文学教研室拟了一副对联:茶苦书香惊逝水,桃芳李菲慰平生。如今一想,觉得他的死亡,仍是天意。那副对联仿佛是为他自己预题的一副挽联。这么一想,活着的人心里倒平静了许多:他只是远走,只是去了另一个境界,并非死亡;他只是应了上天的召唤,比活着的人先走了一步。

不久前,来了一位朋友。这位朋友最近入了佛道,相信"轮回"一说。他站在我家小院里,指着那些树木花草:"生命是不死的,这些树树草草,说不定从前都是人,说不定都将变成人。"假若真如他所说,我们当宽厚一些,平静一些,温柔一些,对大千世界的一切,皆充满悲悯情怀。

佘树森先生的灵魂虽然远去,但毕竟只是远去。

1993 年 9 月 30 日于北大中关园

宅心仁厚　守正创新
——我对孟二冬老师高洁品格、治学精神和生活态度的认识

杜晓勤

我和孟二冬老师相识、共处已有十多年了，我对孟二冬老师高洁品格、生活态度、治学精神的认识也越来越深刻。我认为，孟二冬老师不仅宅心仁厚、心地善良，而且能守正创新、治学严谨，更是一个热爱生活、意志坚强的人。

一、宅心仁厚的善良品格

上世纪80年代中期，我已闻孟二冬老师大名。本科三年级的时候，我在图书馆读过一篇孟二冬老师与袁行霈先生合作的谈中国古代"文气"说的宏文。我知道袁先生是誉满海内外的古代文学研究大家，他当时新出版的《中国诗歌艺术研究》一书使我对中国古典诗歌更加迷醉。在我心目中，孟二冬老师自然也是研究有素、造诣精深了。上研究生后，我又陆续读到孟二冬老师独撰的几篇有关中唐诗歌研究的大作，心中更是敬佩不已，而且我也知道他当时已经是烟台大学中文系古代文学教研室主任了。

1992年暮春，我报考了北京大学中文系陈贻焮先生的博士研究生。时在北京大学中文系读博的方铭博士，侠义心肠，于考试前十几天，助我来到燕园复习迎考。没想到，我到北大博士生宿舍后，发现和方铭博士同寝室的，竟然是大名鼎鼎的孟二冬老师。原来他已于上一年又回到燕园，跟随袁行霈先生攻读博士学位了。孟老师声名早著，执教多年，且长我十岁，我和他一见面，自然就称他孟老师，可孟二冬老师嘿嘿一笑，摆了摆手，对我说："别叫我孟老师，就叫老孟吧！"我这才发现孟老师学问那

么好，人却这么随和。后来我又听方铭博士说，孟老师还是高干子弟呢。可我并未发现孟老师身上有什么高干子弟常见的那种高傲的习气。他性格沉静，寡言少语，做事低调，真是一位沉稳持重而又宽厚仁慈的兄长。

到北大的第二天上午，我起得比较晚，方铭博士和孟二冬老师都不在，我就一个人在他们宿舍复习。大概十点多钟，孟二冬老师从外面回来了。他一进门，就对我说："我今天去系里找到一份去年我们英语入学考试的试题，你

孟二冬先生在新疆石河子大学

做做看吧，熟悉熟悉题型。"我接过试卷，激动得不知说什么好。我们刚刚认识才不到一天啊！这是一位多么好的学长啊！在你最需要帮助的时候，他已经站在你面前伸出了热情的大手。因为我以前英语学得一团糟，为了考研究生和博士生才突击了一段时间，而且北大的博士生入学英语考试是出了名的难和偏，每年都有很多专业优秀的考生因为英语不及格铩羽而归。如果没有孟二冬老师的这一及时帮助，几天后的英语考试我肯定不会那么顺利过关。

是年9月上旬，我如愿以偿来到燕园报到了。由于火车到达的时间较晚，加上报到的手续较多，所以当我找到宿舍，准备去取行李的时候，已经是晚上十点多钟了。在去五四体育馆取行李的路上，没想到我又碰到了正要出校门的孟二冬老师。他在得知我正要去取行李后，立即停下了脚步："你等等，我回去取自行车，咱们用自行车驮吧！"我连忙说："不用不用，您忙您的事吧。我一个人能行，25楼挺近的。"孟老师笑了笑："我

没什么要紧事,走,你先去,我马上就来。"五六分钟后,孟老师就用自行车和他那高大的身躯,把我的行李三下五除二地运进了宿舍。随后,他又是嘿嘿一笑,摆了摆手,转身消失在婆娑的灯影之中。孟二冬老师就是这样古道热肠而又沉静谦和。

此后的十年中,我们先后毕业留校工作。但我们日常接触的增多,是在两家都搬到西二旗智学苑小区之后。由于这是个新建小区,基础设施没跟上,物业管理也很糟,小区环境差强人意,孟老师一家就经常和漆永祥老师、蒋朗朗老师等几家一起到小区西面的中关村软件园和上地公园散步。我们家在知道后,也加入了他们散步的行列。孟老师这时已经因为食管肿瘤做过两次大手术了,可他特别乐观,精神也很好,经常带领、参加孩子们的游戏,他最喜欢看漆永祥老师的孩子漆园表演武术,让我的孩子杜文郁表演京剧。我们一群人每次散步的时候,都是欢声笑语、开心至极。今年暑期我的孩子杜文郁随北大附小娃娃京剧团出访新加坡、马来西亚演出了几天。那段时间,孟老师每次看到我们都问孩子的情况,孟老师的爱人耿琴老师还告诉我们,老孟这几天看电视的时候,每当看到新加坡和马来西亚的天气,就总是一本正经地说"文郁他们新加坡、马来西亚今天天气如何如何",引得我们都哈哈大笑。在文郁回国后那个周末的一天下午,耿琴老师打来电话,说孟老师专门为孩子们准备了遥控船,约好傍晚一起散步,要和杜文郁、漆园等小朋友去上地公园放航模。那天傍晚,孩子们的笑声荡漾在清澈的湖面上,孟老师的幸福也洋溢在眉梢间。孩子们开心,他更开心。

可以说,只要和孟二冬老师接触过的人,都能感受到他的谦和、真诚,感受到他的仁厚、善良。

二、守正创新的治学态度

孟二冬老师宅心仁厚,待人真诚,治学方面也是笃实严谨,充分体现了北京大学中文系百年来守正创新的优秀学风。

袁行霈先生曾经在《〈中唐诗歌之开拓与新变〉序》中,回忆他们师生俩80年代初合作研究的情况:"当时我正有兴趣将文学史研究和文学批评史研究结合起来，文气论作为创作论中的一个重要问题，也正是我所关心的，便约请他和我一起进行这方面的系统研究。具体地说就是以韩愈为中心，溯本追源，从'气'的本义开始考察，对历代有关'文气'的原始资料，一一加以搜集整理，以期找到文气论的发展脉络。他当时并没有对我的想法表现出十分的兴趣。想不到两个月之后，他送来一份数百页的资料长编，不仅包括了文学，而且涉及哲学、音乐、书法、绘画、医学等领域。"袁行霈先生感慨地说："一个人在承诺一件事情的时候，话是如此之轻，以至于不敢确定他是否真的想做；而在做的时候却肯于花如此多的气力，以至深怕他过于劳累，这样的人太值得信任了。"（孟二冬《中唐诗歌之开拓与新变》，北京大学出版社 1998 年 9 月版，第 1 页）在这份资料长编的基础上，他们拟定了文章的框架，由孟二冬老师执笔初稿、袁行霈先生多次增删修改，终于写出一篇精义迭现、汪洋恣肆的宏文，在学术界产生了很大的影响。

孟二冬老师的硕士学位论文《论韩孟诗派的创新意识及其与中唐文化趋向的关系》，运用综合研究的方法，将文学与哲学、艺术学、心理学互相打通，视野宏阔、方法新颖，"是一篇具有开拓性的、占据了学术前沿的优秀论文"（同上，第 2 页）。本世纪初，我在梳理 20 世纪隋唐五代文学研究历程和重要成就时，也曾将此文视为 20 世纪中后期中唐诗歌研究和韩孟诗派研究的代表作，并用较大的篇幅介绍了该文的创新之处和方法论意义（参拙著《二十世纪中国文学研究·隋唐五代卷》上册，北京出版社 2001 年 12 月版，第 440—441 页）。

后来孟二冬老师又发表了《试论齐梁诗风在中唐时期的复兴》（《烟台大学学报》1990 年第 1 期）、《论中唐诗人审美心态与诗歌意境的变化》（《文史哲》1991 年第 1 期）等几篇钩沉索隐、立论新警的中唐诗歌研究论文。其中前文在爬梳、辨析了大量的文学作品之后，抉发了一个向为学界所忽视的文学史现象。他认为与大历诗人同时，以刘长卿、李嘉祐为代表的一群"大历江南诗人"，在艺术上就更多地表现出对齐梁诗风的继承；皎然则从理论上更为明确地倡导齐梁诗风，皎然之后公开仿效齐梁诗风者更是屡见不鲜。文章不仅肯定了这一文学现象的存在，而且还探讨了齐梁诗风的复兴在中唐文学史上的意义。这篇文章资料翔实，观点新颖，发表之后，在学界产生了很大的影响。直到本世纪初，学者们在总结 20 世纪宫体诗研究、中唐诗歌研究时，都不约而同地将孟二冬老师此文作为重要成果进行评介（参拙著《二十世纪中国文学研究·隋唐五代卷》上册，北京出版社 2001 年 12 月版，第 426—427 页；王顺贵、胡建次《二十世纪宫体诗研究》，《宁夏大学学报》2003 年第 4 期，第 76 页）。

孟二冬老师的博士论文《中唐诗歌之开拓与新变》（北京大学出版社 1998 年 9 月版）是真正的"十年磨一剑"。他在中唐文化的广阔背景上，对中唐诗歌的总体特征及其形成原因，做了全面、深入、系统的研究，在中唐诗歌的成就及其历史地位等方面提出了不少富有启发性的论点。袁行霈先生曾说孟二冬老师的这篇博士学位论文"反映了目前学术研究的两个新的趋向"，即一是将文学与其他邻近学科互相打通，进行综合研究，孟二冬老师通过不懈的努力，具备了驾驭这一方法的学术素养；其二是注意文学发展的阶段性，并将文学发展的阶段性作为研究对象。（同上，第 3 页）丁放先生则对孟二冬老师这部著作中所体现出来的治学精神赞叹不已："这部著作给人最突出的印象是厚实严谨，其选材立论，皆重证据，不尚空谈，书中引用古代诗文著作逾千篇，上自先秦经、史，下至清人别集，对时贤的学术成果亦能广泛借鉴，凡所引用，皆标明出处，并于书后附录列出所据版本，源源本本，不掠人之美。据粗略统计，全书注释即多达 1155 条，而且引用皆相当准确、得体。没有长期的学术积累、一丝不苟的工作态度和焚膏继晷、兀兀穷年的刻苦精神，恐怕是难以做到的。"（《唐代文学研究年鉴（一九九九年卷）》，第 267 页）

孟二冬老师写作《登科记考补正》（北京燕山出版社 2003 年 7 月版），则坐了七年冷板凳。自 20 世纪 70 年代中后期，学界即开始重视唐代文学与科举之关系。长期以来，学界所依据的唐代科举史料主要是清人徐松的《登科记考》。但这部重要典籍疏漏错误亦复不少，学界陆续有人对之进行补充、订正，然这些成果大多散见各处，读者查阅很不方便，且这些考订本身也有不少明显的错误，更重要的是他们大多未能充分利用 20 世纪 80 年代以后新发现的考古出土材料。为了给唐代文史研究界提供一个更加丰富而且可靠的本子，孟二冬老师狠下决心，从根本上做起，于20世纪90年代中期开始对徐松《登科记考》做全面的整理、核实、订正和补遗的工作。为此，他查阅的相关资料真可谓浩如烟海，不论是徐松已见之书未见之书，亦不论当今学者已读之书或未读之书，从总集、选集到别集，从正史、野史到笔记，从墓志、方志到家乘，从丛书、类书到姓氏之书，无不披览蒐择，参校甄别。在广泛查阅各类资料并经仔细考据研究之后，孟二冬老师的《登科记考补正》新增补进士661人，编年者215人；明经434人，编年者128人；诸科65人，编年者13人；制科和宏词（仅录编年者）、拔萃（仅录编年者）共302人；还新增补上书拜官8人、上封拜官2人，武举22人。总计1527人，已经超过徐松《登科记考》登科人数的一半。另外，还新增补和移正知贡举者33人；补徐考缺名和改正姓名者60余人；改正科目和移正科目年代200余处；新增补诗赋策文等90余篇。可以说，经过孟二冬老师的这一全面清理、考订，不仅使唐代科举制度及其发展史的研究迈上了一个崭新的台阶，而且也将促使相关的文史研究产生巨大的飞跃。

孟二冬老师之所以能够取得如此坚实而丰硕的成果，是和他一贯坚持的守正创新的治学精神分不开的。袁行霈先生曾经指出："21世纪的学术之路将更加艰难，任何一点进展都要付出更加艰辛的劳动。二冬是一个能坐得住的人，他的心能沉得下来，大千世界的种种诱惑，都动摇不了他对学术的执著追求。"（《〈中唐诗歌之开拓与新变〉序》，第3页）孟二冬老师也曾自述其治学甘苦："虽读书如披沙拣金，往往所获甚微，其徒劳无功亦常所历，然每有所得，心自怡然。"（《〈登科记考补正〉后记》，第1681页）"寒来暑往，青灯黄卷；日复一日，萧疏鬓斑，几不敢偷闲半日。……但能遗惠于学界一二，足慰此心。"（同上，第1683页）这是一种多么执著的学术追求，一种多么高远的学术境界。

三、乐观顽强的生命精神

从认识孟二冬老师开始，我就发现孟二冬老师虽然读书刻苦，治学严谨，但又不是死读书、读死书的书呆子，相反，他对社会、对生活、对生命有着异常炽热的爱,他有着广泛的业余爱好,他的生活是丰富多彩、充满乐趣的。

孟二冬老师自幼喜爱体育运动,身体素质极好,我们经常称他体育健将。他在读书期间,几乎每天下午都要去篮球场打篮球,每周和同学们踢几次足球。耿琴老师和孟菲来北京团圆之后,孟二冬老师又用不少时间陪家人散步、运动。我多次看见孟二冬老师和孟菲在44楼下面打羽毛球,经常看见他们一家三口在校园内散步,一家人真是其乐融融、幸福无比。

孟二冬老师乐观顽强的生命精神,更集中体现在他罹病之后。谁都知道,恶性肿瘤是一种多么痛苦、可怕的疾病,手术之后的放、化疗则更是一种精神上、肉体上的折磨。可在做完大手术之后的两个月左右,我们去医院看望孟二冬老师时,发现孟二冬老师除了声音喑哑,身体比以前消瘦了一些之外,精神状态仍然很好。最令我暗自佩服的是,孟二冬老师那次竟然不讳言自己所患的疾病,还和我们讨论起他患的这种病来。他告诉我们,他认识的好些人因为手术及时,自己保养得当,身体渐渐康复,已经正常生活、工作十多年了。以后几次我去医院看他的时候,也看见他在阅读《食管癌患者的食疗》等书籍。在今年秋天做完开颅手术后不久,我们去医院看望时,孟二冬老师还摘下帽子,笑着让我们看看他脑后手术的疤痕。他对自己一直充满信心,说自己不久后就能回到运动场,能够和我们一起出去散步、郊游。

孟二冬老师在出院之后,一方面在耿琴老师的精心照料下,像治学一样严谨地对待疾病,每天按时服药,科学地调养身体;一方面又没有被疾病羁绊住,总是非常乐观,积极面对生活。今年上半年,孟二冬老师的身体状况恢复得更好一些了,他除了坚持每天散步,还偶尔到上地软件园去打打篮球。5月份北大召开教职工运动会,他想报名参赛(他以前一直是中文系主要得分手),被系里的老师们劝阻了,但他还是参加了运动会的入场式。从今年年初开始,系里的一些重要会议和学术活动,尤其是研究生的开题报告、论文答辩,他都尽量参加。虽然大家每次都劝他少发言,以免太过劳累,但是他评议起学生的论文来,一点也不比我们时间短,令在场的师生都十分感动,而他自己总是说:"没事,没事,只要你们听得清楚就好了。"

孟二冬老师本来就喜欢汽车，加上住到西二旗智学苑之后，离学校太远，没有汽车不太方便。所以我们经常在一起谈论各种汽车的性能，讨论买什么样的车好。但是我没想到，他竟然在暑假里报名参加了北大工会组织的学车活动。七八月份，北京骄阳似火，酷热难当，不要说他一个做过大手术、身体尚未完全恢复的人，就是我们一般的人，要想在一个半月内学完车、拿到驾照，都是很难的。但是孟二冬老师做到了。当我问他学车的甘苦时，他也只是笑着说："还行，教练还直夸我掌握得快呢。"孟老师觉得，有一辆车，他来学校工作就更便捷了，也可以和家人、和学生去更远的地方郊游了。因为他是那么地热爱家人，热爱生活，热爱大自然。

在孟二冬老师在家休养期间，我们经常在一起讨论学问、商谈研究生培养问题，也经常在一起计划开车出游的事，讨论锻炼打球的事，交流莳花养鱼的经验。他性情沉稳，言语不多，但又幽默乐观，生活中充满乐趣。他清楚地知道自己的病情，但又能够勇敢、自信地藐视疾病，并没有因为治疗而过多地打乱自己的生活。每次做完手术或者放、化疗之后，我们见到的都是精神饱满、心态平和、怡然自得的孟二冬老师。

他的这种乐观顽强的生命精神感动了、影响到周围的每一个人，甚至小孩子。比如我的孩子杜文郁，最近在学习中遇到困难时，他总会说："我要向孟伯伯学习，再大的困难我也不怕。"

孟二冬老师现在正做着第二次化疗，这将对他的身体再次造成大的损害，但我们知道他肯定会像以往一样战胜病痛，顺利地完成这个疗程。我们盼望着他能够早日全面康复，尽快回到我们的篮球队、足球队中来，能够和我们一起研讨学问，一起散步郊游，一起享受治学的乐趣和人生的喜悦。

2005年12月27日，写于京北西二旗智学苑

一个甲子的怀念
——忆北大的师长们

潘兆明

自1951年秋从南方负笈从师踏进沙滩红楼，转眼已近一个甲子，我也从一个精力充沛的毛头小伙子变成白发苍苍的老人。人一老，当前的事情常常转眼忘却，而遥远的往事却会不时在脑中清晰重现。现借北大中文系百年大庆之机，写写五六十年前我的师长们吧。中国素有为尊者讳为长者讳的传统，并被看成是一种美德，但讳来讳去，历史的真实面貌便未免大打折扣，我还是直写自己真实的印象和感受吧，虽难免一鳞半爪，而且记忆有时也有点靠不住，尤其是在时间、地点等某些细节上，而我手头又缺乏查证的资料，如有所谬误，还请识者指正，但我是怀着严肃的态度和感恩的心情来写这篇回忆的。

章廷谦先生

中等偏高的个子，长方脸，卧蚕眉，丹凤眼，红润的脸上两撇细细的八字须，注视你时透着几分威严，一口上海官话，语速缓慢而清晰，他就是教我们一年级写作课的章廷谦先生。我第一面见到先生，觉得似乎有点面善，细想起来，原来他和江南宗祠里悬挂的历代祖先像颇为相似，也就是说，章先生有几分传统的"官相"，也有点神圣不可侵犯的气势。记得开学不久后的一个傍晚，我去章先生家补交一些同学的作文（我是课代表吗？记不清了），问清了地址，找到了沙滩北边纳福胡同一扇朱漆小门，敲了半天门，院内才有动静，门开半扇，伸出一个头来，是个二十来岁的后生，白净脸皮，神色冷峻，问我找谁，我说找章先生，又问我什么称呼，我又报上姓名，再问我什么事，我说来交学生作文。只听他说"请您

1957年夏高教部组织在青岛编写中文系统编教材人员合影。其中北大中文系有（前排）袁家骅（左二）、王力（左四）、游国恩（左五）、林庚（右一），（二排）金开诚、唐作藩、潘兆明、周祖谟（左一至四）、王瑶（右四）等。

稍候",又把门关了,脚步声渐渐远去,又过了半响,门再次打开,还是这位后生,说"请随我来"。我跟他穿过一个小小的院落,再走进一个古色古香的书房,章先生已在那里等我了,他亲切地让座,那后生又端来了热腾腾的花茶,杯碟都是很讲究的细瓷,但我总感到很局促,交上作文,略略寒暄几句,就告退出来了。我自小在南方,习惯了自由自在地串门,这是第一次享受到小厮应门,报名而进的待遇,好像亲身领略了一下晚清小说中的京城生活,印象深刻,至今难忘。

　　章先生字矛尘,笔名川岛,和鲁迅先生同乡,都是浙江绍兴人。他是鲁迅的小兄弟,在30年代上海文坛,追随鲁迅先生鞍前马后,做过不少事,这在鲁迅的日记和书信中都有所记述,因而也很受学生们敬仰。由于他有丰富的文学创作经验,所以对我们每人的写作脉搏,常常把握得很准,他用毛笔评批,往往三言两语,切中肯綮,令人心服口服。他在我们班最欣赏的是寇德璋写的一些儿童文学短篇,在堂上评讲时说:这次寇小姐(他对女同学都称小姐)写了一篇×××,人物传神,语言生动,也很有生活气息,是否请寇小姐自己来念一念呀?于是寇德璋不好意思地微笑着站起来,念上一两段,章先生又从旁不时加以点评,课堂上充满活跃的笑声。在他的鼓励和引导下,寇德璋后来致力于儿童文学创作,出版了好几本小说集,有的还得了全国儿童文学创作奖。章先生真是慧眼识珍珠。

55年我毕业后留系当助教,系工会让我当文娱委员,这是一个跑腿的角色,平时为老先生们分分戏票,假日安排个参观、旅游等等。其中一项重要活动是全系教职工聚餐会,每学年总有一两次。那时大家都忙,除了会议见面,平时少有团聚,再加上生活还很清贫,所以有这样一个既可无拘无束地聊天又可以大快朵颐的机会,大家的响应是十分热烈的。聚餐的"操作规程"大致如下:由全系公认的美食家章先生选定菜馆和点菜,系工会订好日子,由我通知各教研室并确认名单,最后报章先生。至于最后的餐费,大都由王力、魏建功、游国恩等几位大教授出大头,中年老师凑零头,我们小助教就白吃了,颇有点吃大户的味道。记得有一次聚餐订在西单某淮扬饭庄,我有幸与章先生同桌,他点的菜果然不凡,不但色香味俱佳,而且严格规定上菜次序,使清淡油腻和谐搭配,各类时鲜循序渐进。每上一道菜,我们都马上群起而攻之,并在赞叹声中一扫而光。但我发现章先生却一直很少下箸,即有,也只象征性地尝一筷子,品评一下咸淡、火候,我很担心章先生是不是肚子不太舒服。等大家菜足饭饱时,最后上来了一大盘热气腾腾的虾子海参,这是饭庄的招牌菜,也应是餐会的高潮,但大家都已心有余而力不足。这时,只见章先生慢条斯理地拿过小碗,亮出羹匙,把一条条海参往碗里舀,然后呼噜呼噜地往嘴里吞,一条、两条、三条……那气势,如行云流水,酣畅淋漓,我看得都呆了,忽然大悟:原来这吃饭也和打仗一样,是切忌平均分散兵力的,得选准时机,集中兵力,才能打漂亮仗!在美食家章先生眼里,我们大概只是一群只会傻吃的土老冒吧!我真是服了章先生了。

50年代中,国家在呼和浩特筹建内蒙古大学,听说系里曾询问章先生愿不愿去就任内大中文系主任,也不知为什么后来终于没有成行。80年代改革开放后,全国一下出版了许多介绍各类菜系菜谱的书,我惊讶地发现,在不少名厨名菜介绍后面常有"经著名美食家章廷谦先生鉴定"如何如何的话，原来我们的章先生真是大名鼎鼎的全国知名美食家啊！于是想到章先生幸而50年代没有去内蒙古，因为当时那边还迹近蛮荒之地，美食家怕很难有用武之地，章先生的特长如被长期埋没，岂非中国烹饪界的巨大损失耶！

但章先生留在北大也未必是福，这就要说到"文化大革命"了。现在大家常说"政治秀"、"政治秀"的，其实，"文化大革命"才真是一出集一切闹剧、丑剧之大成而且将它推演到了极致的大政治秀，而章先生却不幸沦为"北大剧场"里一个倒楣的小配角。

除那时的当权者外，人们大约都对当时著名的一折"折子戏"——宽严大会刻骨铭心。那就是根据"坦白从宽，抗拒从严"的精神在群众大会上当场释放或从宽处理一些罪证确凿（实际大都子虚乌有）却能彻底坦白交代的"罪人"，并当场揪出一批死不认罪的顽固分子予以严惩。这出政治秀的真正看点是事先对宽大者和严办者都严格保密，营造一种鬼谲的紧张气氛，或宽大张三，或严办李四，全凭大会上喊出口号来见分晓，真是眼睛一霎，老母鸡变鸭，一瞬间决定生死，要的就是这种威慑人心的戏剧效果。

话说北大进入了军宣队后，又叫全体教职工主动交代问题，喊了一阵"坦白从宽，抗拒从严"后，终于又要玩儿真的——开宽严大会了。那次是在东操场，各系以连、排建制整队入场。会场上红旗、标语铺天盖地，却隐隐弥漫着一股杀气。大会开始后，先宣布从宽了两人，接着"严打"开始，喇叭中忽然高喊"现在把负隅顽抗死不认罪的历史反革命分子章廷谦押上来！"坐在底下中文系队伍中的章先生还没有反应过来，身后突然冒出两个身高马大的红卫兵，伸出四手，将他拎起，当场来了个"喷气式"，在震天的口号声中将他推上了台，当时我正坐台前，看到章先生一脸迷惘，腮帮子上两块肉不断地抖动着，好像还没有弄清究竟出了什么事。然后是一个个声嘶力竭的揭发批判。原来有人揭发说，抗战后期，章先生曾当过北大文学院国民党区分部委员，而他却死不认帐，拒不交待。最后对章先生的严办好像是戴上历史反革命的帽子交给中文系劳动管制。从此，他天天早出晚归，去学生宿舍打扫厕所、楼道，人很快就瘦下来了。一天傍晚,我在南校门内看到他踽踽独行,两眼看地,一副筋疲力尽的样子,我过去轻轻地叫了一声"章先生!"他悚然一惊,向我很快一瞥,马上低头继续走他的路,可能是怕连累我吧!但即使不怕连累,大家又能说什么呢?!

后来听说章先生很"顽固",军宣队十几次找他谈话,说只要他承认担任过区分部委员,即可从宽发落。但章先生始终没有承认,却也并不硬顶,怎么启发他,只是一句回话:"我怎么记不起来了呢?"再后来又传出章先生其实好像并没有担任过什么国民党区分部委员,是揭发他的哲学系某教授记错了云云。章案也就这样不了了之了,但大家对章先生却更增添了无限的敬意,觉得他是用另一种方式来至死坚持真理的人,他与马校长同样是一条铮铮铁汉。

最后见到章先生大约是在87年或88年,那时我已从中文系调到汉语中心,有一位老教师熊毅搬到了畅春园公寓,去贺新居,说话间,她说:"你知道吗?章先生就住我楼下。"我们马上下楼去探望,那是一套两居室,陈设简朴,章先生卧病在床,好像有点半身不遂,很瘦,头脑还清醒,但说话却没有力气了,床边坐着一位四五十岁的知识妇女,代为应答,这大概是他的女儿吧。我们说了一些问候的话,就出来了,想不到这竟是最后一次见到章先生。后来回想起来,他床边那位四五十岁的妇女多半就是陈希同的妻子了,当时陈已贵为北京市主要负责人,但章先生似乎也并没有沾他什么光。写到这里,忽然想到现在正在佛罗里达颐养天年的老同学寇德璋;不知她有空时还写不写儿童文学,如有新作,章先生,要不要让"寇小姐"再给我们朗诵一段呢?!

袁家骅先生

中等个子,小平头,满头白发,圆圆的脸上一双眯眯眼,未言先笑,满脸慈祥,从来不发脾气,"谦谦君子"这四个字就是他最精确的写照,这就是我们的袁先生。

袁先生早年留学英国,他给我们三年级上方言学,教我们国际音标及方言调查的知识和技能。先生一口上海国语,徐缓而清晰,每当讲到关键之处，他会双眼圆睁，用一个拐弯的"哦"来提醒大家的注意。当时班上同学大都醉心文学，对方言学不甚经心，但一听到那声"哦"后，下面的一段笔记是一定会认真记录下来的。

　　55年我留系里当现代汉语助教，当时古汉语和语言学两个教研室还没有独立出来，我和袁先生同属现代汉语教研室。那时各家都无电话，有事就得一家家去通知。教研室数我最年轻，就当仁不让地做了教研室的义务通信员，去袁先生家的次数也就多起来了。袁师母是上海人，在西语系工作，非常能干，把家里收拾得洁净雅致，井井有条。她是家里的董事长，把袁先生照顾得很好。我曾有幸在他家吃过几次饭，南方菜，精致美味，很对我胃口，我觉得袁先生有一个宁静、幸福的家庭。

　　当时，袁先生住在承泽园，那时到承泽园需先穿过蔚秀园，再跨过一座白石小桥，方能进入，园内绿水长流，十分幽静。袁先生的家就在承泽园尽西头沿河的一排平房内，再往西几步，就出了承泽园后门，越过一片农田，右边是一片叫挂甲屯的老宅区，左边是海淀中医院，再过去就是西苑，离颐和园不远了。我们学生时代夏天去颐和园昆明湖上游泳课，走的就是这条路。60年代初某日，袁先生在家门口遇到一位身材壮实穿着件旧人民装的老汉，闲谈起来，话很投机，就这样认识了。后来这老汉还来他家闲坐过几次，身边还跟着个手拎马扎的小厮，老汉与他天南地北地闲聊，也很有兴趣听北大的事，再后来才知道他竟是彭德怀。我至今还记得当时袁先生说这件事的神情：先是"哦"了一声，眯着的双眼一下瞪得很大，说："他只说姓彭，住旁边挂甲屯，哪里想得到，哦，他就是彭德怀！大元帅！"原来彭大帅59年夏庐山会议上因上万言书获罪，被撤了中央军委副主席和国防部长后，就谪居在这挂甲屯。解甲归田，竟住进挂甲屯，真有点像老天故意作弄人，但我更相信是某些媚上专家刻意的精心安排。"文革"后期，我曾暗访挂甲屯，确实找到了一座高墙深院，门口还有人站岗，心想，这大概就是当年幽禁彭德怀的地方了，但不知当时的新主人又是谁了。

　　80年代后，随着改革开放的步伐，海淀西苑和北京其他地方一样，也大展宏图，旧貌换新颜，老旧的平房统统推倒，各式高楼拔地而起。不知道挂甲屯现在还在吗？如果那个高墙深院还幸存的话，我建议不妨在门口置一铜牌，上面就刻彭德怀在保卫陕甘宁，以少胜多，大败胡宗南后毛主席对他的两句赞诗："谁敢横刀立马？唯我彭大将军！"

浦江清先生

浦先生是我们四年级第三段文学史——"元明清戏曲小说"课的老师，大名鼎鼎的元曲专家。听说他29岁就当了清华的教授，看名字，听名声，我总觉得浦先生该是一位体态伟岸、器宇轩昂、一派儒雅风度之人，一见之下，嘿！原来是一个身材瘦小，下巴尖尖，满脸皱纹，戴着副黑边深度近视眼的小老头。他讲课慢条斯理，一口南方官话，每说三四句，就要停顿一下，让你自己去体会其中三昧。对佳作的评论，也不外"很好"和"非常之好"两种说法。

大概浦先生年轻时留学过欧美，所以他上班的计时方式有点像西方的修理工，即从离开家门口就计时。浦先生家住燕东园，教室则在文史楼，慢慢走过来，约需十分钟。那时我们这些四年级学生听课也听油了，轮到浦先生的课，上课铃响后，大家先在楼外松墙边潇洒一阵，再慢慢蹓进教室，后面紧跟进来的，竟是浦先生！只见他上得讲台，面对喘息未定满目惊疑的学生徐徐开言道："我今天早一点来上课，等一下要稍稍儿早点下课，因为今晚工会有活动，进城，听梅兰芳！"说完，高兴地微笑起来，一派天真模样。全堂哄然。浦先生很喜欢说"稍稍儿"，并把"儿"字说得很重，与其说是北京话没学像，倒不如说是在讲杭州话。先生有严重的胃病，那年冬天，身体极为虚弱，却不愿意请假，看他捂着胸口满脸疲惫的样子，学生们都心疼。那时没有小轿车，我们就"土法上马"，派两名男生，推辆矮矮的女式自行车，去家里接送浦先生。让浦先生坐在车上，后边一人扶着，前面一人把着车把，一路上推到文史楼。我也曾护过一次驾，那天特别阴冷，车到博雅塔旁快上坡时，尖厉的西北风从空荡荡的未名湖上呼啸而来，彻骨地冷，连呼吸都难。事后想想，对浦先生特别感恩，他那瘦弱多病的身躯要穿过这样的大风口来为我们上课，多不易呀！

浦先生是个率真的人，他虽不善言辞，不会对作品作深入精要的艺术分析，但自己却常会陶醉在艺术作品之中，并将这种艺术氛围感染学生，让大家自己去感受、体会佳作的无穷魅力。尤其是讲元曲，每当兴浓之时，他常会低吟浅唱，旁若无人，陶醉在典雅、奇妙的曲文之中，那时，全场鸦雀无声，连最懒散的学生都会振足精神，端坐静听。先生唱的是南昆，悠扬婉转，回肠荡气，如能配上一枝竹箫，那真跟听梅兰芳差不多了。我至今还能回忆起先生双眸微阖、额头轻摆地吟唱《西厢记》中《长亭送别》的情景："碧云天，黄花地，西风紧，北雁南飞。晓来谁染霜林醉？点点是，离人泪。"……

57年暑假，中文系工会有一个去大连休养的名额，系里想让浦先生去，先生还有些犹豫，但在众人的劝说下还是去了。海边风凉，加上饮食上不习惯，先生胃病突发，大出血，送医院动手术，却再也没有回来。先生竟这样匆匆走了。那时学校反右运动正热火朝天，我也不知浦先生安葬何处。后来每想起先生，我总深深自责。浦先生这次休养活动，是我这个工会文体委员具体张罗的。我曾去先生家动员过一两次，说了些"海边气候凉爽，空气清新，环境幽静，机会难得"之类的话，如果先生不去，即使发病，北京的医疗条件，总会好一些吧！……

2008年初夏我回到北京，去香山万安公墓扫墓，先在王力先生和蔚霞师母墓前献了花篮，再去探望好友何芳川，他的墓是新立的，许久才找到，原来就在李大钊陵园右侧，当我也献过花篮，鞠过躬，回过身来时，赫然看见路对面一块斑驳的石碑上，横刻着"浦君江清先生之墓"八个黑字，忙走过去，见碑前还横卧着一块石刻，那里并卧着浦师母。我正襟肃立，向浦先生、浦师母深深地鞠了三个躬，眼前似乎又浮现出当年先生婉转低徊地吟唱《长亭送别》的情景，一晃，五六十年就过去了。不知先生、师母在那边可好？还有没有梅兰芳可听？今后再去万安公墓，我一定会多备一份花篮。

游国恩先生

游先生是江西临川人，1926年毕业于北大中文系，1942年应罗常培先生邀请到昆明西南联大任教，就再没离开中文系。北大中文系素以古典文学见长，游先生更是台柱子。同辈的老师都幽默地称他"游国老"，但天底下大概没有比他更平易近人的"国老"了。

他是一位真正的饱学之士，一位人人敬重的长者。他给我们二年级开"先秦两汉文学史"，当时先生年近60，身材矮小，面色红润，天庭饱满，稀疏的花发整齐地往后梳，一套清清爽爽的浅蓝色人民装，怎么看都是一位有修养的慈祥长者。他讲话从容不迫，有板有眼，却带有浓重的临川口音。刚开始上课时，常听他讲"灵敏性"，令我大惑不解，后来恍然大悟，原来是"人民性"。先生备课认真，讲解条理分明，有理有据，很好记笔记。但往往对作品的思想分析远重于艺术分析，幸而课上所选的作品都是历代脍炙人口的名篇佳作，其艺术魅力，不说我们自己也能感受三分。学生在堂上偶有疑问，他总是马上引经据典地解答，滔滔不绝，如数家珍。好像一部《四库全书》全装在他的脑子里，令人震撼。我当时常常自问：我从现在开始发奋读书，这辈子能学到游先生的一半吗？

真正感受到游先生的正直善良、古道热肠，是在我落难之后。我58年在系里被补划为右派后，先去京西山区劳动了一阵，后调回系里资料室，抄写图书目录卡片，没多久就抄完了，于是天天胡乱翻书，借书消愁。这时游先生接受了一个国家重点科研项目——编纂《楚辞注疏长编》，就把我、金申熊和施于力调过去当助手。上下午都去燕东园游宅上班。当时我们这些右派，是无人敢理的贱民，游先生却敢于把我们包容下来，对我们十分亲切，一如以往。当时游先生家里有一个三四岁的外孙女，叫小秋，聪明伶俐，活泼可爱，我每次去上班，游先生总要让小秋叫"潘叔叔"，并让她与我玩上几分钟，再开始工作。我们当时的具体工作是把经史子集及其他各种杂书内凡涉及楚辞内容的资料（包括评论、引用、注释、评点等），全部完整抄录下来，汇总后，按时间顺序排列好，由游先生最后来辨析、审评。这真是件大海捞针的工程，却让我有机会稍稍领略到乾嘉朴学的基本功。我记得光是对《离骚》中"夕餐秋菊之落英"一句，历代的点评就有一二百条之多，而且内容大都重复，相互转注，说是菊花都在枝上枯萎，屈原不可能"餐落英"等等。（按：几年前我在旧金山公园里却看到了大片的秋菊落英，但两千多年前的楚国，大概还不会进口印第安人的绿色食品吧！）

那时正值三年困难时期，全国都在挨饿，看得出，游家生活也相当清苦，而且似乎也并无落英可餐。一日下班时，游先生在耳房向我招手，我走进去，见桌上放着一个精致的南方小竹篮，他掀开盖子，小心翼翼地从里面捧出四五个青青的小沙果来，说："这是院里那株沙果树结的，怕人偷摘，今年不等熟就收了，不大好吃，你带几个去尝尝吧！"我大吃一惊，自己何德何能，怎能收受这么金贵的东西（现在的人也许很难理解，那饥饿的年代，这几个沙果，真可能救人一命呐）！我马上捧过来，重新放进篮里，说："不，不，给小秋吃，给小秋吃！"就飞快地逃出了游宅，一路走，心头暖暖的，觉得脸上有什么东西痒痒地在往下爬，一摸，是泪。

61年秋，中文系要给全校文科生开写作课，缺人，就把我从楚辞长编组抽走了，不久，好像施于力也走了，只剩金申熊最后协助游先生完成出版了《离骚纂义》、《天问纂义》两书，那却是多年以后的事了。

再后来，就是"文化大革命"了。游先生好像倒还好，并没有受到关牛棚、喷气式之类的非人折磨，但作为一级教授，被当反动权威去到处批斗，总是免不了的。"文革"后期，游先生得了重病，想让学校派辆车去校医院看病，不给。后来还是家人找了辆平板三轮给拉去的，后住进北郊结核病院，于78年夏天去世，终年79岁。游先生未能看到拨乱反正后新中国的腾飞，但如泉下有知，他一定会朗声欢笑的。

至今我只要一想到游先生，心头总是暖烘烘的，也总忘不了那一捧青青的沙果，并且多少有些感叹：在当今这个物欲横流、急功近利的社会上，像游先生这样古道热肠的人越来越少了，像游先生那样扎扎实实下苦功夫治学的人也越来越少了。

吴组缃先生

吴先生也是1952年三校合并时从清华过来的教授，直到55年我们四年级时才有幸听他的"中国古代小说"课。吴先生既是教授，又是作家。他15岁就公开发表小说，1934年他的《一千八百担》发表后，曾被茅盾誉为"是一位前途无量的大作家",所以学生们慕名已久,对这门课充满期待。吴先生终于登台亮相了!

他身材魁梧,头特别大,前额铮铮发亮,白净的脸上隐隐散布着一些浅浅的天花斑痕,架着副金丝边眼镜,右上颚镶着两颗金牙,谈笑时灿然闪光。他的脸颊特别宽,如果演曹操,扮相一定很好看。他也很推崇曹操的雄才大略,很不解罗贯中为什么要在《三国演义》中如此丑化他,把他写成个大奸大恶之人。他说:"当然,曹操也不是完人,常会耍些政治手腕,但你们翻翻中外历史,古往今来,不耍一点政治手腕的政治家,你们能找出几个来么?"当时大家哈哈一笑,似懂非懂,现在,五十多年后再重温这段话,才真正体会其深刻的含义。

吴先生是位很有政治阅历的学者,抗战期间,曾当过冯玉祥的老师和幕僚,与在重庆曾家岩的周恩来称兄道弟,过从甚密。吴先生在思想改造运动中曾检查自己的清高思想,说解放后一次盛大的聚会上,周总理过来与在场人一一握手寒暄,快到他跟前时,他想,过去我们都是"恩来兄"、"组缃兄"地称呼,现在要我改叫"周总理",好像很难出口,于是假装转过身去与别人交谈,回避了这次尴尬的握手。先生的"架子"可见一斑。

吴先生是写讲义的大师,一上堂,他就从容不迫地念他的讲稿,口齿清楚,微带安徽口音。他的讲稿写得很细,分析人物,鞭辟入里,甚至对他们的一颦一笑,都有独到的诠释。他也讲究文辞,有时是连语气词都念出来的。如果把吴先生课上的笔记好好整理,就是一篇篇上佳的论文。大家对他的《红楼梦人物分析》印象格外深刻:宝玉的民主思想,黛玉的小心眼儿,宝钗的工于心计……经他这一分析,都活灵活现地像看电视剧一样(当时还没有电视剧,连电视也没有),每当讲到最精彩处,堂下就响起吃吃的笑声,那时,吴先生会停下来,问一句:"是不是这样啊?"台下以更多的笑声回应,于是他也笑着自答曰:"大概是这样吧!"显得很得意的样子。但他的人物分析也很有倾向性,比如《红楼梦》里,他最喜欢的就是晴雯,认为她聪明、美丽、正直、大方、忠诚、刚烈,识大体,顾大局,富于牺牲精神,在中国古典小说的女性形象中能如此熠熠生辉的似乎没有第二人。我们都被他精细而雄辩的论述所折服，不但觉得晴雯真了不起，而且一致认为她如果活到现在，是很有希望进入中央政治局的。

但有学生提出了挑战，说吴先生对中国古典小说分析得这么好，不知能否同样来分析分析当代小说呢？吴先生听后笑说："这个问题提得好，让我来试试吧！"不久，他就给我们讲了一堂《三千里江山》评析。《三千里江山》是杨朔以抗美援朝为题材写的长篇小说，当时刚刚出版，好评如潮，红得发紫。吴先生先肯定了作品的政治思想，说人们对一个历史事件或一个历史时代，往往要在几十年甚至几百年后，才能深刻认识、体会它的意义、价值和影响，所以也常常要等到那时，才能写出较深刻的文学作品来。现在抗美援朝才结束两三年，杨朔就能写出这样的大作来，是很不容易的。但他认为作品的艺术水平并不很高，并列举了对主人公吴天宝细节描写上的多处败笔，使人心服。记得他还举出这样一段情节：美国飞机来轰炸，我们一个小护士被炸出的热土活埋了，只露出两截短短的辫梢在土上抖动。吴先生评曰：作者这样描写，本意是想幽默一下，但请大家闭眼想象一下，在这样血与火的惨烈背景下，特写两枝好像种在泥土中的辫梢，起到的只是化屠夫的凶残为一笑的作用，这不是幽默，是麻木。大家都认为先生说得有理，先生对当代文学的分析同样精彩。

"文革"中期，北大教授们已稍有人身自由。一天下午，吴先生进城，在灯市口车站等车，一辆黑色轿车从他前面掠过，忽然在前方二十多米处停下，门开处，走出一个四十来岁干部模样的人来，向他招手，吴先生看看左右，以为是找旁人，那人再次微笑着指着他，请他过去。吴先生忐忑地走上前去，那人打开后车门，恭请他上车，车上还坐着一人，一看，竟是周总理。总理还称他组缃兄，问起他和北大一些老教授的近况，鼓励他要相信党，对前途有信心……两人像老朋友那样谈了很久，并在吴先生方便地方送他下了车。这是粉碎"四人帮"后吴先生在一次会上亲口说的，他很感叹总理的平易近人和不忘故友，更佩服总理那惊人的记忆力，说："已经二十多年不见了，车窗外匆匆一瞥，竟能把我认出来，真是叫人难以相信啊！"我当时听了也十分感动，竟忘了问吴先生：这次是否与周总理握了手?

王瑶先生

王瑶先生也是从清华过来的教授,教我们"现代文学史"时才年近40,一头浓密的乱发,一双睿智的眼睛,下巴有点尖,额上有个疤,因爱喝茶抽烟,手指蜡黄,满嘴乌黑,很有点名士派气质。据说他本是个活跃的左翼青年,曾积极参与"一二·九"学生运动,后来潜心研究魏晋文学,发表过多篇广有影响的论文。新中国成立后,各综合大学都要开现代文学史课,但几乎找不到一本系统研究现代文学(从辛亥革命到新中国成立前)的书籍,王先生挺身而出,不眠不休地花了两年时间,写出了上下两册的皇皇巨著《中国新文学史稿》,由于史料翔实、评析得当而广受欢迎,一时声誉鹊起,洛阳纸贵。不仅国内各大学都把它作为教科书,日本、欧美的汉学界也都将它作为研究中国现代文学、文化的必备参考书,王先生也成了闻名世界的中国年轻教授。

王先生聪明、勤奋、博闻强记,操一口浓重的山西普通话,把"我王瑶"说成"哇瓦窑"。他讲课很开放,纵意而谈,对众多作家常有精辟独到的评论,还不时穿插一些幽默风趣的文人逸事,说到兴浓时,他会率先大笑。王先生的笑很特别,一般人大笑时是张口把肺里的气一下子排出来,王先生却是不断地一排一吸,造成一连串的"哈呕,哈呕",极富感染力。一听到王先生的笑声,学生们都会愉快地响应,却多半是笑他的笑。王先生对当时的文艺政策其实很有看法,但不便评论,好在他的文学史也只讲到新中国成立为止。不过有时也难免有所流露,比如他说:"巴金的《家》、《春秋》,茅盾的《子夜》,老舍的《骆驼祥子》都是他们的巅峰之作,近年来他们写的,哪里比得上!"我们都认为很对。

王先生不光对文学史有研究,对现实社会状况也有很深的洞察力,每当系里工会有政治学习,最后大家都会怂恿"让王先生来说说",他就谦虚地笑笑,往往三语两语就能说出个子丑寅卯来,给人以启示。当然,大多是正面的启示。但在私下闲谈中,他也会说一些"出格"的话,比如把教师的思想改造运动比作"先打一顿屁股,再给一块糖吃"。王先生当过几届全国政协委员,他把当时政协的议政活动概括为"有说白不说,说了也白说,白说也得说",这后来几乎成了家喻户晓的顺口溜。记得57年夏天北大"反右运动"热火朝天时,我们正受教育部委托在青岛编写教材,一日傍晚,王先生面对凉风习习的大海,叹曰:"我们真是福气啊!既避开了火热的天气,又避开了火热的斗争!"但在以阶级斗争为纲的年代,火热的斗争哪能避得开,不久,我们就被召回燕园参加批斗运动。

王先生生活随意,平易近人。六七十年代,他家住镜春园后面一个老旧破败的院落内(即当今北大教育基金会原址),正房与东厢房均已倾塌,王先生一家住着一溜斑驳的西厢房,大约三四间,狭窄而昏暗,不过客厅内有架十九寸彩色电视机,在当时是难得的宝贝,每有重大的体育比赛,我们一帮青年教师还有高年级学生都纷纷涌到先生家看电视转播,王先生和师母杜先生总热情招呼大家入座,椅子、凳子、小马扎都用上了,最后面则是站票,济济一堂,好不热闹,至今仍是温馨的回忆。

在"文革"中,王先生招来过一场飞来横祸。那时中文系在二院,一天下午,系里突然通知召开批斗现行反革命分子大会,我们到时,院门口已贴出墨迹未干的"打倒现行反革命分子王瑶"的大标语,在"王瑶"两字上还打了红××。进得院内,只见王先生已被几个红卫兵摁着跪倒在草地上,逼他向毛主席请罪,要他交代恶毒攻击红太阳的罪行,王先生则在不断抗辩,说:"没有,没有,没有的事",几个血气方刚的红卫兵终于亮出了武装带,顿时,带如雨下,虎虎生风,直抽得王先生满地打滚、哇哇号叫。这是我第一次近距离看到自己的学生抽打老师,震惊、愤怒、无奈、感伤的心情,至今难忘。后来听说原委:王先生的保姆一向与他不睦,跑到系里揭发王瑶曾把印有毛主席照片的报纸垫在痰盂下,天天向痰盂里吐痰,恶毒攻击伟大领袖。这在当时岂非弥天大罪,王先生没被当场打死,要算运气。后经中文系"文革"会细细调查,似乎并无实据,那保姆见事情闹大,也改了口,王先生终于逃过一劫,没有戴上现行反革命帽子,只冤枉挨了一顿毒打。

王先生1994年在上海参加一个学术会议期间因心脏病突发不幸去世。他晚年仍异常忙碌:带研究生、办讲座、参加各种学术活动,自己还要搞科研，但已不是四十年前写《中国新文学史稿》时的身体了，怎能经得住长期耗损。另外，我想他1989年下半年后的心境也不大舒畅，那时他在社科院做研究生的女儿超华亡命海外，渺无音讯。还听说在相当长一段时间里，国家有关部门的人员还不时来家探询。王先生本是个世事通达、乐观开朗的人，却压抑着心情、牵肚挂肠地走了，令人感伤不已。

王先生有两个女儿，一个叫小米，一个叫小田，我在王先生家见她们时，小米约四五岁，小田约两三岁。小米长得像妈妈，眉清目秀，也文静，小田则更像王先生，虽不及姊姊漂亮，却异常活泼调皮。我曾亲眼目睹她在家里玩"失踪"，师母到处叫"小田"而不见，正着急，她却从藏处钻出来，哑声哑气叫道："妈——，我在这儿玩儿呐！"让杜先生哭笑不得。听说超华现在美国某著名大学潜心学业，不问政治，那也好，但我不知道她究竟是小米呢还是小田。

王力先生

王力先生方面大耳，前额突出，秃发稀疏，红光满面，双眼常泛笑意，一身西装，纤尘不染，有大学者风度，却没有大学者架子。我有幸跟随先生三十年之久，从没有见他发过脾气，这份修养，真是了得。当时我们青年学生中有句戏言，说"一个人学问的多寡，往往与他的胡须成正比，与他的头发成反比"，其"理论根据"就是冯友兰先生的长髯和王力先生的秃顶也。

1954年秋，王先生从广州中山大学调来北大中文系，给我们当时的三年级学生开"汉语史"，每周两大节，共四学时。上王先生的课，学生们是最老实的，绝不敢迟到、懈怠。因为只要上课铃一响，王先生就会微笑着出现在讲台上，像时钟一样的准确；并立即翻开讲义，说上一课我们讲到哪儿了，今天接着往下讲……学生们马上打开笔记本，聚精会神地听、记，课堂里弥漫着一派严肃认真的学术空气。

王先生总是一开始把今天要讲的章节写在黑板上，然后从容不迫地念他的讲稿。他的讲义，论据充实，逻辑严密，语言简练，段落分明。他还很会替听课的学生着想，讲着讲着，会不时提醒大家"这是一段"或"下面另起一行"。所以班上学生中,大都"汉语史"的笔记是记得最全最厚的,但王力先生却又谆谆告诫我们:学习必须开动脑筋,更要有自己的见解,绝不能满足于死背笔记。他在大考前跟大家说:"我这门课要得五分,是很难的,得有你们自己的见解和心得才行,如果只把笔记背下来,全答对,也只能得四分。"

那时正全面学习苏联,考试都是口试,我至今还清楚记得那次"汉语史"考试的经过:我走进考场,由当时任助教的唐作藩老师给我"抽签",我抽到的那组考题是一个大题两个小题,大题是让论述汉语历史上的基本词汇为什么一直变化不大。拿到题后,先在考场后面的桌椅上准备十分钟,然后到前面应试。王力先生坐在正面一张铺着白桌布的桌子前,是主考;左手打横坐着周达夫教授,是辅考。王先生示意我在他对面坐下,于是考试开始。那天我答题的具体情形,现在已想不起来了,只记得在回答"基本词汇变化不大"这题时,我除谈了王先生讲义上的内容,还根据斯大林的语言学说,补充发挥了几点看法,最后两位考官都提了一些小问题,我回答后,考试就结束了。王先生和周先生低声商量后,当场对我说:"你其他几题都回答得平平,但关于基本词汇的论述很好,有自己的见解,所以你应得五分。读书,做学问,都应当独立思考,切不可人云亦云。"周先生也在旁边点头称是。走出考场,天空格外晴朗,当时虽为自己得了个五分而高兴,而王先生最后几句教诲更是刻骨铭心。后来自己当了教师,也常常以此鼓励学生:不要生吞活剥讲义,要开动脑筋看看老师讲的结论是否真有道理,论据是否充足可信。同时也说:"没有自己的见解,光靠背讲义,最多得四分。"近年来,我的学生中有些也已当了教授,得知他们对学生也说大致相同的话,这使人欣慰地联想起很多往事。热心鼓励学生独立思考,勿墨守成规,这也许是北大那源远流长的开创性学风的一条长河,而王力先生,正是那高处源头之一。

55年我毕业后,分配到系里汉语教研室当助教,成了王先生(他是教研室主任)的手下一兵,过从就更密了。王先生不坐班,每周有两三段时间来办公室处理公务或开会,平时有什么事,我们都直接到燕南园他家去请教。记得55年秋天,苏联科学院翻译出版了王先生40年代写的一本《汉语语法纲要》，由当时苏联著名汉学家龙果夫教授写了一篇长序，并对各章各节都作了详细的介绍和评述。龙果夫的文字竟占了全书的一半篇幅。那时我们三个青年助教——唐作藩、石安石和我都在自学俄语，一天，王先生把我们找去，了解了一下我们的自学状况后，对我们说：根据他当年在法国翻译法文小说的体会，用"实战"方式学习外语常会事半功倍，他建议我们来合作翻译龙果夫的序言和评述，由他当顾问。我们都欣然同意。此后，我们差不多每隔两三个礼拜都要去王先生家聚会一次，把每个人的译稿拿出来讨论。那时王先生的俄语水平比我们都高，所以，虽曰"集体讨论"，其实大部分时间都是王先生在改正我们的误译，给我们讲解俄语语法。这样差不多持续了半年之久，等到全书翻译完成时，我们三人都感到俄语水平确有明显的提高，但王先生付出的劳动却比我们三人加在一起还多。此书最后由王先生统稿、润色、定稿，交由上海新知识出版社出版了。不久后的一天，唐作藩老师来找我，拿出一包钱来说："出版社把稿费寄来了，王先生只拿了原著中那部分中文的稿费，全部俄文译文的稿费都叫我拿过来了，让我们三个人分。"我已忘记分得了多少，印象里好像当时颇发了一笔小财。我想，这只是王先生热心培育学生的无数事例之一吧！

在"文革"暗无天日的日子里，身为一级教授的王先生，受到了许多难以想象的磨难，但事后，他对自己身受的种种苦楚只字不提，却多次称赞朱德熙先生在他最困难之时给予的帮助。原来他们俩曾一起关过"牛棚"，在一次通过"革命小将"的皮带阵时，王先生不幸被打倒在地，这时，走在前面的朱先生回过身去，扶起王先生，冒着如雨的鞭打，踉跄地逃离了险境。王先生是作为"反动学术权威"而被关进牛棚的，朱先生固然学有专长，但当时还是个中年教师，为什么也被破格提拔进了牛棚呢？我直到今天还弄不清楚。不过当时私下却有一则"传奇"流传，说：一日，某革命小将（抑或中将、大将，待考）突然心血来潮，拿出一本朱先生的著作来，一页一页对着太阳照，于是，竟有了伟大的发现：在某页引用《毛选》作为例证的背面同一处，竟印着"胡说八道"、"嗤之以鼻"之类的文字，马上认定正反两页的这些铅字，绝非偶然巧合，于是"朱德熙阴谋反对毛泽东思想的罪行就昭然若揭了"(按：把书一张张揭开，对着阳光照，诚"昭然若揭"也)。我不知这传说的真实性到底有多少，但当时系里确有几位青年教师听后曾惴惴不安地把自己的著作和论文偷偷对着阳光检查过，怕万一也出现正反面"绝非偶然"的巧合文字，可以及早投案自首，争取个"坦白从宽"！呜呼，走笔至此，突发奇想：如果现在有哪位好事者，能将历次政治运动中罗织他人罪名的种种方法、技巧收集起来，编一本《揭发学大全》之类的书，是很有可能进入畅销书排行榜的，现在的青年人或者还会把它当做充满浪漫主义奇想的《新拍案惊奇》来读呢！

王先生有个非常温馨的家，先生除潜心学问、教书育人外，在家百事不管，凡衣食住行、子女教育，都由师母一手掌管，妥帖安排，并把先生照顾得细致入微。我们都说，王先生等身的著作里，有着师母一半的辛劳。师母还是个烹饪专家。记得57年我下放山区农村前夕，王先生设家宴为我送行，由王师母亲自掌厨，她的那锅"腌笃鲜"(冬笋、火腿、咸肉、香菇，加上鸡汤，用文火慢慢地炖)，那香味，那鲜味，至今回忆起来，还不禁食指大动哩。

王先生也是一个平易近人的长者。80年代初，他去香港讲学，回来时，香港一位老友托王先生带不少礼品回来分送系里朋友，先生都重重地背回来了，连我和杨贺松都得到了一份。当时我们都很不安，怎么能让年近80的先生为我们晚辈负重啊！可王先生却很高兴。

记得也是80年代初的一个冬天，我和师母陪王先生去昆明参加一个修辞学会议，几经周折，飞机终于冒雨降落昆明机场，机场上积水盈寸，王先生穿着一双布鞋，和大家冒雨扑哧扑哧地涉水走出机场，我直担心他不要着凉感冒，幸而一切都安然无恙，第二天，先生还精神饱满地在大会上作了演讲。我们当时都为先生有这样健康的身体而高兴，哪里想到，1986年，他老人家竟会患白血病匆匆离我们而去了呢！

又十多年后，偶尔在美国的一本杂志上读到周达夫教授儿子写的一篇回忆录，说54年王力先生从广州临来北京时，喝醉了酒，几乎上不了火车云云。我有点半信半疑，因为相随先生三十年来，平时很少看到先生饮酒，偶尔席间应酬，亦只浅尝即止，从不曾有醉酒之事。于是把文章影印下来，趁夏天回北大时，去求证于王师母，不料师母看后大笑，说："真有这回事呢！那天我们在火车站等他，送行的人挤满了站台，但一等不来，二等不来，眼看火车就要开了，急得我直想哭。最后一刻，他终于被人搀扶着来了，醉得一塌糊涂，一上车就躺下了。后来才知道是广州市领导与他饯行碰杯，一大杯烈性威士忌，他当葡萄酒一口干了……"回想自己与王先生师生一场，身受教诲之恩，难以尽言，但我却连一杯酒都还来不及敬他，即已天人永隔，思之怅然！下次回北京时，我想携上一瓶上好威士忌，去万安王先生墓前，满满地斟上一杯。

林庚先生

天庭饱满，鼻直口方，白净的双颊上一对笑意盈盈的单凤眼，眉宇间满溢着潇洒和灵气，语言幽默，笑口常开，衣着得体，中西咸宜，这就是林庚先生，当时中文系教授中无可争议的第一帅哥。

林先生与王瑶先生原是清华同窗，1952年院系调整时从燕大并入北大中文系，次年给我们三年级开"魏晋南北朝和唐代文学史"，使大家有幸聆听了一年他的精彩讲课。林先生那时才四十多岁，风度翩翩，才思横溢，他那诗人的睿智、飘逸的情思和精辟的见解，一时不知倾倒了多少青年学子。下课后，连他写在黑板上那潇洒流畅的板书，也被大家视为"墨宝"，好多学生都要在它旁边认真临摹一番，舍不得擦去。后来班上甚至出现了几位"林体"。林先生很善于用精彩的语言来概括一个时代诗歌的整体风貌，如"建安风骨"、"盛唐气象"、"少年精神"等等，言简意赅，生动传神。一时间，学生们常把这些词语用来评述日常生活的各个方面，横生出许多幽默和风趣来。林先生超然的人格魅力，深深影响着他的青年学子们。

林先生是个诗人，他擅用诗人的眼光来欣赏、诠释古典诗歌，常常有惊人的创意。一次讲王维的《使至塞上》，念到"大漠孤烟直，长河落日圆"这两句时，只见林先生把两块黑板先擦了个干干净净，然后在左边黑板底下画了一条横线，在横线中央又朝上画了一条竖线；再在右边黑板底部也画了一条横线,又在靠近横线的上方画了一个大圆圈。正当大家瞪着黑板狐疑满腹时,只听林先生深厚的旁白在耳边响起:众所周知,王维不仅是大诗人,也是个大画家,所以他的作品,常常是"画中有诗,诗中有画"。你们看这两句,先看左边,横亘眼前的无边大漠,是一条横线,中间这条竖线向上延伸,就是"孤烟直";再看右边,长河如带横在天际,像一条横线,而落日就像一个圆圈,紧靠在长河上。两条横线、一条直线、一条曲线,王维就运用绘画中三种基本线条,勾画出了边关气势磅礴的壮丽景观,并给人以无限的遐想。这堂课给我心中打开了一扇窗户,心想:诗,原来还可以通过线条来欣赏,真是天下艺术本无涯,条条大路通罗马啊!这堂课过去五十七年了,至今历历在目,可见印象之深了。还记得有一次,有人在堂上问先生"朗诵和歌咏有何区别"时,先生随口答道:"它们在表达感情的要求上虽然相似,但表达方式却很不同。就语音上说,朗诵要求字正腔圆、发音标准,而唱歌则要求合乎音律,它往往不拘泥于字音的标准与否。比如大家都熟悉的《歌唱祖国》,第一句'五星红旗迎风飘扬',按曲谱唱出来却是"五星哄起……",但又有谁去挑剔它呢?"真是语惊四座,大家暗自吟唱一番,信然!类似这样令人茅塞顿开的启示,在林先生的讲课中比比皆是。后来"文革"中,林先生被列为反动权威,我很担心有人捅出"五星哄起"来上纲上线,幸而没有,但林先生仍然难逃一劫。

55年我毕业后留系当了助教,虽与林先生不同教研室,但当时系工会常有活动,有时还去林家打打轿牌。讲台下的林先生更加平易近人,对我们几个青年助教亲切得犹如家人。

57年夏、秋,北大一场轰轰烈烈的反右斗争过后,冬天开始"知识分子下放劳动",我积极响应,不久就去了百多里外京西矿区的一个小山村落了户。次年暮春,召我回来开个会,却被意外地"增补"为右派。这"增补"二字,是后来才知道的。据说是57年北大反右总结送到上面,某大领导阅后大为生气,说北大是毛主席点名"池浅王八多"的地方,怎么右派比例还不到总人数的百分之十?于是派得力干部进驻北大补课,中文系大概是补课的重点,青年助教中的党团员几乎全军覆没。

我们这些人,一夜之间就从前途无量的青年才俊变成了"不齿于人类的狗屎堆",人们都远远地躲开你,好像你身上满是非典病毒。我在这种被社会遗弃的状态中灰暗地生活了颇长一般时间,有时甚至非常绝望。一天傍晚,忽然有人传话说林先生叫我去一趟,我怀着吃惊和不安,跨进燕南园久违的林寓,只见院内草坪上放着一张崭新的乒乓球桌,林先生在一旁笑着招呼我说:"来,来,我买了个乒乓桌,想锻炼锻炼身体,以后你傍晚没事,就过来陪我打打乒乓吧!"我当时感动得不知如何回答,只是连连说"好",便拿起了球拍。以后,林先生家傍晚的乒乓球运动,成了我一天中最舒畅、最美好的时光。后来,倪其心也来了,金申熊也来了,我们都清楚,林先生哪里是自己想锻炼身体,他是在同情我们的不公遭遇,在想方设法为我们创造一个抒发郁闷的环境啊!在当时高压的政治氛围下,林先生竟能蔑视一切,公然邀请一批右派子弟来家里打乒乓球,用他那无畏的侠义精神、超凡脱俗的人格魅力,温暖了我们那苦涩的心,使我们重新拾起了对生活的勇气和信心。有恩师林先生在,我们就不会沉沦!

说话到了"文革",中文系的名教授都被打成"反动学术权威",林先生也难以幸免。他们先是写检查,接受班级批判,后来则被监督劳动。林先生的任务是打扫19楼二楼当时中文系青年助教集体宿舍的卫生。林先生每天清早身穿旧中山装,戴着蓝帽子、白口罩,脸色苍白,神情凝重地拿着水桶,笤帚来19楼上班。怎么忍心让敬爱的师长来为我洗刷厕所,打扫楼道呢?但又无可奈何。我缺乏像林先生当年摆出乒乓球台,公然与黑沉沉的政治高压挑战的勇气,我所能做的,只是偷偷地向他打个招呼,轻轻地叫声"林先生",并尽量事先把厕所、水房、走廊收拾一番。但渐渐地我发现,当我收拾时,那些地方已变得越来越干净,莫非这群平时一向不拘小节的单身教师一下子都染上了洁癖?原来是人同此心,大家都在刻意保持清洁,以减轻先生的劳作呀。但林先生仍认真地劳动着:扫走廊、擦水池、洗厕所,拿牙刷细刷暖气片缝里的污垢……全神贯注,一丝不苟。一日傍晚,我从外回来,看见林先生靠在走廊墙上,双眼微闭,脸色苍白,一头冷汗,好像随时会昏厥的样子,我赶忙把他扶进房内,想让他在床上躺一会儿,他连说"不用,不用",只靠在了床沿上,我猜他是低血糖，赶紧冲了一杯重糖可可，热热地让他喝了下去，半晌，脸色渐渐回暖，头上又开始冒汗，却是热汗了。我让先生再休息会儿，他却执意要走，站起来说"不碍事了，不碍事了"，走出门去，戴上帽子，掸掸身上的灰尘，轻轻舒了口气，随即拿起工具，腰杆一挺，脖子一昂，慢慢地下楼去了。我望着先生的背影，心中五味杂陈，忽然，脑中闪出两句普希金的诗来："昂起那不屈的头颅，高耸在亚历山大纪念石柱之上"，心想：林先生高尚的诗人气质，是什么逆境也磨灭不了的。

运动后期，又要"落实知识分子政策"了，中文系军宣队将"反动权威"一一排队，觉得林先生似乎并无多少"罪恶"，决定率先解放。我获知消息，不顾一切，马上去燕南园通风报信。林先生却出奇地平静，听完后只轻轻地说了两句"是吗？""是吗？"沉默良久，脸上似乎掠过一丝悲愤，渐渐地，眼里才漾出几分笑意，我心里暖洋洋的，想：这一劫，林先生总算挺过来了！后来，"四人帮"被打倒，"文化大革命"结束，就又渐渐听说一些传闻，说几年前，江青可能是为了附庸风雅吧，曾几次邀请林先生去参加她的一些小型文化活动，却都被林先生婉言谢绝了，这很让江青丢面子，斥林某人不识抬举云云。想当时，江青贵为"革命旗手"，红得发紫，炙手可热，多少"左派"人士，钻营巴结唯恐不及，唯独林先生，硬是不理这根胡子。我一次跟先生开玩笑说："林先生的路线觉悟真够高的呀，这么早就看出了这位婆娘的不地道。"林先生听了朗声大笑，我好久没有看到他这么开心地笑了，他说："什么路线觉悟哟。这个人跟上面这条线，那个人跟上面那条线，这个人今天跟这条线，明天又改跟那条线，我们平头百姓哪里能知道。至于她（指江青），我只是看不惯她的作威作福，羞于为伍而已，哪里是什么路线觉悟啊！"好一个"羞于为伍"！宁肯扫楼道，洗厕所，也不愿去钓鱼台、人大会堂凑趣。你有你的权势，我有我的人格，光明磊落，清朗高洁，林先生活得真潇洒。林先生一向喜欢李白，从他那高尚独立、不畏权势的人格中，不也能看到几分李白的身影么。

林先生是一个新诗人，他对楚辞的研究有许多创见，他推出的九言白话诗，明白晓畅，朗朗上口，曾开一代诗风。我至今还记得五十多年前他在讲台上为我们朗诵的新作：

> 东西长安街望不到头，
> 多少高楼什么人来修？
> 工人的队伍走在前头。
> ……

林先生为人、治学都是那样的率真、洒脱，他爱生活，爱家人，爱学生，爱诗歌，爱音乐，爱运动……当年在清华时，他是男篮的前锋，直到他90高龄时，还常在院子里引吭高歌威尔第和莫扎特的歌剧，在林先生身上，始终闪耀着盛唐的少年精神。

近十几年来，我每次回国，都要到燕南园一两次，探望林先生，两人天南地北地聊，很是开心。近几年，觉得林先生的话慢慢地少起来了，但亲切的笑容依旧。2006年夏，我两次拜访林先生，先生送了我一本新印的旧著，对我说：现在吃得越来越少了，但精神尚好。还说："我对活到一百岁很有信心。"谁知这竟是最后的诀别。那年10月，林先生以97岁高龄，在午睡中悄悄地走了。没有悲伤病痛，不用劳神抢救，走得这样安详，走得这样潇洒，这不也正显示了林先生高洁的诗人性格吗？

我这辈子能作为林先生的学生，深受他的教诲、沐浴他的恩泽达半个世纪之久，真是三生有幸。如有来世，蒙先生不弃，真想再续师生缘。

五院人物

温儒敏

五院是北大中文系所在地,我在《书香五院》一文已有介绍,这里所说几个人物,都是中文系的老师,和五院都是有些干系的,所以就凑成一篇,叫做《五院人物》。

我们的五院

陈贻焮

陈贻焮先生没有教授的架子,胖墩墩的身材,很随意的夹克衫、鸭舌帽,有时戴一副茶镜,一位很普通的老人模样,如北京街头常常可以见到的。不过和先生接触,会感觉到他的心性真淳,一口带湖南口音的北京话,频频和人招呼时的那种爽朗和诙谐,瞬间拉近和你的距离。先生有点名士派,我行我素,落落大方,见不到一般读书人的那种拘谨。谢冕教授回忆这位大师兄总是骑着自行车来找他,在院子外面喊他的名字,必定是又作了一首满意的诗,或是写了一幅得意的字,要来和他分享了。一般不进屋,留下要谢冕看的东西,就匆匆骑车走了,颇有《世说新语》中所说"乘兴而行,兴尽而返"的神韵。我也有同感。80年代末,陈先生从镜春园82号搬出,到了朗润园,我住进的就是他住过的东厢房。陈先生很念旧,三天两头回82号看看。也是院墙外就开始大声喊叫"老温老温",推门进来,坐下就喝茶聊天。我是学生辈,起初听到陈先生叫"老温",有点不习惯,但几回之后也就随他了,虽然"没大没小"的,反而觉得亲切。陈先生擅长作诗填词,在诗词界颇有名气。有一年他从湖南老家探亲归来,写下多首七律,很工整地抄在一个宣纸小本子上,到了镜春园,就从兜里掏出来让我分享。还不止一次说他的诗就要出版了,一定会送我一册。我很感谢。知道先生喜好吟诗,这在北大中文系也是有名的,就请先生吟诵。先生没有推辞,马上就摇头晃脑,用带着湖南乡音的古调大声吟诵起来。我也模仿陈先生,用我的客家话(可能是带有点古音的)吟唱一遍,先生连连称赞说"是这个味"。后来每到镜春园,他都要"逗"我吟唱,我知道是他自己喜欢吟唱,要找个伴,他好"发挥发挥"就是了。我妻子也是听众,很感慨地说,陈先生真是性情中人。

陈贻焮先生不做作,常常就像孩子一样真实,有时那种真实会让人震撼。据比我年纪大的老师回忆,"文革"中北大教师下放江西"五七"干校。一个雨天,干校学员几十人,乘汽车顺着围湖造田的堤坝外出参加教改实习,明知路滑非常危险,却谁都不敢阻拦外出,怕被带上"活命哲学"的罪名。结果一辆汽车翻到了大堤下,有一位老师和一位同学遇难。陈贻焮本人也是被扣在车底下的,当他爬出来时,看见同伴遇难,竟面对着茫茫鄱阳湖,哇的一声大哭起来。"没有顾忌,没有节制,那情景,真像是一个失去亲人的孩子。他哭得那么动情,那么真挚,那么富于感染力,直到如今,那哭声犹萦绕耳际。"还有一件事,也说明陈先生的坦诚与真实:到了晚年,陈贻焮先生的诗词集要出版,嘱其弟子葛晓音作序。葛晓音没有直接评论先生的创作艺术,而主要描述她所了解的先生的人品和性情。大概她是懂得先生一些心事的。当葛晓音把序文念给他听时,先生竟像孩子一样哭出声来。葛晓音感慨:"先生心里的积郁,其实很深。"

陈贻焮先生是一位有广泛影响的文学史家，长期从事魏晋南北朝隋唐五代文学史的研究和教学工作，在这个领域作出了重大的贡献。他的相关研究著作主要有《王维诗选》、《唐诗论丛》、《孟浩然诗选》、《杜甫评传》、《论诗杂著》，等等。尤其是《杜甫评传》，按照古典文学家傅璇琮先生的说法，就是冲破了宋以来诸多杜诗注家的包围圈，脱去陈言滥调或谬论妄说，独辟一家之言。我对杜甫没有研究，拜读陈著时，只是佩服其对材料的繁富征引，又不致于淹没观点，特别是对杜诗作那种行云流水般的讲解，是需要相当深厚的功力的。在我和陈先生的接触中，没有聆教过杜甫的问题（他反而喜欢和我谈些郭沫若、徐志摩等等）。但有时我会想：先生为何选择这样一个难题来做？是否如他的弟子所言心里有很深的积郁？一个人一生如果能写出一本像样的甚至能流传下去的书，多不容易呀。先生对自己的学术成就显然有信心，但付出确实太多了。来镜春园82号聊天喝茶，在他的兴致中也隐约能感到一丝感伤。我知道先生正是在82号东厢这个书房里，花了多年的心血，写出《杜甫评传》，大书成就，而一只眼睛也瞎了。在旧居中座谈，先生总是左顾右盼，看那窗前的翠竹，听那古柏上的鸟叫，他一定是在回想当初写作的情形，在咀嚼许多学问人生的甘苦。

我在镜春园住时，经常看到陈贻焮先生在未名湖边散步，偶尔他会停下来看孩子们游戏，很认真地和孩子交谈。先生毕竟豁达洒脱，永远对生活充满热情。万万没有想到，2000年他从美国游历归来，竟然患了脑瘤。他在病床上躺了两年，受的苦可想而知。他再也没有力气来镜春园82号喝茶谈诗了。病重之时，我多次到朗润园寓所去看望。他说话已经很艰难，可是还从枕头边上抽出一根箫来给我看，轻轻地抚摸着。他原来是喜欢这种乐器的，吹得也不错，可惜，现在只能抚摸一下了。我想先生过去之时，一定也是带着他的箫去的吧。

王　瑶

对我影响最大的是王瑶先生。我们上研究生时王先生才65岁，比我现在的年龄大不了多少，但感觉他是"老先生"了，特别敬畏。对不太熟悉的人，先生是不爱主动搭话的。我第一次见王先生，由孙玉石老师引见，那天晚上，他用自行车载着我从北大西门进来，经过未名湖，绕来绕去到了镜春园 76 号。书房里弥漫着淡淡的烟丝香味，挺好闻的，满头银发的王先生就坐在沙发上，我有点紧张，不知道该怎么开场。王先生也只顾抽烟喝水，过了好久才三言两语问了问情况，说我三篇文章有两篇还可以，就那篇论《伤逝》的不好，专业知识不足，可能和多年不接触专业有关。先生给我的第一印象就是不客套，但很真实。有学生后来回顾说见到王先生害怕，屁股只坐半个椅子。这可能是真的。我虽不至于如此，但也有被先生批评得下不来台的时候。记得有一回向先生请教关于 30 年代左翼文学的问题，我正在侃侃陈述自己的观点，他突然离开话题，"节外生枝"地问我《子夜》是写于哪一年？我一时语塞，支支吾吾说是 30 年代初。先生非常严厉地说，像这样的基本史实是不可模糊的，因为直接关系到对作品内容的理解。这很难堪，但如同得了禅悟，懂得了文学史是史学的分支之一，材料的掌握和历史感的获得，是至关重要的。有些细节为何记忆那么深？可能因为从中获益了。

  王先生其实不那么严厉，和他接触多了，就很放松，话题也活跃起来。那时几乎每十天半个月总到镜春园聆教，先生常常都是一个话题开始，接连转向其他多个话题，引经据典，天马行空，越说越投入，也越兴奋。他拿着烟斗不停地抽，连喘带咳，说话就是停不下来。先生不迂阔，有历经磨难的练达，谈学论道潇洒通脱、诙谐幽默，透露人生的智慧，有时却也能感到一丝寂寞。我总看到先生在读报，大概也是保持生活的敏感吧，辅导学生时也喜欢联系现实，议论时政，品藻人物。先生是有些魏晋风度的，把学问做活了，可以知人论世，连类许多社会现象，可贵的是那种犀利的批判眼光。先生的名言是"不说白不说，说了也白说，白说也要说"，其意是知识分子总要有独特的功能。这种人世的和批判的精神，对我们做人做学问都有潜移默化的影响。

  先生的指导表面上很随性自由，其实是讲究因材施教的。他很赞赏赵园的感悟力，却又有意提醒她训练思维与文章的组织；钱理群比较成型了，先生很放手，鼓励他做周作人、胡风等在当时还有些敏感的题目。我上研究生第一年想找到一个切入点，就注意到郁达夫。那时这些领域研究刚刚起步，一切都要从头摸起，我查阅大量资料，把郁达夫所有作品都找来看，居然编写了一本20多万字的《郁达夫年谱》。这在当时是第一部郁达夫年谱。我的第一篇比较正式的学术论文《论郁达夫的小说创作》，也发表于王瑶先生主编的《中国现代文学研究丛刊》(1980年第二辑)。研究郁达夫这个作家，连带也就熟悉了许多现代文学的史实。王先生对我这种注重第一手材料、注重文学史现象，以及以点带面的治学方式，是肯定的。当《郁达夫年谱》打算在香港出版时，王先生还亲自写了序言。

硕士论文写作那时很看重选题，因为这是一种综合训练，可能预示着学生今后的发展。我对郁达夫比较熟悉了，打算就写郁达夫，可是王先生不同意。他看了我的一些读书笔记，认为我应当选鲁迅为题目。我说鲁迅研究多了，很难进入。王先生就说，鲁迅研究比较重要，而且难的课题只要有一点推进，也就是成绩，总比老是做熟悉又容易的题目要锻炼人。后来我就选择了《鲁迅的前期美学思想与厨川白村》做毕业论文。这个选题的确拓展了我的学术视野，对我后来的发展有开启的作用。研究生几年，我还先后发表过《试评〈怀旧〉》、《外国文学对鲁迅〈狂人日记〉的影响》等多篇论文，在当时也算是前沿性的探讨，都和王先生的指导有关。

1981年我留校任教，1984至1987年又继续从王瑶师读博士生。那是北大中文系第一届博士，全系只有我与陈平原两人。我先后当了王瑶先生两届入室弟子，被先生的烟丝香味熏了七年，真是人生的福气。1989年5月先生75岁寿辰，师友镜春园聚会祝寿，我曾写诗一首致贺："吾师七五秩，著书百千章，俊迈有卓识，文史周万象，陶诗味多酌，鲁风更称扬，玉树发清华，惠秀溢四方，耆年尚怀国，拳拳赤子肠，镜园不寂寞，及门长相望，寸草春晖愿，吾师寿且康。"当时先生身体不错，兴致盎然的，万万想不到半年之后就突然过世了。

吴组缃

吴组缃教授的小说写得很好。美国夏志清先生的《现代中国小说史》

用笔非常吝啬，可是给了吴组缃专章的论述，认为其作品观察敏锐、简洁清晰，是"左翼作家中最优秀的农村小说家"，甚至设想如果换一种环境，吴是可能成为"真正伟大的作家"的。1978年我还在读研究生，看到夏的评论，很新奇，就找吴先生的作品来看，果然功力深厚、笔法老辣，很是佩服。一次在王瑶先生家里聆教，王说吴组缃不但小说写得好，对现代文学的研究也往往眼光独具，比如吴先生对茅盾《春蚕》的评价，认为老通宝这个人物塑造有破绽，虽然结论可以讨论，但其评论完全是从生活实际出发的，令人信服。据说北大中文系曾经邀请茅盾来系里讲学，茅盾说"吴组缃讲我的小说比我自己讲要强，不用去讲了"。我开始注意吴先生，在王瑶家里也有过一两次照面，印象中的吴先生是很傲气的，我听着他们说话，自然也不敢插嘴。倒是听过先生的一次课，是讲《红楼梦》的，在西门化学楼教室。来听课的人很多，坐不下，过道都挤满了，有人有意见，希望外来"蹭课"的把位子让一让，吴先生说没有必要，北大的传统就是容许自由听课。吴先生几乎不看稿子（只有一片纸），也没有什么理论架构，可是分析红楼人物头头是道，新意叠出。我们都慨叹：小说家讲小说又是另外一道风景！

真正与吴组缃教授有正面接触，是在我的博士论文答辩会上。那是1987年春，在五院二楼总支会议室，除了导师王瑶，参与答辩的有吕德申、钱中文、樊骏和吴组缃等先生，都是文学史或文学理论研究方面的大家。王瑶先生叼着烟斗，三言两语介绍了我的学习情况，接着我就做研究陈述，说明是如何思考"新文学现实主义的流变"这一选题的。不料还没有等进入下一程序，吴组缃教授就发言了。大意是作家写作不会考虑这个"主义"那个"主义"的，论文写这些东西的意思不是很大。吴先生就是这样不给"面子"。我一下子"傻了"：这等于是当头一炮，把题目都给否了嘛。我非常泄气。王瑶作为导师，自然要"辩护"几句，我都没有听进去，晕头晕脑出去等消息了。半个多小时之后，我进去等待判决。想不到论文居然通过了，还得到很好的评价。后来听说，吴先生表示他其实并没有细看我的论文，不过临时翻了翻，听了诸位的介绍，觉得还是可以的，又说了几句鼓励的话。这就是"批判从严，处理从宽"吧。不过事后想想，吴先生的批判不是没有道理的。研究思潮、理论，必须切合创作实际，否则可能就是无聊的理论"滚动"，"意思"的确不大。多少年后，我都记着答辩的那一身"冷汗"，让我学到许多东西。

林　庚

林庚先生住在燕南园，老式平房，外观优雅，可是内里很阴暗，客厅里永远是那几个旧式书架、一张八仙桌，还有一个沙发，茶几上总是堆着他外孙的复习资料之类，一切都那样简朴。每次去看先生，总担心天花板上那块石灰块就要掉下来，建议找修建处来修一修。可是林先生说打从他搬来后不久就是这样了，劝我不必担心。我想办法找些让老人高兴的话来说。比如，看到街边小摊有卖他《中国文学简史》盗版的。我知道先生不爱钱，这消息倒是说明他的书至今影响大，甚至能进入平常百姓家。先生果然有些兴奋，便说起五十多年前他在厦门等地一边教课一边写书的情景。有时发现先生更感兴趣的是那些和文学不搭界的话题。我不止一次听他讲到年轻时在清华学过物理，还听他讲观看足球或篮球国际比赛的"心得"（可惜我不通此道）。先生是诗人，有些仙风道骨似的，对功名利禄很超然，也很低调，与世无争，反而健康长寿，返老还童。早些年每到春天，天空晴朗而又有一点儿风时，还能看见这位八九十岁的老者，在五院门口的草坪放风筝呢。

2000年，林庚先生要过90大寿了。北大中文系历来能上90岁的好像不多，他就是我们系的老寿星了。系里想给老人搞一场比较像样的祝寿活动。古代文学教研室的老师说这是需要"动员"的。我和教研室一些老师便到燕南园去，先生不是很乐意，但最终还是答应了。祝寿会在勺园，开得很成功，来了二百多人，真是群贤毕至，学校的书记闵维方等领导也到场了。我们向学校介绍说林先生和季羡林先生是同学，当年林先生在文坛的名气比季先生还大，领导就很重视。与会者大都是文坛与学界的耆宿，合影时连袁行霈教授这样的名人（他可称得上是林先生的入室弟子了）都"不敢"坐到第一排，可见规格之高。记得我在会上代表中文系发言，称先生"由诗人而学者，在文学史研究方面所达到的具有典范性的地位，是不可替代的。北大中文系为拥有这样出色的学者而自豪"。我还说先生诞生的 1910 年，正好是北大中文系正式建立的一年，先生是专门为着北大中文系而生的，中文系感谢林先生几十年辛劳和智慧所建树的卓越的业绩。那一天先生气色极好，还吃了蛋糕。

再有一次，是诗人兼企业家黄怒波先生捐款，促成北大诗歌中心成立，大家希望能邀请林庚先生出任中心主任。但先生多少年都是"无官一身轻"的，他能答应当这个主任吗？不是很有把握。那天我和谢冕、孙玉石、张鸣等几位老师一起，专门到林庚先生府上拜谒，向先生说明来意，没有想到先生说这件事"有意义"，很痛快就答应担任中心主任。诗歌中心成立后，扎扎实实做了许多事情，活跃了当代诗坛创作与评论，原因之一便是有林庚先生这棵"大树"。

先生是 2006 年 10 月 4 日傍晚过世的。我接到他家人电话马上赶到燕南园。先生已经躺在床上，身上盖着白布。家人说晚饭前还和人说话，感谢多年照顾他生活的小保姆，一下子就走了，那样平静。我看看先生，感觉他只是睡着了，甚至不相信这是一种不幸：诗人是很潇洒地到另外一个世界去了。

季镇淮

季镇淮这个大名，我上中学时就接触过，那是读那本北大版《中国文学史》留下的一点印象。到我上研究生时，对季先生就格外注意，因为听说他曾和导师王瑶教授同学过，都出自朱自清先生的门下。按辈分总觉得我们算是朱自清先生的"徒孙"，那么季教授就是我们的"师伯"了。1978 年季先生还给本科生上过古代文学史必修课，稍后又开设"近代文学研究"专题研究，比较冷僻，据说选课者也不多。很可惜，我一直没有去听过季先生的课。我在五院或是去五院的路上常见到季先生，他满头白发，老是一套蓝色中山装，提着一个布兜书袋，动作有些迟缓，身板子却还硬朗。偶尔也到我们研究生住宿的 29 楼来过，大概是有事找他的学生吧。我见到季先生不好打搅，只是点点头表示尊敬，然后又会想象当年他和王瑶师俩人共选朱自清先生一门课的传奇。

后来季先生接替杨晦教授担任中文系主任，那时我已经留校任教了。季先生这个主任当得非常超脱，很少过问系里的事情，连开会也不太见得到他老人家，等于是"甩手掌柜"。也是一种风格吧。我只去过季先生家里一次，在朗润园，冬天，那时先生身体已经不好，家里有些寒意，他躺在椅子上烤电炉。记得是谁托我向季先生转交一样礼品。我顺便向先生请教了一些关于晚清学界的问题。先生说"材料很重要"，是做学问的基础，让我记住了。

我与季镇淮先生很少接触，但有一事印象极深，终身难忘。1981年夏天，北大中文系"文革"后招收的第一届研究生要毕业了，我们都在进行紧张的论文答辩。同学中有一位是做"南社"的，是季先生指导的学生。此君住在我宿舍隔壁，文才出众，读书极多，有点"名士派"味道，我们过从甚密，常在一起聊天，许多问题都向他请教。季先生与他这位学生的关系也挺融洽的。可是这位同学的"南社"研究准备得比较仓促，大概也单薄一些吧，季先生很不满意。时间不够了，那时没有延期答辩一说，怎么办？要是现在，可能凑乎过去算了。可是季先生不想凑乎，又必须尊重程序，便打算邀请中国社科院的杨某做答辩委员。杨某专攻近代史，对"南社"很有研究，但当时还没有高级职称，按说是不能参与答辩的。大概季先生认为懂"南社"的行家难找，而随便找一位专家又怕提不出具体意见，就亲自到学校研究生处询问，看能否破格让杨某参与答辩。研究生处回答说：您认为可以就可以了。答辩时杨某果然提出许多尖锐而中肯的意见，并投了反对票，结果差2票论文没有通过。事后那位同学有些委屈，说杨某反对也就罢了，为何导师也是反对票？我实在也有些同情。此事在同学中引起了震动。

多年后，我看到黄修己老师在一篇文章中谈到此事，说事后有人提及这次否决性的答辩，季先生对杨某投反对票还是很赞赏。有意思的是，杨某也是季先生的学生，1955年上海地区一千人报考北大中文系，季先生负责招生，从中挑选了十人，就有杨某。对杨某来说，季先生算有知遇之恩了，如今被恩师请来答辩，却又投恩师学生的反对票。而季先生呢，也不会因为师生关系不错，或者其他非学术因素，就放宽论文答辩评介的尺码。1981年我们那一届中文系研究生（6个专业）19人答辩，居然有3人没有通过，确实非常严格。这种事情大概也只有在秉承学术的尊严的环境中，才能得到理解。

顺便说，我那位没有拿到学位的同学，也尊重这种严格的学术裁决，并不自暴自弃，后来到南方一所大学任教，兢兢业业，终成正果，成为近代文学研究的一个名家。

行过未名湖边

陈平原

临近岁末,京城里终于下了场期盼已久的大雪。大白天,雪花纷纷扬扬,漫山填谷,既满足了公众观赏雪景的欲望,又给"瑞雪兆丰年"之类祝福提供了足够的谈资。行过未名湖边,看着冰面上嬉戏的少男少女,猛然间浮上心头的,竟是艾青的名诗《雪落在中国的土地上》。明知眼前的欢愉景象,与诗人当年的郁闷与感伤风马牛不相及,可还是念念不忘。就像今人仍在吟唱田汉作词的《义勇军进行曲》一样,半个多世纪前诗人艾青的感叹——"中国的路／是如此的崎岖／是如此的泥泞呀",依旧撼人心魄。更何况,我眼前的心境,确实也正被"寒冷"所"封锁"。

刚刚接到通知,要我在新年晚会上,代表北大"十佳教师"发言。除了几成套语的"获奖感言",我更想表达的,是对于过去一年中不幸谢世的诸位师友之依依不舍。明知老成凋谢是自然规律,谁也阻挡不了;可一个小小的中文系,一年中,竟先后有六位教授仙逝,着实让人伤感不已。

其实,我与这六位先生,都只是同事的关系,说不上深交或神交,故不敢谬托知己。即便如此,也觉得有责任写点东西,为了那曾经有过的"惊鸿一瞥"——正因为交往不多,留在脑海里的,每每是那印象极为深刻的"一瞥"。

林庚先生(1910—2006)燕南园62号的家,我去过多次,或请益学问,或陪客造访;但私心以为,并非入门弟子,以林先生闲云野鹤般的性格,实在不宜过多打扰。作为现代中国有数的著名诗人,林先生治中国文学史,最擅长的,当属古代诗论(如"布衣感"、"少年精神"、"盛唐气象"等);但以诗人的眼光阅读、品鉴小说,也会有出乎想象的精彩表现。有感于林先生的《西游记漫话》不太被学界关注,我越俎代庖,撰书评

《童心与诗心》，刊于 1998 年 8 月 29 日《文汇读书周报》，称说："林著之解说《西游记》，选择了儿童的视角，以'童话性'作为立说的根基，有学理上的考虑，但更与作者的个人兴致相关连。极度的好奇心、无边的想象力，以及对于自由自在无拘无束生活方式的向往，是童心，也是诗心，更属于保持童心的诗心。"据说先生对这则小文颇为欣赏，故清华大学版《西游记漫话》也将此文作为"导读"。虽然学术兴趣不尽相同，可我极为赞赏林先生的诗与人合一、文与学合一。将一生作为一首诗来苦心经营，希望经得起时人及后人的再三品读，这其实很不容易。

我本科、硕士阶段的学业，是在中山大学完成的；进北大后，专攻"中国现代文学"，因而，对林焘先生（1921—2006）的学问很茫然。只知道林焘先生重建北大语音实验室，把上世纪 20 年代刘半农先生的语音实验传统发扬光大，了不起；还有就是他开设的"北京话调查与研究"，是当时全国最有影响的精品课程之一。我对先生的了解，是在专业以外——丰神俊朗，潇洒飘逸，喜美食，善昆曲，会吹箫。记得历史学家、当年清华外语系学生赵俪生提到，看中文系教授俞平伯在迎新晚会上唱昆剧，"心里总不是个味"（《篱槿堂自叙》，上海古籍出版社 1999 年版，第 36 页）。其实，老一辈学者之喜欢京昆，除专业研究外，更包含优雅的生活趣味。我不觉得此举有损教授形象，反而充满了敬意。林先生曾借为李方桂先生《中国音韵学研究》重印本写序，追忆抗战中他如何带上这部大书，加上一套昆曲曲谱和一支笛子，辗转到成都复学。"（李）先生有时兴致好，学习完了就请出师母徐樱，三人一起吹起笛子唱两段昆曲。跟从先生学习的三年，那种温馨和谐的学习气氛一直深深感染着我，使我终生受益无穷。"此等读书场面，今日只能作为可望而不可即的"文人逸事"来讲述。

对于徐通锵先生（1931—2006）的学问，我同样完全外行。他的主要著作《语言学纲要》、《历史语言学》、《语言论——语义型语言的结构原理和研究方法》、《基础语言学教程》等，我连说好话的资格都没有。只是在获赠《徐通锵自选集》后，曾装模作样地拜读过若干文章。不过，这种专业上的隔膜，并不妨碍我们之间的交往。除了平日见面打招呼，主要是在中文系学术委员会上聚首。同是好学者，因学科相差甚远，专业趣味迥异，也都容易出现"傲慢与偏见"。遇到推荐奖励、审查论文、评定职称时,不同教研室之间,自然会有一些争执。这个时候,需要有人超越部门/专业利益,作持平之论。很快地,我就发现,并非行政领导的徐先生,其学术判断——包括对本专业以及外专业——平正通达,完全值得信任。以后,我认定,凡是语言学方面的,我听徐先生的。一直到徐先生退休,我的"盲目跟进",从没出过纰漏。而且,隐隐中,徐先生似乎也是将我作为理解文学专业判断的"标尺"。我们之间,从没事先商量过,可一开口,基本上都是"同调"。

早就听说,褚斌杰先生(1933—2006)是中文系的才子,少年得志,却历经坎坷;等到我进北大,褚先生已是满腹经纶的"蔼蔼长者"了。因妻子夏晓虹曾修过褚先生的课,80年代初还曾以学术实习的名义,追随其游走江南,故我见褚先生时颇感亲切,全然忘了彼此的辈分。更何况,每回中文系教师新年联欢,他总是百唱不厌山东民歌《拉地瓜》,博得满堂掌声的同时,也拉近了和我们这些后生小子的距离。对于褚先生的主业——先秦两汉文学研究,我极少涉猎;说得上"认真拜读"的,是北大版《中国古代文体概论》。先生惠赠的那本,被人家借走,弄丢了;我只好赶紧补买一册,放在自家书橱里,以便不时翻阅。我坚信,那是一本好书,能传得下去。我跟褚先生比较确凿的"学术联系",是几年前主持"二十世纪中国学术文存",约请先生编《屈原研究》(湖北教育出版社2003年版)。那套书"兼及'史家眼光'与'选本文化',要求编纂者将巨大的信息量、准确的历史描述,以及特立独行的学术判断,三者有机地融合在一起"(参见该丛书"总序"),褚先生完成得相当出色。记得那段时间,我们都住在西三旗,出门买菜或晚上散步时,时常能碰面。就站在路边,先生侃侃而谈,不时爆发出爽朗的笑声,我只管点头、抚掌,此情此景,至今难以忘怀。

大概是学科方面的缘故,今年北大中文系去世的六位先生中,汪景寿先生(1933—2006)是知名度最低的。但若进入正日渐红火的曲艺界,那就是另一番景象了。在那个行当里,汪先生可谓"大名鼎鼎"。1980年,汪先生与侯宝林、薛宝琨合撰《曲艺概论》,对于这个学科的发展,起了至关重要的作用。更值得一提的是，汪先生利用他在曲艺界极好的人脉，把诸多著名艺人请到北大课堂上，让学生现场观摩，了解什么叫评书，什么叫相声，什么叫京韵大鼓，什么叫苏州评弹，还有数来宝、二人转、山东快板等。这样精彩的课堂教学，自汪先生退休后，便难以为继了。说起来，我还是中国俗文学学会的会长，可我接手时，汪先生已经退休，故没有多少请教的机会。不过，同在中文系工作，还是记得了一个段子。新学期开学，汪先生开门见山：兄弟我曾在公安局干过，熟人很多，谁敢在课堂上捣乱，请小心点。学生们先是一愣，后才慢慢回过神来——老师之所以像跑江湖、说单口相声的，就因为这是"民间文学"课。

由于政府的大力表彰，孟二冬先生（1957—2006）的事迹，现正广为传播。我与二冬兄算不上熟悉，但对其学术状态略为了解。在我印象中，这是个安静沉稳、脚踏实地的读书人，不靠天赋才华，而是以勤恳耕耘取胜。这点，读他的《中唐诗歌之开拓与新变》及《〈登科记考〉补正》，可以看得很清楚。天纵之才毕竟很少，能用心，肯吃苦，沉潜把玩，含英咀

雪后未名湖

华，就是好学者。从一个专科毕业生起步，三进北大，最后做出如此成绩，实在不容易，这需要某种对于学问的痴迷。我欣赏他生病后的乐观与执著，更敬佩他出名后的平实与澹定。不说空话、大话、废话，始终保持书生本色，这点，很让人感动。

徘徊在未名湖边，忆及北大百年校庆期间，我曾写过一则短文，提及"没有长须飘拂的冯友兰，没有美学散步的宗白华，没有妙语连珠的吴组缃，没有口衔烟斗旁若无人的王瑶，未名湖肯定会显得寂寞多了"（《即将消逝的风景》）。也许，这个感慨，会永远存在下去，而且将日渐加深、加重。

雪仍在下，眼前的景色，变得模糊起来，曾走过未名湖边的诸多师友，正渐行渐远，进入遥不可及的历史深处。忽然间，记起了鲁迅的《野草·雪》："在无边的旷野上，在凛冽的天宇下，闪闪地旋转升腾着的是雨的精魂……是的，那是孤独的雪，是死掉的雨，是雨的精魂。"

岁末初稿，年初修订于京西圆明园花园
（原刊 2007 年 1 月 31 日《中华读书报》）

编后记

作为丛书中的一种，为了互相照应以及其他不一而足的考虑，本书的编辑体例几经调整，如今所收这些文章都是为了纪念已经仙逝的诸位前辈，则相对另外的几本，似乎多了一些伤感和沉重。

北大中文系的历史漫长而复杂，格于条件，同时经过商定，选择的范围限定在1952年院系调整后，在中文系任上或从中文系退休的已经逝世的教师。所以这里所反映的只是北大中文系一个很小的侧面。而即便如此，相信还是会有遗漏。在编辑过程中，我们真是感慨对身边的历史知道得太少。比如张雪森先生，以我们的年纪，几乎没听说，要不是孙玉石老师的提醒，肯定不可能想到。还有比如邵岳先生和李光中先生，对他们的情况原也是一无所知，四处打听，到最后还是不得要领，没有找到合适的作者为他们撰文。相信还有我们连姓名都不了解的，虽然我们很难因此原谅自己，但也只能请求原谅了。

这些老师经历各异，成就参差，学术影响力也自不同。有的先生有多本纪念文集可供选文，而有的先生则无文可收，是我们专门请其亲近人士新写。不过对中文系而言，他们所付出的心血值得我们同样感念，在这个意义上，是无所谓孰轻孰重的。本书每人一文，完全依齿序排列，也许这是所能找到的最合适的方式了——虽然个别可能不太精确。

我们几位在学的时候，这本书里所写到的大部分先生还在世，如今名单已是如此之长。排在最后的孟二冬老师是我们的同辈人，要不是杜晓勤兄的提醒，我甚至想不起来要收录有关的文章，他走时是如此的年轻。在本书编辑过程中，周强先生去世，我紧急组织文章。最近沈天佑老师也不在了，但已来不及请人撰文。不过无论如何，我们不希望这本书需要如此快地增添篇目。

需要提到的是，本书所收程贤策先生和冯世澄先生的纪念文，来自我的建议。程先生并非中文出身，"文革"前任中文系党支部书记，普通说法是政工干部，"文革"中自杀身亡，是中文系唯一的一位。与"反右"时不知所终的朱家玉先生一样，同是所谓横死者。冯先生属于行政人员，过去的说法是职员，他从40年代后期到90年代前期，服务中文系好几代师生，在我第一次到五院的时候，非常惊讶于他能叫出我的名字。政工干部和行政人员都不属于授业解惑的教授，但同样是中文系历史不可割离的一部分，况且学生见到他们，也称呼"先生"或"老师"，理应获得同样的尊敬，那么就以他们二位为代表吧。

"我们的师长"是很早确定的书名，本书涉及的先生实际上前后好几代人。叶蜚声、石安石先生写了他们的老师，更有他们的学生辈怀念他们。有些已逝的老师其先生辈依然安健，因而书名中的"师长"只是依据死者为大的传统，概而言之。

本书的选文没有统一的标准，大体不收学术传略，只以能传达各位先生风采为大致的方向。并不求全责备，各位作者也只能提供他们个体的接触和理解，但正是这种"片面"，我想会更显亲切生动。这只是小小的心意，却寄着大大的人情。我们能做的是如此的有限，但有这样的机会，让后学者比较完整地知道并记忆几十年来我们曾有过这样的师长，则对死者和生者都是一个慰藉吧。

最后三篇的群像描摹，依序涉及这几代学者中相当的一部分，故一并收录。忝任本书编辑，我们几位按现在中文系中国文学、汉语言文字、古典文献三大专业进行分工，分别由我、邵永海兄、杨海峥兄分头选收文章并选择照片，最后由我排列顺序编写目录。

在选收旧作和组织新稿的过程中，读了很多这方面的文章，也请教一些老师当时的情况，因此对中文系的历史有了新的了解和体会，原也准备写些出来。转念一想，这毕竟是中文系系庆的一个安排，那么个人的想法也许还是找更合适的场合和机缘为好。

王　风
2010 年 9 月